RESPONSABILIDAD EXTRACONTRACTUAL DE LAS ADMINISTRACIONES PÚBLICAS

Análisis práctico de la responsabilidad patrimonial de determinadas Administraciones públicas

RESPONSABILIDAD EXTRACONTRACTUAL DE LAS ADMINISTRACIONES PÚBLICAS

Análisis práctico de la responsabilidad patrimonial de determinadas Administraciones públicas

3.ª EDICIÓN 2024

Obra realizada por el Departamento de Documentación de Iberley

Coordinador
Carlos David Delgado Sancho

COLEX 2024

© Editorial Colex, S.L.
Calle Costa Rica, número 5, 3.º B (local comercial)
A Coruña, 15004, A Coruña (Galicia)
info@colex.es
www.colex.es

I. S. B. N.: 978-84-1194-754-1
Depósito legal: C 1760-2024

SUMARIO

0. INTRODUCCIÓN 9

1. MARCO PRELIMINAR PARA EL ESTUDIO DE LA RESPONSABILIDAD DE LAS ADMINISTRACIONES PÚBLICAS 13

2. NORMATIVA APLICABLE Y JURISDICCIÓN COMPETENTE. DIFERENCIAS ENTRE RESPONSABILIDAD CONTRACTUAL Y EXTRACONTRACTUAL DE LAS AA. PP. 17

3. LA RESPONSABILIDAD PATRIMONIAL DE LAS AA. PP. 25

3.1. Materias excluidas 36
3.2. La Administración causante del daño en la responsabilidad patrimonial . . . 44
3.3. La prestación de un servicio público: responsabilidad directa y objetiva . . . 50
3.4. La lesión: extensión de la reparación y valoración del daño 53
3.5. La relación de causalidad: fuerza mayor como causa excluyente de la responsabilidad. 56

4. EL PROCEDIMIENTO DE DECLARACIÓN DE RESPONSABILIDAD PATRIMONIAL 61

4.1. La iniciación del procedimiento: plazo para el ejercicio de la acción . . . 62
4.2. La instrucción y terminación del procedimiento 67
4.3. Tramitación simplificada 71

5. ESTUDIO SECTORIAL DE LA RESPONSABILIDAD PATRIMONIAL DE DETERMINADAS ADMINISTRACIONES PÚBLICAS . . 73

5.1. La responsabilidad patrimonial de la Administración sanitaria 73
5.2. La responsabilidad patrimonial de la Administración docente 87
5.3. La responsabilidad patrimonial de la Administración militar 97
5.4. La responsabilidad patrimonial de las Fuerzas y Cuerpos de Seguridad del Estado 102
5.5. La responsabilidad patrimonial de la Administración penitenciaria . . . 111

5.6. La responsabilidad patrimonial de la Administración financiera 123
5.7. La responsabilidad patrimonial por accidentes en zonas de dominio público 131
5.8. La responsabilidad patrimonial de por actividades urbanísticas 141

ANEXO I. CASOS PRÁCTICOS

Caso práctico | Responsabilidad patrimonial de la AP por suicidio de recluso en centro penitenciario 151
Caso práctico | Responsabilidad patrimonial de AAPP por la caída de una funcionaria en su horario de trabajo 155
Caso práctico | Responsabilidad concurrente de la Administración docente y el alumno en caso de fallecimiento 157
Caso práctico | ¿Cuál es el «dies a quo» del plazo de un año para el ejercicio de la acción de responsabilidad patrimonial por fallecimiento en acto de servicio? 159
Caso práctico | Requisitos de la responsabilidad de la Administración por una lesión consecuencia de la aplicación de una norma con rango de ley declarada inconstitucional 161
Caso práctico | Si existe responsabilidad concurrente de distintas AA. PP., ¿pueden presentarse dos reclamaciones previas distintas? . . 163
Caso práctico | Responsabilidad patrimonial de la Administración sanitaria por falta de consentimiento informado 165

ANEXO II. FORMULARIOS

Escrito de reclamación de responsabilidad patrimonial de Administración pública 171
Demanda de responsabilidad patrimonial de la Administración por funcionamiento de servicios sanitarios 175
Reclamación de responsabilidad patrimonial para reintegro de gastos médicos. . 181
Escrito de iniciación de procedimiento administrativo por negligencia médica 185
Demanda de recurso contencioso por responsabilidad patrimonial por lesión de un alumno en el colegio 189
Demanda de responsabilidad patrimonial contra ayuntamiento por caída en vía pública 195
Escrito de reclamación patrimonial de la Administración por funcionamiento de los servicios públicos: caída en vía pública 203
Solicitud de inicio de procedimiento administrativo por lesión en actividad escolar 209

0.
INTRODUCCIÓN

La responsabilidad extracontractual de las Administraciones públicas

El **art. 106.2 de la Constitución española** establece que los particulares tendrán **derecho a ser indemnizados por toda lesión que sufran en cualquiera de sus bienes y derechos**, salvo en los casos de fuerza mayor, siempre que la lesión sea **consecuencia del funcionamiento de los servicios públicos**. Esta responsabilidad que garantiza la Constitución hay que entenderla en sentido amplio, pues, en primer lugar alcanza no solo al poder ejecutivo, sino al legislativo y judicial, así como a los diferentes órganos constitucionales y, de otra parte, se extiende a toda actuación, gestión actividad o tareas propias del servicio público que se ejerza, incluso por omisión o pasividad, con resultado lesivo, pues el concepto de servicio público comprende, en este ámbito, toda actividad administrativa o función estatal.

Es preciso diferenciar entre la responsabilidad contractual y la responsabilidad extracontractual de las Administraciones públicas:

- La responsabilidad contractual es aquella derivada de las actuaciones de las Administraciones públicas en materia de contratación pública tanto por los daños causados hacia particulares como a la propia Administración, en este caso debemos acudir a lo dispuesto en la Ley de Contratos del Sector Público.
- El concepto de responsabilidad extracontractual de las Administraciones públicas se entiende como la derivada del funcionamiento normal o anormal de las Administraciones públicas y por la cual el particular sufre daños que han de ser resarcidos. En estos supuestos rige lo establecido en los arts. 32 y siguientes de la Ley de Régimen Jurídico del Sector Público.

Por cuanto se refiere a la responsabilidad extracontractual el **art. 32.1 de la Ley de Régimen Jurídico del Sector Público establece**:

> «1. Los particulares tendrán derecho a ser indemnizados por las Administraciones Públicas correspondientes, de toda lesión que sufran en cual-

> quiera de sus bienes y derechos, siempre que la lesión sea consecuencia del funcionamiento normal o anormal de los servicios públicos salvo en los casos de fuerza mayor o de daños que el particular tenga el deber jurídico de soportar de acuerdo con la Ley.
>
> La anulación en vía administrativa o por el orden jurisdiccional contencioso administrativo de los actos o disposiciones administrativas no presupone, por sí misma, derecho a la indemnización».

En todo caso, el apartado 2 del mentado precepto establece que para que se reconozca la responsabilidad extracontractual el daño alegado ha de ser: **efectivo, evaluable económicamente e individualizado con relación a una persona o grupo de personas**. En la interpretación de este precepto el Tribunal Supremo, en sentencias como la reciente **sentencia n.º 786/2023, de 13 de junio, ECLI:ES:TS:2023:2842**, ha señalado que la viabilidad de la acción de responsabilidad patrimonial de la Administración requiere:

- La efectividad del daño o perjuicio, evaluable económicamente e individualizado en relación a una persona o grupo de personas.
- Que el daño o lesión patrimonial sufrida por el reclamante sea consecuencia del funcionamiento normal o anormal —es indiferente la calificación— de los servicios públicos en una relación directa e inmediata y exclusiva de causa efecto, sin intervención de elementos extraños que pudieran influir, alterando, el nexo causal.
- Ausencia de fuerza mayor.
- Que el reclamante no tenga el deber jurídico de soportar el daño cabalmente causado por su propia conducta.

Cuando un particular sufre una lesión en cualquiera de sus bienes y derechos tendrán derecho a reclamar a la Administración competente la responsabilidad patrimonial por los daños sufridos. El ejercicio de este derecho debe hacerse en el plazo de un año conforme al **art. 67 de la Ley de Procedimiento Administrativo Común**.

Los interesados, para poder hacer efectiva la responsabilidad patrimonial, actúan directamente contra la Administración pública, sin perjuicio de que esta, una vez que hayan sido indemnizados los lesionados, exija la responsabilidad correspondiente, de oficio y en vía administrativa, al personal que hubiera actuado con dolo, culpa o negligencia grave, señalando a este respecto **el art. 36.2 de la LRJS**:

> «2. La Administración correspondiente, cuando hubiere indemnizado a los lesionados, exigirá de oficio en vía administrativa de sus autoridades y demás personal a su servicio la responsabilidad en que hubieran incurrido por dolo, o culpa o negligencia graves, previa instrucción del correspondiente procedimiento.
>
> Para la exigencia de dicha responsabilidad y, en su caso, para su cuantificación, se ponderarán, entre otros, los siguientes criterios: el resultado dañoso producido, el grado de culpabilidad, la responsabilidad profesional del personal al servicio de las Administraciones públicas y su relación con la producción del resultado dañoso».

En los procedimientos de responsabilidad patrimonial el silencio administrativo tendrá carácter desestimatorio al prescribir el **art. 91.3 de la LPAC** «Transcurridos seis meses desde que se inició el procedimiento sin que haya recaído y se notifique resolución expresa o, en su caso, se haya formalizado el acuerdo, podrá entenderse que la resolución es contraria a la indemnización del particular».

Ahora bien, en los casos en los que se notifique resolución expresa, habrá que motivarla con sucinta referencia de hechos y fundamentos de derechos, conforme al art. 35 de la LPAC.

A TENER EN CUENTA. En aquellos casos en los que el órgano competente para la tramitación del procedimiento considere inequívoca la relación de causalidad entre el funcionamiento del servicio público y la lesión, así como la valoración del daño y el cálculo de la cuantía de la indemnización, se podrá acordar de oficio la iniciación de un procedimiento simplificado (**art. 96.4 de la LPAC**).

1.
MARCO PRELIMINAR PARA EL ESTUDIO DE LA RESPONSABILIDAD DE LAS ADMINISTRACIONES PÚBLICAS

¿Cuáles son los preceptos de la Constitución Española que consagran la responsabilidad de los poderes públicos?

Debemos partir, en primer lugar, del **artículo 9.3 de la CE** que garantiza el principio de legalidad, la jerarquía normativa, la publicidad de la normas, la irretroactividad de disposiciones sancionadoras no favorables o restrictivas de derechos, la seguridad jurídica y la responsabilidad e interdicción de la arbitrariedad de los poderes públicos; y, en segundo lugar, del artículo 106.2 del mismo texto legal, que establece que los particulares tendrán derecho a ser indemnizados por toda lesión que sufran en cualquiera de sus bienes y derechos, salvo en los casos de fuerza mayor, siempre que la lesión sea consecuencia del funcionamiento de los servicios públicos.

El régimen constitucional de responsabilidad de la Administraciones públicas se rige por criterios objetivos, que implican la necesidad, no solo de examinar la relación de causalidad, sino también la de formular un juicio de imputación del daño que permita conectar suficientemente el perjuicio producido con la actividad desarrollada por el agente del mismo, en este caso la Administración pública.

Así, **el Tribunal Constitucional, en su sentencia n.º 112/2018, de 17 de octubre, ECLI:ES:TC:2018:112**, señala:

> «De este modo, la remisión del artículo 106.2 CE al desarrollo legislativo no puede, en modo alguno, explicarse como una mera autorización al legislador para que determine el régimen jurídico de la responsabilidad de la Administración; se trata, más bien, de **una regla de cierre que permite al legislador concretar la forma en que una responsabilidad puede ser exigida**, lo que permite, a título de ejemplo, y según hemos declarado en nuestra STC 15/2016, de 1 de febrero, optar "por un régimen centralizado

en el que las reclamaciones de indemnización contra la Administración, por los daños y perjuicios causados por su personal, han de dirigirse directamente, y en todo caso, contra aquélla, suprimiéndose la posibilidad de promover la acción contra el empleado público causante del daño (excepto en los casos de una eventual responsabilidad por vía penal)" (FJ 3)».

Si bien, la actividad legislativa queda fuera de las previsiones del citado artículo 106.2 de la CE, pues, **entre el funcionamiento de los servicios a que el mismo se refiere, no puede comprenderse la función del legislador**, así lo estableció el Tribunal Constitucional en su **sentencia n.º 67/1990, de 5 de abril, ECLI:ES:TS:1990:67**.

Además, el **artículo 149.1.18.ª de la CE** dispone que el Estado tiene competencia exclusiva para regular, entre otras cosas, las bases del régimen jurídico de las Administraciones públicas y el régimen estatutario de sus funcionarios, así como el sistema de responsabilidad de todas las AA. PP.

Por último, el **artículo 121 de la CE** instaura que «Los daños causados por error judicial, así como los que sean consecuencia del funcionamiento anormal de la Administración de Justicia, darán derecho a una indemnización a cargo del Estado, conforme a la Ley».

Así, se desprende que la responsabilidad que garantiza la Constitución hay que entenderla en sentido amplio, pues, en primer lugar, alcanza no solo al poder ejecutivo, sino al legislativo y judicial, así como a los diferentes órganos constitucionales y, de otra parte, se extiende a toda actuación, gestión, actividad o tareas propias del servicio público que se ejerza, incluso por omisión o pasividad, con resultado lesivo, pues el concepto de servicio público comprende, en este ámbito, toda actividad administrativa o función estatal.

CUESTIÓN

¿El registro de la propiedad se considera un servicio público?

Según la sentencia del Tribunal Supremo n.º 1898/2017, de 4 de diciembre, ECLI:ES:TS:2017:4355, citando la STS rec. 9194/1992, de 22 de marzo de 1995, ECLI:ES:TS:1995:1706, «(...) no parece ofrecer duda que como se indica en la sentencia apelada, el Registro de la Propiedad tiene la naturaleza de servicio público, si se tiene en cuenta, de un lado, el amplio sentido que según la jurisprudencia ha de darse al concepto de servicio público a efectos de la responsabilidad patrimonial derivada de su funcionamiento, habiéndose llegado por la jurisprudencia (Sentencia de 5 de junio de 1989) a homologar como servicio público "toda actuación, gestión, actividad o tareas propias de la función administrativa que se ejerce, incluso con la omisión o pasividad, con resultado lesivo"(...)».

RESOLUCIONES RELEVANTES

Sentencia del Tribunal Supremo, rec. 3931/1996, de 10 de octubre de 2000, ECLI:ES:TS:2000:7216

Depósito de bienes embargados.

«(...) si bien las normas del Código Civil son las únicas aplicables a las relaciones entre propietario y depositario, y en su caso al depositante cuando éste es un particular, o, dicho de otro modo, cuando quien designa al depositario es un particular, ***no son las únicas a tener en cuenta en la relación entre el titular del bien depositado y el órgano jurisdiccional ordenante del depósito judicial, pues ésta es una rela-***

ción de derecho público en la que también han de tomarse en consideración los preceptos que regulan la responsabilidad patrimonial por funcionamiento anormal del servicio público (...)».

Sentencia del Tribunal Supremo, rec. 3489/1994, de 17 de noviembre de 1998, ECLI:ES:TS:1998:6810

Fiestas populares organizadas por los ayuntamientos.

«(...) el Ayuntamiento de (...), respondiendo a una arraigada tradición, incluye el disparo del castillo en su programa de festejos correspondiente al anexo de (...), como actividad popular que fomenta y patrocina, no cabe duda de que concurren las características propias de las actividades que tantas veces ***hemos considerado como incursas en el ámbito del servicio público a efectos de responsabilidad patrimonial****, aun cuando la actividad de organización directa corresponda a los llamados festeros y se encargue a una empresa privada, pues no cabe duda de que aquéllos y ésta aparecen a los efectos del desarrollo de estas actuaciones que el* ***ayuntamiento incluye en su programa de actividades, fomenta y patrocina, como incardinados en la organización municipal****».*

Concepto de responsabilidad contractual y extracontractual de las Administraciones públicas

Así, si el **artículo 1091 del CC** establece que las obligaciones que nacen de los contratos tienen fuerza de ley entre las partes, su incumplimiento deriva en responsabilidad. En ese sentido se configura **la responsabilidad contractual de las Administraciones públicas**, que será aquella derivada de las actuaciones de las AA. PP. en materia de contratación pública, tanto por los daños producidos hacia particulares como a la propia Administración. Para conocer la casuística de la que deriva este tipo de responsabilidad habrá que acudir a la **Ley 9/2017, de 8 de noviembre, de Contratos del Sector Público**.

Por el contrario, el concepto de **responsabilidad extracontractual de las Administraciones públicas** se entiende como la derivada por el funcionamiento normal o anormal de las AA. PP. y por la cual el particular sufre daños que han de ser resarcidos. Rige la **Ley 40/2015, de 1 de octubre, Reguladora del Régimen Jurídico del Sector Público**, que, en sus **artículos 32 y siguientes**, establece las directrices y pautas de aplicación para el ejercicio de este derecho. Puntos clave en este tipo de responsabilidad es que el daño ha de ser derivado de la actividad anormal de la Administración, efectivo, evaluable económicamente e individualizado con relación a una persona o grupo de personas.

CUESTIONES

1. Por ejemplo, en la Administración de Justicia ¿qué gestión o actividad puede entenderse como funcionamiento anormal?

Según lo dispuesto en la **sentencia del Tribunal Supremo, rec. 1153/2012, de 19 de enero de 2015, ECLI:ES:TS:2015:10**, el funcionamiento anormal sería cualquier defecto en la actuación de los juzgados y tribunales, concebidos como complejo orgánico en el que se integran diversas personas, servicios, medios y actividades, diferenciándose del error judicial que consiste en la desatención del juzgador a datos de carácter indiscutible en una resolución que rompe la armonía del orden jurídico, o en la decisión que interpreta equivocadamente el ordenamiento jurídico, si se trata de una interpretación no sostenible por ningún método interpretativo aceptable en la práctica judicial.

2. ¿Cuál es la diferencia principal a la hora de conceder una indemnización por error judicial o por funcionamiento anormal de la Administración de Justicia?

En palabras de la **sentencia de la Audiencia Nacional, rec. 63/2019, de 5 de mayo de 2023, ECLI:ES:AN:2023:2143**: «(...) Mientras la indemnización por causa de error debe ir precedida de una decisión judicial que expresamente lo reconozca, a tenor del art. 293.1 de la Ley Orgánica del Poder Judicial, la reclamación por los daños causados como consecuencia del funcionamiento anormal de la Administración de Justicia no exige una previa declaración judicial, sino que se formula directamente ante el Ministerio de Justicia, en los términos prevenidos en el art. 292 de la Ley Orgánica del Poder Judicial (...)».

A TENER EN CUENTA. En el ámbito civil, el **artículo 1089 del CC** establece que las obligaciones nacen de la ley, de los contratos y cuasi contratos, y de los actos y omisiones ilícitos o en que intervenga cualquier género de culpa o negligencia.

2.
NORMATIVA APLICABLE Y JURISDICCIÓN COMPETENTE. DIFERENCIAS ENTRE RESPONSABILIDAD CONTRACTUAL Y EXTRACONTRACTUAL DE LAS AA. PP.

Regulación de la responsabilidad de las Administraciones públicas

Preceptos reguladores de la responsabilidad patrimonial de las AA. PP.

Reiterando lo expuesto en otros puntos, cabe citar como preceptos reguladores y que rigen la responsabilidad de las Administraciones públicas:

- Los artículos 106, 121 y 149.1.18.ª de la CE, en cuanto a la obligación de resarcimiento por parte de las AA. PP. ante sus actos negligentes y dañosos hacia particulares, la responsabilidad emanada de incumplimientos por la Administración de Justicia o el deber del Estado de marcar un régimen jurídico que regule la figura de la responsabilidad y así afianzar el principio inquebrantable del derecho a la tutela judicial efectiva del artículo 24 de la CE. Nuestro Alto Tribunal recoge en su STS n.º 997/2024, de 6 de junio, ECLI:ES:TS:2024:3064 que: «El principio de responsabilidad patrimonial del Estado tiene su anclaje último en el principio general de responsabilidad de los poderes públicos (artículo 9.3 CE) y en la propia cláusula constitucional de Estado de Derecho (artículo 1.1 CE), concretándose a nivel constitucional en los arts. 106.2 y 121, si bien su desarrollo queda deferido a la ley».
- Respecto a la **responsabilidad extracontractual** hay que acudir a la **LRJSP**, en concreto a sus artículos 32 a 37. En ellos se especifican las condiciones para que concurra indemnización por las AA. PP. por

su funcionamiento normal o anormal, la exigencia de presencia de un daño efectivo, evaluable económicamente e individualizado, con las especificaciones según el tipo de lesión sufrida y el derecho de exigir responsabilidad concurrente entre varias AA. PP. cuando así fuere el caso.

- En cuanto a la responsabilidad contractual, habrá que aplicar la **Ley 9/2017, de 8 de noviembre, de Contratos del Sector Público. En ella, en su artículo 24, se establece que los contratos del sector público pueden estar sometidos a un régimen jurídico de derecho administrativo o de derecho privado. Tras esta disposición, habrá que atender a la tipología de contratos** para conocer que supuestos son susceptibles de reclamación de responsabilidad contractual: contratos de obras, concesión de obras, concesión de servicios, suministro y servicios. Así también, la D.A. 28.ª de la LCSP dispone que la responsabilidad patrimonial de las autoridades y del personal al servicio de las Administraciones públicas, derivada de sus actuaciones en materia de contratación pública, es decir, la responsabilidad contractual de las AA. PP., tanto frente a particulares como a la propia Administración, debe tramitarse por lo dispuesto en la LRJSP.

Jurisdicción y competencia en materia de responsabilidad de las AA. PP.

El **artículo 9.4 de la Ley Orgánica 6/1985, del Poder Judicial**, establece que los juzgados y tribunales del orden contencioso-administrativo conocen de las pretensiones que se deducen en relación con la actuación de las Administraciones públicas sujetas al derecho administrativo y de las pretensiones que se deducen en relación con la responsabilidad patrimonial de las Administraciones públicas y del personal a su servicio, cualquiera que sea la naturaleza de la actividad o el tipo de relación de que se derive. Si a la producción del daño hubieran concurrido sujetos privados, el demandante deducirá también frente a ellos su pretensión ante este orden jurisdiccional. Igualmente conocerán de las reclamaciones de responsabilidad cuando el interesado accione directamente contra la aseguradora de la Administración, junto a la Administración respectiva.

También será competente este orden jurisdiccional si las demandas de responsabilidad patrimonial se dirigen, además, contra las personas o entidades públicas o privadas indirectamente responsables de aquellas.

A mayor abundamiento, respecto a la responsabilidad contractual, el **artículo 27 de la LCSP dispone que son competencia del orden jurisdiccional contencioso-administrativo** las siguientes cuestiones:

- Las relativas a la preparación, adjudicación, efectos, modificación y extinción de los contratos administrativos.
- Las que se susciten en relación con la preparación y adjudicación de los contratos privados de las Administraciones públicas.
- Las relativas a contratos de servicios que tengan por objeto servicios financieros, la creación e interpretación artística y literaria y los de

espectáculos y los que tengan por objeto la suscripción a revistas, publicaciones periódicas y bases de datos, que estén sujetos a regulación armonizada.

- Las impugnaciones de las modificaciones de pliegos incumpliendo lo dispuesto al respecto en los **artículos 204 y 205 de la LCSP**, por entender que la modificación debió ser objeto de una nueva adjudicación.
- Las relativas a la preparación, adjudicación y modificaciones contractuales, cuando la impugnación de estas se base en el incumplimiento de lo establecido al respecto en los **artículos 204 y 205 de la LCSP**, al entender que dicha modificación debió ser objeto de una nueva adjudicación de los contratos celebrados por los poderes adjudicadores que no tengan la consideración de Administración pública.
- Las relativas a la preparación y adjudicación de los contratos de entidades del sector público que no tengan el carácter de poderes adjudicadores.
- Los recursos interpuestos contra las resoluciones que se dicten por los órganos administrativos de resolución de los recursos especiales que prevé el **artículo 44 de la LCSP**, y en la resolución de los recursos del **artículo 321.5 de la LCSP**, que se plantean en vía administrativa conforme a la LPCA.
- Las que se susciten en relación con la preparación, adjudicación y modificación de los contratos subvencionados que se encuentran sujetos a regulación armonizada como se dispone en el **artículo 23 de la LCSP**.

Ostenta competencia también **el orden jurisdiccional civil para resolver sobre**:

- Controversias que se susciten entre las partes en relación con los efectos y extinción de los contratos privados de las entidades que tengan la consideración de poderes adjudicadores, sean o no Administraciones públicas, con excepción de las modificaciones contractuales relativas a la preparación y adjudicación de contratos privados de las AA. PP. y a la preparación, adjudicación y modificaciones contractuales de pliegos que no cumplan con lo dispuesto en los **artículos 204 y 205 de la LCSP**.
- Cuestiones referidas a efectos y extinción de los contratos que celebren las entidades del sector público que no tengan el carácter de poderes adjudicadores.
- Tiene competencia también para conocer de las cuestiones litigiosas relativas a la financiación privada del contrato de concesión de obra pública o de concesión de servicios, salvo en lo relativo a las actuaciones en ejercicio de las obligaciones y potestades administrativas que, con arreglo a lo dispuesto en la LCSP, se atribuyen a la Administración concedente, y en las que será competente el orden jurisdiccional contencioso-administrativo.

Ahora bien, la **Ley 29/1998, de 13 de julio, reguladora de la Jurisdicción Contencioso-Administrativa**, en su **artículo 2. e)**, dispone que el orden jurisdiccional contencioso-administrativo conocerá de las cuestiones que se susciten en relación con la responsabilidad patrimonial de las Administraciones públicas, cualquiera que sea la naturaleza de la **actividad o el tipo de relación** de que derive, no pudiendo ser demandadas aquellas por este motivo ante los órdenes jurisdiccionales civil o social, aun cuando en la producción del daño concurran con particulares o cuenten con un seguro de responsabilidad.

CUESTIONES

1. ¿Puede el perjudicado ejercitar la acción directa contra la aseguradora de la Administración?

A propósito de un conflicto de competencia, el Tribunal Supremo dispone en su **auto n.° 21/2010, de 18 de octubre, ECLI:ES:TS:2010:14274A**, que sí y que corresponde a los órganos del orden jurisdiccional civil.

2. ¿Puede la jurisdicción penal determinar la responsabilidad patrimonial de la Administración?

Según el **121 del Código Penal**, el Estado, la comunidad autónoma, la provincia, la isla, el municipio y demás entes públicos, según los casos, responden subsidiariamente de los daños causados por los penalmente responsables de los delitos dolosos o culposos, cuando estos sean autoridad, agentes y contratados de la misma o funcionarios públicos en el ejercicio de sus cargos o funciones siempre que la lesión sea consecuencia directa del funcionamiento de los servicios públicos que les estuvieren confiados, sin perjuicio de la responsabilidad patrimonial derivada del funcionamiento normal o anormal de dichos servicios exigible conforme a las normas de procedimiento administrativo, y sin que, en ningún caso, pueda darse una duplicidad indemnizatoria.

Además, si se exigiera en el proceso penal la responsabilidad civil de la autoridad, agentes y contratados de la misma o funcionarios públicos, la pretensión deberá dirigirse simultáneamente contra la Administración o ente público presuntamente responsable civil subsidiario.

Características de la responsabilidad extracontractual o responsabilidad patrimonial de las Administraciones públicas

|| Reclamación por responsabilidad extracontractual de las AA. PP.

Esta figura tiene su origen en la norma preconstitucional conocida como la **Ley de 16 de diciembre de 1954, de Expropiación Forzosa que, en su artículo 121**, dispone:

> «1. Dará también lugar a indemnización con arreglo al mismo procedimiento toda lesión que los particulares sufran en los bienes y derechos a que esta Ley se refiere, siempre que aquélla sea consecuencia del funcionamiento normal o anormal de los servicios públicos, o la adopción de medidas de carácter discrecional no fiscalizables en vía contenciosa, sin perjuicio de las responsabilidades que la Administración pueda exigir de sus funcionarios con tal motivo.

> 2. En los servicios públicos concedidos correrá la indemnización a cargo del concesionario, salvo en el caso en que el daño tenga su origen en alguna cláusula impuesta por la Administración al concesionario y que sea de ineludible cumplimiento para este».

En ese sentido se redactó el **artículo 106.2 de la CE**, añadiendo la salvedad a este derecho indemnizatorio en los casos de fuerza mayor. El TC hizo su propia valoración al respecto, como en la **sentencia n.º 112/2018, de 17 de octubre, ECLI:ES:TC:2018:112**:

> «(...) el tenor del artículo 106.2 supone la recepción constitucional del sistema de responsabilidad de la Administración previamente vigente en España, cuyo carácter objetivo venía siendo ampliamente aceptado por la doctrina y la jurisprudencia. (...) El texto, producto de una enmienda introducida en el debate constitucional al originario texto del anteproyecto de Constitución, que no había incluido ninguna referencia a la responsabilidad patrimonial de las administraciones públicas, vino, pues, a reproducir parcialmente la redacción del artículo 32.1 de la Ley de 20 de julio de 1957, de régimen jurídico de la Administración del Estado, que había señalado que "[l]os particulares tendrán derecho a ser indemnizados por el Estado de toda lesión que sufran en cualquiera de sus bienes y derechos, salvo en los casos de fuerza mayor, siempre que aquella lesión sea consecuencia del funcionamiento normal o anormal de los servicios públicos o de la adopción de medidas no fiscalizables en vía contenciosa", precepto que tenía, a su vez, su antecedente en el artículo 121.1 de la Ley de expropiación forzosa de 16 de diciembre de 1954, que dispone que "[d]ará también lugar a indemnización con arreglo al mismo procedimiento toda lesión que los particulares sufran en los bienes y derechos a que esta Ley se refiere, siempre que aquélla sea consecuencia del funcionamiento normal o anormal de los servicios públicos"».

Con esta base, los **artículos 32 a 37 de la Ley 40/2015, de 1 de octubre (LRJSP)**, son los encargados de regular acerca de la responsabilidad patrimonial de las Administraciones públicas, disponiendo el primero de estos artículos **(artículo 32.1)** que:

> «1. Los particulares tendrán derecho a ser indemnizados por las Administraciones Públicas correspondientes, de toda lesión que sufran en cualquiera de sus bienes y derechos, siempre que la lesión sea consecuencia del funcionamiento normal o anormal de los servicios públicos salvo en los casos de fuerza mayor o de daños que el particular tenga el deber jurídico de soportar de acuerdo con la Ley.
>
> La anulación en vía administrativa o por el orden jurisdiccional contencioso administrativo de los actos o disposiciones administrativas no presupone, por sí misma, derecho a la indemnización».

Respecto a la «fuerza mayor», no debe confundirse con el concepto de caso fortuito, interpretándose la primera como algo ocurrido de forma extraordinaria o catastrófica y cuyo valor probatorio recae en la propia administración para exonerarse de culpa, mientras que el «caso fortuito» se conceptúa como un evento interno, intrínseco al servicio público y que se producen por el propio funcionamiento o desgaste de los servicios públicos ante su propia naturaleza. Así se viene razonando en numerosas resoluciones del Alto Tribunal, como en las **SSTS, rec. 1849/2002, de 13 de junio de 2005, ECLI:ES:TS:2005:3786; rec. 309/2006, de 21 de julio de 2008, ECLI:ES:TS:2008:4054, y rec. 2550/2009, de 05 de abril de 2011,** ECLI:ES:TS:2011:1715.

Si bien, el concepto de responsabilidad extracontractual y su regulación se sobreentiende tras las exposiciones anteriores, lo más destacable son los requisitos exigibles para poder reclamar este tipo de responsabilidad, y que el propio precepto 32.2 de la LRJSP, fija:

> «2. En todo caso, el daño alegado habrá de ser **efectivo, evaluable económicamente e individualizado** con relación a una persona o grupo de personas».

El Tribunal Constitucional así lo interpreta en su **STC n.º 112/2018, de 17 de octubre,** ECLI:ES:TC:2018:112:

> «Así pues, **el régimen constitucional de responsabilidad de las Administraciones públicas se rige por criterios objetivos**, que implican la necesidad, no sólo de examinar la relación de causalidad, sino también la de formular un juicio de imputación del daño que permita conectar suficientemente el perjuicio producido con la actividad desarrollada por el agente del mismo, en este caso por una Administración pública (...)».

Por tanto, en aplicación del **apartado 2 del art. 32 de la LRJSP** y de su interpretación jurisprudencial, deben apreciarse los siguientes factores para poder reclamar responsabilidad patrimonial a las AA. PP.:

- El daño sufrido sea efectivo.
- Pueda evaluarse económicamente.
- Individualizado con relación a una persona o grupo de personas.
- El particular no ha de tener deber jurídico de soportar el daño.
- Ha de concurrir culpa por parte de la Administración, de manera que el hecho le sea imputable.
- El hecho acontecido debe ser antijurídico o contrario a la norma.
- Al darse el daño antijuridico se genera un detrimento patrimonial.
- Debe darse una relación directa y eficaz entre el hecho producido y el daño ocasionado. La apreciación de este nexo causal es revisable mediante recurso de casación.

En ese sentido, podemos citar **las SSTS rec. 6613/2009, de 07 de diciembre de 2011, ECLI:ES:TS:2011:8182, rec. 2506/2011, de 22 de junio de 2012, ECLI:ES:TS:2012:4574, o n.º 786/2023, de 13 de junio,** ECLI:ES:TS:2023:2842.

JURISPRUDENCIA

Sentencia del Tribunal Supremo n.º 903/2021, de 23 de junio, ECLI:ES:TS:2021:2624

*«Como ha señalado el Tribunal Supremo, Sala Tercera, en la Sentencia de 3 de mayo de 2011, Rec. 120/2007, "**la viabilidad de la acción de responsabilidad patrimonial de la Administración requiere conforme a lo establecido en el art.** 139 LRJAPAC:*

a) La efectiva realidad del daño o perjuicio, evaluable económicamente e individualizado en relación a una persona o grupo de personas.

b) Que el daño o lesión patrimonial sufrida por el reclamante sea consecuencia del funcionamiento normal o anormal -es indiferente la calificación- de los servicios públicos en una relación directa e inmediata y exclusiva de causa a efecto, sin intervención de elementos extraños que pudieran influir, alterando, el nexo causal.

c) Ausencia de fuerza mayor.

d) Que el reclamante no tenga el deber jurídico de soportar el daño cabalmente causado por su propia conducta"».

Sentencia del Tribunal Supremo, rec. 1515/2005, de 1 de julio de 2009, ECLI:ES:TS:2009:5042

*«(...) la necesaria concurrencia, para apreciar en sentido positivo la responsabilidad administrativa, de la **antijuricidad del daño**, puesto que, en definitiva, y como esta jurisprudencia ha declarado, no todo daño causado por la Administración ha de ser reparado, sino que tendrá la consideración de auténtica lesión resarcible, exclusivamente, aquella que reúna la calificación de antijurídica, en el sentido de que el particular no tenga el deber jurídico de soportar los daños derivados de la actuación administrativa».*

Sentencia del Tribunal Supremo n.º 1431/2022, de 4 de noviembre, ECLI:ES:TS:2022:3999

«La exigencia de la antijuridicidad del daño se ha delimitado, conforme a la reiterada jurisprudencia de este Tribunal Supremo, en la ausencia del deber, que no obligación, del perjudicado a soportar el daño ocasionado, conforme se declara en el artículo 32 de la Ley de Régimen Jurídico del Sector Público. Es la ausencia de ese deber el que hace el daño ocasionado antijurídico y, por tanto, el poder conceptuarlo como lesión, que es el presupuesto principal de esta institución indemnizatoria. Ese debe puede tener como fundamento la más variada causa desde la misma imposición legal a la misma relación jurídica en cuyo seno se produce el daño o, incluso, en el mismo comportamiento del perjudicado; lo relevante es que el ordenamiento jurídico imponga la obligación de soportar el daño ocasionado por una determinada actividad administrativa».

Sentencia del Tribunal Supremo, rec. 2052/2003, de 25 de septiembre de 2007, ECLI:ES:TS:2007:6042

*«(...) como hemos declarado igualmente en reiteradísimas ocasiones es imprescindible que exista **nexo causal** entre el funcionamiento normal o anormal del servicio público y el resultado lesivo o dañoso producido, cuya concurrencia la Sala de instancia niega en el caso de autos.*

Es además jurisprudencia reiteradísima que la apreciación del nexo causal entre la actuación de la Administración y el resultado dañoso producido, o la ruptura del mismo, es una cuestión jurídica revisable en casación, si bien tal apreciación ha de basarse siempre en los hechos declarados probados por la Sala de instancia, salvo que éstos hayan sido correctamente combatidos por haberse infringido normas, jurisprudencia o principios generales del derecho al valorarse las pruebas, o por haberse procedido, al hacer la indicada valoración, de manera ilógica, irracional o arbitraria (...)».

Sentencia del Tribunal Supremo n.º 469/2018, de 21 de marzo, ECLI:ES:TS:2018:1082

*«(...) Por su parte la **STS de 19 de junio de 2007 (RC 10231/2003)** insiste con cita de otras muchas en que "es doctrina jurisprudencial consolidada la que sostiene la exoneración de responsabilidad para la Administración, a pesar del carácter objetivo de la misma, cuando es la conducta del propio perjudicado o la de un tercero la única determinante del daño producido aunque hubiese sido incorrecto el funcionamiento del servicio público (...)».*

Sentencia del Tribunal Supremo, rec. 6998/1995, de 27 de diciembre de 1999, ECLI:ES:TS:1999:8467

Se considera un carácter destacado de la responsabilidad extracontractual de la Administración su **naturaleza solidaria**.

«(...) como en cualquier supuesto de responsabilidad extracontractual, ésta tiene la naturaleza de solidaria, de manera que frente al perjudicado cada obligado responde de la totalidad de la deuda, razón por la que el Ayuntamiento demandado habrá de indemnizar íntegramente al demandante en la cantidad que estimemos adecuada para su plena indemnidad».

¿Cuál es la principal diferencia entre la responsabilidad contractual y la responsabilidad extracontractual de las Administraciones públicas?

La diferencia entre ambas se marca en la existencia de un contrato que obliga a las partes o que la responsabilidad pueda derivar de un mal funcionamiento de la Administración.

A este respecto, la **sentencia del Tribunal Supremo, rec. 368/1996, de 25 de julio del 2000, ECLI:ES:TS:2000:6299**, establece:

> «(...) la **responsabilidad extracontractual supone la existencia de una determinada actividad administrativa que, incidentalmente, y al margen de cualquier relación jurídica previamente constituida, provoca unos daños a determinada persona que ésta no tiene el deber jurídico de soportar**", mientras que, la responsabilidad contractual es la que deriva del incumplimiento —por una de las partes contratantes— de un deber estipulado en el contrato».

3.
LA RESPONSABILIDAD PATRIMONIAL DE LAS AA. PP.

Parte el **artículo 32.1 de la Ley 40/2015, de 1 de octubre, de Régimen Jurídico del Sector Público (LRJSP)**, de la siguiente premisa:

> «1. Los particulares tendrán derecho a ser indemnizados por las Administraciones Públicas correspondientes, de toda lesión que sufran en cualquiera de sus bienes y derechos, siempre que la lesión sea consecuencia del funcionamiento normal o anormal de los servicios públicos salvo en los casos de fuerza mayor o de daños que el particular tenga el deber jurídico de soportar de acuerdo con la Ley.
>
> La anulación en vía administrativa o por el orden jurisdiccional contencioso administrativo de los actos o disposiciones administrativas no presupone, por sí misma, derecho a la indemnización».

Responde el citado precepto a lo establecido en el **apartado 2 del artículo 106 de la CE**, que dispone:

> «Los particulares, en los términos establecidos por la ley, tendrán derecho a ser indemnizados por toda lesión que sufran en cualquiera de sus bienes y derechos, salvo en los casos de fuerza mayor, siempre que la lesión sea consecuencia del funcionamiento de los servicios públicos».

En la misma línea cabe traer a colación la **Ley de 16 de diciembre de 1954 de Expropiación Forzosa** (en adelante LEF), ya que en su título IV, capítulo II regula las indemnizaciones por otros daños señalando, el artículo 121, apartado 1, que:

> «Dará también lugar a indemnización con arreglo al mismo procedimiento toda lesión que los particulares sufran en los bienes y derechos a que esta Ley se refiere, siempre que aquélla sea consecuencia del funcionamiento normal o anormal de los servicios públicos, o la adopción de medidas de carácter discrecional no fiscalizables en vía contenciosa, sin perjuicio de las responsabilidades que la Administración pueda exigir de sus funcionarios con tal motivo».

La jurisprudencia ha venido considerando la responsabilidad patrimonial de las Administraciones públicas como un supuesto de responsabilidad objetiva, así la **sentencia del Tribunal Supremo, rec. 2550/2009, de 5 abril de 2011, ECLI:ES:TS:2011:1715**, establece:

> «La responsabilidad patrimonial de la Administración, ha sido configurada en nuestro sistema legal y jurisprudencialmente, como de naturaleza objetiva, de modo que cualquier consecuencia dañosa derivada del funcionamiento de los servicios públicos, debe ser en principio indemnizada, porque como dice en múltiples resoluciones el Tribunal Supremo "de otro modo se produciría un sacrificio individual en favor de una actividad de interés público que debe ser soportada por la comunidad"».

Respecto a la fuerza mayor cuya concurrencia ha de ser acreditada por la Administración para exonerarse de culpa, debemos atender también a lo dispuesto por la jurisprudencia, que viene pronunciándose repetidamente bajo el mismo criterio; en este sentido la **STS, rec. 2550/2009, de 5 abril de 2011, ECLI:ES:TS:2011:1715**, establece:

> «(...) La fuerza mayor entroncaría con la idea de lo extraordinario, catastrófico o desacostumbrado, mientras que el caso fortuito haría referencia a aquellos eventos internos, intrínsecos al funcionamiento de los servicios públicos, producidos por la misma naturaleza, por la misma consistencia de sus elementos, por su mismo desgaste con causa desconocida, correspondiendo en todo caso a la Administración, tal y como reiteradamente señala el Tribunal Supremo, entre otras y por sintetizar las demás, la de 6 de febrero de 1996, probar la concurrencia de fuerza mayor, en cuanto de esa forma puede exonerarse de su responsabilidad patrimonial».

En la misma línea se pronuncian otras sentencias del mismo tribunal como la **STS, rec. 1849/2002, de 13 de junio de 2005, ECLI:ES:TS:2005:3786**, y la **STS, rec. 309/2006, de 21 de julio de 2008, ECLI:ES:TS:2008:4054**.

CUESTIÓN

¿Puede eximirse de responsabilidad a la Administración por considerar que el estado de alarma derivado de la pandemia del COVID-19 declarado inconstitucional se debió a fuerza mayor?

Para responder a esta cuestión podemos citar **la STS n.º 997/2024, de 6 de junio, ECLI:ES:TS:2024:3064**, en la que se dice que, aunque la pandemia reúna las características de fuerza mayor:

«(...) No habrá ruptura del nexo causal y nacerá la responsabilidad patrimonial cuando los daños no fueren directamente imputables a la enfermedad sino a las medidas adoptadas para hacerla frente, medidas que pueden ser juzgadas desde la perspectiva de la responsabilidad por su razonabilidad, grado de intensidad, proporcionalidad o duración.

Por tanto, la adopción de medidas en el marco de la gestión de la crisis puede hacer posible la responsabilidad de la Administración, dado que, pese a tratarse la pandemia de una situación inevitable, esa gestión puede haber coadyuvado a agravar los daños, o no los ha minorado o eliminado pudiendo hacerlo. En estos casos, la fuerza mayor (pandemia) no excluye la posibilidad del deber de indemnizar los posibles daños que se hubieran podido evitar o mitigar de haberse adoptado por parte de las autoridades con competencia en la materia las medidas precisas, bajo el principio de precaución al que están legalmente obligadas, que tendieran a evitar la propagación, vía contagio, y letalidad de la enfermedad. De este modo, si se acreditara que una Administración pudo, dadas sus competencias, impedir la aparición de perjuicios adicionales mediante la adopción de medidas concretas, con arreglo a los estándares de actuación conocidos en ese momento, podría apreciarse la necesaria relación de causalidad entre el funcionamiento de los servicios públicos y el daño o lesión sufrida, presupuesto necesario para que sea viable una acción de responsabilidad patrimonial con la consiguiente obligación de indemnizar».

Concluyendo nuestro Alto Tribunal que: «(...) la fuerza mayor puede operar como supuesto de exención de responsabilidad patrimonial en relación con determinados daños directamente imputables a la pandemia COVID-19, pero no cuando se deducen de la actuación de los poderes públicos, si bien en nuestro caso, como ya hemos razonado extensamente supra, la actividad administrativa desarrollada fue razonable y proporcionada a la situación existente por lo que no generó responsabilidad».

Requisitos para determinar la responsabilidad patrimonial de las Administraciones públicas

A TENER EN CUENTA. Las sentencias referidas, en su mayor parte, hacen alusión al artículo 139 de la derogada Ley 30/1992, de 26 de noviembre, similar al actual artículo 32 de la LRJSP, por lo que se entiende aplicable la jurisprudencia expuesta.

De la misma forma, el **artículo 32, apartado 2, de la LRJSP** y en términos idénticos el **artículo 122.1 de la LEF** recogen los requisitos para hablar del derecho a indemnización. Así, estaremos ante un daño «indemnizable» cuando el daño:

- Sea efectivo.
- Pueda evaluarse económicamente.
- Sea individualizado con relación a una persona o grupo de personas.

Es doctrina consolidada la apreciación de los requisitos necesarios para reclamar la responsabilidad patrimonial a las AA. PP. En este sentido cabe citar diversas sentencias, entre las cuales destacan la **STS del Tribunal Supremo, rec. 6613/2009, de 07 de diciembre de 2011, ECLI:ES:TS:2011:8182; la STS, rec. 2506/2011, de 22 de junio de 2012, ECLI:ES:TS:2012:4574; la STS, rec. 5998/2011, de 23 de mayo de 2014, ECLI:ES:TS:2014:1997, STS, rec. 4056/2014, de 19 de febrero de 2016, ECLI:ES:TS:2016:540, y la STS n.º 903/2021, de 23 de junio, ECLI:ES:TS:2021:2624**, infiriéndose de ellas lo siguiente:

> «(...) La viabilidad de la acción de responsabilidad patrimonial de la Administración requiere conforme a lo establecido en el art. 139 LRJAPAC: a) La efectiva realidad del daño o perjuicio, evaluable económicamente e individualizado en relación a una persona o grupo de personas. b) Que el daño o lesión patrimonial sufrida por el reclamante sea consecuencia del funcionamiento normal o anormal —es indiferente la calificación— de los servicios públicos en una relación directa e inmediata y exclusiva de causa

a efecto, sin intervención de elementos extraños que pudieran influir, alterando, el nexo causal. c) Ausencia de fuerza mayor. d) Que el reclamante no tenga el deber jurídico de soportar el daño cabalmente causado por su propia conducta».

De lo establecido en el citado artículo se da una interpretación más amplia por parte de los tribunales, siendo doctrina consolidada la necesidad de apreciación de los siguientes factores para reclamar la responsabilidad patrimonial de las AA. PP.:

- El particular no ha de tener deber jurídico de soportar el daño.
- Ha de concurrir culpa por parte de la Administración, de manera que el hecho le sea imputable.
- El hecho acontecido debe ser antijurídico o contrario a la norma.
- Al darse el daño antijurídico se genera un detrimento patrimonial.
- Debe darse una relación directa y eficaz entre el hecho producido y el daño ocasionado.

La citada **sentencia del Tribunal Supremo, rec. 5998/2011, de 23 de mayo de 2014, ECLI:ES:TS:2014:1997**, añade:

> «Es doctrina jurisprudencial reiteradísima, por todas Sentencia de 3 de mayo de 2.011 (Rec. 120/2007) que la viabilidad de la acción de responsabilidad patrimonial de la Administración requiere conforme a lo establecido en el art. 139 LRJPAC: a) La efectiva realidad del daño o perjuicio, evaluable económicamente e individualizado en relación a una persona o grupo de personas. b) Que el daño o lesión patrimonial sufrida por el reclamante sea consecuencia del funcionamiento normal o anormal —es indiferente la calificación— de los servicios públicos en una relación directa e inmediata y exclusiva de causa a efecto, sin intervención de elementos extraños que pudieran influir, alterando, el nexo causal. c) Ausencia de fuerza mayor. d) Que el reclamante no tenga el deber jurídico de soportar el daño cabalmente causado por su propia conducta.
>
> La jurisprudencia de esta Sala (por todas la STS de 1 de julio de 2009, recurso de casación 1515/2005 y las sentencias allí recogidas) insiste en que "no todo daño causado por la Administración ha de ser reparado, sino que tendrá la consideración de auténtica lesión resarcible, exclusivamente, aquella que reúna la calificación de antijurídica, en el sentido de que el particular no tenga el deber jurídico de soportar los daños derivados de la actuación administrativa".
>
> En esa misma línea reiterada jurisprudencia (STS de 25 de septiembre de 2007, rec. casación 2052/2003 con cita de otras anteriores) manifiesta que la viabilidad de la responsabilidad patrimonial de la administración exige la antijuridicidad del resultado o lesión siempre que exista nexo causal entre el funcionamiento normal o anormal del servicio público y el resultado lesivo o dañoso producido.
>
> Se insiste STC 19 de junio de 2007, rec. casación 10231/2003 con cita de otras muchas que "es doctrina jurisprudencial consolidada la que sostiene la exoneración de responsabilidad para la Administración,

a pesar del carácter objetivo de la misma, cuando es la conducta del propio perjudicado, o la de un tercero, la única determinante del daño producido aunque hubiese sido incorrecto el funcionamiento del servicio público (Sentencias, entre otras, de 21 de marzo, 23 de mayo, 10 de octubre y 25 de noviembre de 1995, 25 de noviembre y 2 de diciembre de 1996, 16 de noviembre de 1998, 20 de febrero, 13 de marzo y 29 de marzo de 1999)".

Y también repite la jurisprudencia (por todas SSTS 7 de febrero 2006 recurso de casación 6445/2001, 19 de junio de 2007, recurso de casación 10231/2003, 11 de mayo de 2010, recurso de casación 5933/2005) que la apreciación del nexo causal entre la actuación de la Administración y el resultado dañoso, o la ruptura del mismo, es una cuestión jurídica revisable en casación, si bien tal apreciación ha de basarse siempre en los hechos declarados probados por la Sala de instancia, salvo que éstos hayan sido correctamente combatidos por haberse infringido normas, jurisprudencia o principios generales del derecho al haberse valorado las pruebas, o por haber procedido, al haber la indicada valoración de manera ilógica, irracional o arbitraria».

RESOLUCIONES RELEVANTES

Sentencia del TSJ de Madrid n.º 426/2024, de 29 de mayo, ECLI:ES:TSJM:2024:6383

«La doctrina jurisprudencial en materia de responsabilidad patrimonial de la Administración recogida, entre otras, en las sentencias del Tribunal Supremo de 5 de noviembre de 2012 y de 29 de julio de 2013, exige para que la misma se produzca que concurran los siguientes ***requisitos****:*

*1º.- **Un hecho imputable a la Administración**, bastando con acreditar que el daño se ha producido en el desarrollo de una actividad cuya titularidad corresponde a un ente público.*

*2º.- Un **daño antijurídico** producido, en cuanto detrimento patrimonial injustificado, o lo que es igual, que el que lo sufre no tenga el deber jurídico de soportar.*

El daño o perjuicio patrimonial ha de ser real, no basado en meras esperanzas o conjeturas, evaluable económicamente, efectivo e individualizado en relación con una persona o grupo de personas.

La Sentencia del Tribunal Supremo, de 15 de marzo de 2011, con cita de la de 1 de julio de 2009, declara que "no todo daño causado por la Administración ha de ser reparado, sino que tendrá la consideración de auténtica lesión resarcible, exclusivamente, aquella que reúna la calificación de antijurídica, en el sentido de que el particular no tenga el deber jurídico de soportar los daños derivados de la actuación administrativa". Y añade que, conforme a la sentencia del Tribunal Supremo de 25 de septiembre de 2007, " la viabilidad de la responsabilidad patrimonial de la Administración exige la antijuridicidad del resultado o lesión siempre que exista nexo causal entre el funcionamiento normal o anormal del servicio público y el resultado lesivo o dañoso producido". Finalmente, insiste en que "es doctrina jurisprudencial consolidada la que sostiene la exoneración de responsabilidad para la Administración, a pesar del carácter objetivo de la misma, cuando es la conducta del propio perjudicado o la de un tercero la única determinante del daño producido aunque hubiese sido incorrecto el funcionamiento del servicio público (Sentencias, entre otras, de 21 de marzo, 23 de mayo, 10 de octubre y 25 de noviembre de 1995, 25 de noviembre y 2 de diciembre de 1996, 16 de noviembre de 1998, 20 de febrero, 13 de marzo y 29 de marzo de 1999)".

*3º.- **Relación de causalidad** entre el hecho que se imputa a la Administración y el daño producido.*

Se ha de señalar que el concepto de relación causal se reduce a fijar qué hecho o condición puede ser considerado como relevante por sí mismo para producir el resultado final, como presupuesto o "conditio sine qua non", esto es, como acto o hecho sin el cual es inconcebible que otro hecho o evento se considere consecuencia o efecto del anterior, aunque es necesario además que resulte normalmente idóneo para determinar aquel evento o resultado teniendo en consideración todas las circunstancias del caso, hasta alcanzar la categoría de causa adecuada, eficiente y verdadera del daño (sentencias del Tribunal Supremo de 26 de septiembre de 1998 y de 16 de febrero de 1999, entre otras).

*4º.- **Ausencia de fuerza mayor**, como causa extraña a la organización y distinta del caso fortuito, supuesto este que sí impone la obligación de indemnizar.*

*5º.- **Que el derecho a reclamar no haya prescrito**, lo que acontece al año de producido el hecho o el acto que motive la indemnización o de manifestarse su efecto lesivo, si bien, en caso de daños de carácter físico o psíquico a las personas, dicho plazo empezará a computarse desde la curación o la determinación del alcance de las secuelas (artículo 67.1 de la Ley 39/2015, de 1 de octubre, del Procedimiento Administrativo Común de las Administraciones Públicas)».*

Sentencia de la Audiencia Nacional, rec. 127/2023, de 19 de junio de 2024, ECLI:ES:AN:2024:3530

«Lo resarcible por la vía de la responsabilidad patrimonial es la lesión, pero ésta solo puede ser apreciada si el daño que le sirve de presupuesto reúne los requisitos que declara la jurisprudencia en interpretación de estas normas.

*Así, el Tribunal Supremo ha estimado que, para exigir responsabilidad patrimonial por el funcionamiento de los servicios públicos, es necesario que concurran los siguientes **requisitos o presupuestos**: 1. hecho imputable a la Administración, 2. lesión o perjuicio antijurídico efectivo, económicamente evaluable e individualizado en relación a una persona o grupo de personas, 3. relación de causalidad entre hecho y perjuicio, y 4. que no concurra fuerza mayor u otra causa de exclusión de la responsabilidad. 5 que el reclamante no tenga el deber jurídico de soportar el daño.*

*Junto a los presupuestos de la responsabilidad patrimonial, hay también unos **requisitos para ejercitarla acción de reclamación** que son:*

1. la previa reclamación en vía administrativa a la Administración Pública correspondiente.

2. que la acción de responsabilidad indemnizatoria no haya prescrito, esto es, que sea ejercitada dentro del plazo de un año contado a partir del hecho que motivo la indemnización o se manifieste su efecto lesivo.

3. que no derive de hechos o circunstancias que no se hubiesen podido prever o evitar según el estado de los conocimientos de la ciencia o de la técnica existentes en el momento de producción.

4. su compatibilidad con las prestaciones asistenciales o económicas que las leyes puedan establecer».

Casuística originaria de responsabilidad patrimonial de las Administraciones públicas

Los restantes apartados del citado artículo 32 de la LRJSP hacen referencia a casos concretos de responsabilidad de las AA. PP. que conviene examinar de forma específica.

Responsabilidad derivada de acto legislativo de naturaleza no expropiatoria y del Estado legislador

Continúa el **artículo 32, apartado 3, de la LRJSP**:

> «3. Asimismo, los particulares tendrán derecho a ser indemnizados por las Administraciones Públicas de toda lesión que sufran en sus bienes y derechos como consecuencia de la aplicación de actos legislativos de naturaleza no expropiatoria de derechos que no tengan el deber jurídico de soportar cuando así se establezca en los propios actos legislativos y en los términos que en ellos se especifiquen.
>
> La responsabilidad del Estado legislador podrá surgir también en los siguientes supuestos, siempre que concurran los requisitos previstos en los apartados anteriores:
>
> a) Cuando los daños deriven de la aplicación de una norma con rango de ley declarada inconstitucional, siempre que concurran los requisitos del apartado 4.
>
> b) Cuando los daños deriven de la aplicación de una norma contraria al Derecho de la Unión Europea, de acuerdo con lo dispuesto en el apartado 5».

En lo que atañe a la responsabilidad del Estado legislador, la ley es bastante clara en lo que respecta a su regulación. No obstante, para una mejor comprensión de este precepto, hay que acudir, como en él se indica, a los **apartados 4 y 5 del referido artículo 32 de la LRJSP**, por lo que procederá indemnización por daños cuando el particular haya obtenido, en cualquier instancia, sentencia firme desestimatoria de un recurso presentado en contra de la actuación administrativa que ocasionó el daño.

Responsabilidad derivada de la aplicación de una norma con rango de ley declarada inconstitucional

Señala el **artículo 32 de la LRJSP, en su apartado 4**:

> «Si la lesión es consecuencia de la aplicación de una norma con rango de ley declarada inconstitucional, procederá su indemnización cuando el particular haya obtenido, en cualquier instancia, sentencia firme desestimatoria de un recurso contra la actuación administrativa que ocasionó el daño, siempre que se hubiera alegado la inconstitucionalidad posteriormente declarada».

Dicta la norma que ha de alegarse la inconstitucionalidad para originar el derecho indemnizatorio, por lo que surge la duda sobre qué medios son los idóneos o admitidos para justificar la formalización de la alegación de inconstitucionalidad, ya que es imprescindible para la reclamación de responsabilidad patrimonial. Así el Tribunal Supremo se viene pronunciando repetidamente al respecto y cabe traer a colación —a título ilustrativo— la **STS n.º 1422/2020, de 29 de octubre, ECLI:ES:TS:2020:3499**:

> «(...) se desprende que la intención del legislador es la de acotar la responsabilidad de la Administración a aquellos supuestos en que el interesa-

> do haya reaccionado contra la actuación causante del daño por la inconstitucionalidad de la norma en cuestión (...).
>
> (...)
>
> Los mecanismos que permiten dar por cumplido el requisito previsto en el artículo 32.4 de la Ley 40/15, de 1 de octubre, de Régimen Jurídico del Sector Público, a efectos de instar válidamente la acción de responsabilidad patrimonial prevista en dicho precepto, comprende todas aquellas formas de impugnación que, de una parte, pongan de manifiesto la disconformidad del interesado con el acto administrativo cuestionando la constitucionalidad de la norma aplicada y, de otra, den lugar al control jurisdiccional plasmado en una sentencia firme en la que se valore la constitucionalidad de la norma que después es objeto de pronunciamiento por el Tribunal Constitucional.
>
> Y, entre estas formas de impugnación, se encuentra la solicitud de revisión de oficio de los actos nulos de pleno derecho por responder a la aplicación de una norma que resulta inconstitucional y el correspondiente recurso jurisdiccional, interpuesto contra la resolución administrativa que desestimó un procedimiento de revisión por nulidad de pleno derecho, promovido contra la actuación que ocasionó el daño, que colma el requisito que fija el artículo 32.4 de la Ley 40/15».

Conforme al **artículo 34.1, párrafo segundo, de la LRJSP**, serán indemnizables los daños producidos en el plazo de los cinco años anteriores a la fecha de la publicación de la sentencia que declare la inconstitucionalidad de la norma con rango de ley, salvo que en la sentencia se disponga otra cosa. Añade el **artículo 32, apartado 6, de la LRJSP**, que la referida sentencia producirá efectos desde la fecha de su publicación en el BOE, salvo que establezca otra cosa.

Responsabilidad derivada de la aplicación de una norma declarada contraria al derecho de la UE

Siguiendo lo dispuesto en el **apartado 5, del artículo 32, de la LRJSP**:

> «Si la lesión es consecuencia de la aplicación de una norma declarada contraria al Derecho de la Unión Europea, procederá su indemnización cuando el particular haya obtenido, en cualquier instancia, sentencia firme desestimatoria de un recurso contra la actuación administrativa que ocasionó el daño, siempre que se hubiera alegado la infracción del Derecho de la Unión Europea posteriormente declarada. Asimismo, deberán cumplirse todos los requisitos siguientes:
>
> a) La norma ha de tener por objeto conferir derechos a los particulares.
>
> b) El incumplimiento ha de estar suficientemente caracterizado.
>
> c) Ha de existir una relación de causalidad directa entre el incumplimiento de la obligación impuesta a la Administración responsable por el Derecho de la Unión Europea y el daño sufrido por los particulares».

Al igual que la responsabilidad derivada de la aplicación de una norma con rango de ley declarada inconstitucional, en los casos de normas declaradas contrarias al derecho de la UE, serán indemnizables los daños producidos en el plazo de cinco años anteriores a la fecha de publicación de la sentencia que así la declare, salvo que la sentencia disponga otra cosa **(artículo 34, apartado 1, de la LRJSP)**. Asimismo, conforme al **artículo 32.6 de la LRJSP**, la sentencia que declare el carácter de norma contraria al derecho de la UE producirá efectos desde su publicación en el DOUE, salvo que en ella se establezca otra cosa.

Responsabilidad patrimonial del Estado por el funcionamiento de la Administración de Justicia

El **artículo 121 de la Constitución española** fija:

> «Los daños causados por error judicial, así como los que sean consecuencia del funcionamiento anormal de la Administración de Justicia, darán derecho a una indemnización a cargo del Estado, conforme a la Ley».

Pues bien, conforme al precepto constitucional, la **LRJSP** se encarga de regular la responsabilidad patrimonial derivada del funcionamiento de la Administración de Justicia, en concreto, en el **artículo 32, apartado 7, de la LRJSP**, se indica que para exigir este tipo de responsabilidad se atenderá a lo dispuesto en la **Ley Orgánica 6/1985, de 1 de julio, del Poder Judicial** (en adelante LOPJ).

Para estos casos, la **LOPJ** dispone, en sus **artículos 292 a 296**, los mismos requisitos generales que se exigen en la responsabilidad patrimonial en sentido amplio, por lo que se reconocerá tal derecho, cuando expresamente sea reconocida por decisión judicial salvo casos de fuerza mayor, debiendo ser el daño efectivo, evaluable económicamente e individualizado con relación a una persona o grupo de personas.

Se trata de los errores cometidos en sede judicial, tanto del propio órgano como de los jueces y magistrados en el ejercicio de sus funciones, aunque la responsabilidad ha de dirigirse frente al ente judicial, no directamente frente a la persona física titular del órgano en cuestión, sin perjuicio del derecho de repetición que puede ejercer la Administración General del Estado frente a los jueces o magistrados responsables de tal daño si en la conducta concurriera dolo o culpa.

Asimismo, la simple revocación o anulación de resoluciones judiciales no presupone por sí solo derecho a indemnización.

Excepción al derecho indemnizatorio por error judicial es que este se derivara de una conducta dolosa o culposa del perjudicado.

Debe hacerse especial mención al **artículo 294 de la LOPJ**, cuyo contenido literal es:

> «1. Tendrán derecho a indemnización quienes, después de haber sufrido prisión preventiva, sean absueltos por **inexistencia del hecho imputado o por esta misma causa** haya sido dictado auto de sobreseimiento libre, siempre que se le hayan irrogado perjuicios.
>
> 2. La cuantía de la indemnización se fijará en función del tiempo de privación de libertad y de las consecuencias personales y familiares que se hayan producido.

3. La petición indemnizatoria se tramitará de acuerdo con lo establecido en el apartado 2 del artículo anterior».

A TENER EN CUENTA. Los incisos destacados en el artículo anterior —«inexistencia del hecho imputado» y «por esta misma causa»— han sido declarados inconstitucionales y nulos por la **sentencia del Tribunal Constitucional n.° 85/2019, de 19 de junio, ECLI:ES:TC:2019:85**, que señala al respecto:

«Las conclusiones expuestas en los fundamentos precedentes conducen a estimar la cuestión interna de inconstitucionalidad. Al poner en relación los problemas de constitucionalidad de la selección de supuestos indemnizables que dibujan los incisos controvertidos desde la perspectiva de los arts. 14 y 24.2 CE, *se observa que circunscribir el ámbito aplicativo del art. 294 LOPJ a la inexistencia objetiva del hecho establece una diferencia de trato injustificada y desproporcionada respecto a los inocentes absueltos por no ser autores del hecho al tiempo que menoscaba el derecho a la presunción de inocencia al excluir al absuelto por falta de prueba de la existencia objetiva del hecho. Tampoco una interpretación amplia del art. 294.1 LOPJ, que reconozca el derecho a ser indemnizado tanto en caso de inexistencia objetiva como subjetiva, puede eludir las objeciones de ausencia de justificación razonable de la diferencia de trato y, sobre todo, de desproporción en las consecuencias, sin que, por lo demás, la quiebra del derecho a la presunción de inocencia se mitigue, al perpetuar la distinción entre absoluciones por prueba de la inocencia y falta de prueba de la culpabilidad.*

Los incisos del art. 294 LOPJ "por inexistencia del hecho imputado" y "por esta misma causa" reducen el derecho a ser compensado por haber padecido una prisión provisional acordada conforme a las exigencias constitucionales y legales en un proceso que no concluyó en condena de forma incompatible con los derechos a la igualdad y a la presunción de inocencia. *La selección de supuestos indemnizables excluye otros abarcados por la finalidad de la previsión resarcitoria, atenta a indemnizar los daños fruto del sacrifico de la libertad de un ciudadano en aras del interés común, de modo que introduce una diferencia entre supuestos de prisión provisional no seguida de condena contraria al art. 14 CE, en tanto que injustificada, por no responder a la finalidad de la indemnización, y conducente a resultados desproporcionados. De otro lado, en tanto la referida delimitación del ámbito resarcible obedece a las razones de fondo de la absolución, establece de forma inevitable diferencias entre los sujetos absueltos vinculadas a la eficacia del derecho a la presunción de inocencia, obliga a argumentar con base en esas diferencias y deja latentes dudas sobre su inocencia incompatibles con las exigencias del art. 24.2 CE.*

Todo ello conduce a declarar la inconstitucionalidad y nulidad de los incisos del art. 294.1 de la Ley Orgánica 6/1985, de 1 de julio, del Poder Judicial, "por inexistencia el hecho imputado" y "por esta misma causa", lo que hace innecesario que nos pronunciemos acerca de si, además, conllevan una vulneración del derecho a la libertad.

La redacción resultante del art. 294.1 de la Ley Orgánica 6/1985, una vez excluidos los incisos declarados inconstitucionales y nulos, es la siguiente: "Tendrán derecho a indemnización quienes, después de haber sufrido prisión preventiva, sean absueltos o haya sido dictado auto de sobreseimiento libre, siempre que se le hayan irrogado perjuicios". Una interpretación literal del precepto así depurado de su tacha de inconstitucionalidad permitiría ciertamente sostener que la prisión provisional, cuando el proceso penal concluya con un pronunciamiento de absolución (o de sobreseimiento libre), daría lugar a indemnización por los perjuicios irrogados de modo automático y en todos los casos. Ha de advertirse que tal conclusión no se deriva de esta sentencia ni puede deducirse del art. 294.1 de la Ley Orgánica 6/1985 por la sola circunstancia de que lo hayamos depurado de los incisos que lo hacían contrario a los arts. 14 y 24.2 CE. Antes bien debe entenderse que los presupuestos y el alcance de la indemnización previstos en el art. 294.1 de la Ley Orgánica 6/1985 habrán de acotarse a través de la eventual intervención legislativa y, en su ausencia, mediante las interpretaciones congruentes con su finalidad y la teoría general de la responsabilidad civil que realicen la administración y, en último término, los órganos judiciales. De modo que la doctrina de esta sentencia no solo respeta los amplios márgenes de configuración legislativa o de interpretación judicial en lo que afecta al quantum indemnizatorio, sino que tampoco impide rechazar que exista en el caso concreto derecho a indemnización en virtud de la aplicación de criterios propios del Derecho general de daños (como pueden ser la compensatio lucri cum damno o la relevancia causal de la conducta de la propia víctima)».

El Ministerio de Justicia también será el encargado de tramitar el procedimiento para fijar el importe de indemnizaciones (cuantía que determinará el Consejo de ministros), con audiencia del Consejo de Estado, que han de abonarse cuando el TC declare, a instancia del interesado, la existencia de un funcionamiento anormal en la tramitación de los recursos de amparo o de las cuestiones de inconstitucionalidad **(artículo 32, apartado 8, de la LRJSP)**.

Responsabilidad patrimonial por daños producidos a terceros por la ejecución de contratos

Establece el **artículo 32, apartado 9, de la LRJSP**, que las AA. PP. responderán de los daños y perjuicios causados a terceros durante la ejecución de contratos cuando sean consecuencia de una orden inmediata y directa de la Administración o derive de los vicios del proyecto elaborado por la propia Administración, sin perjuicio de las especialidades que, en su caso establezca la Ley de Contratos del Sector Público (actual **Ley 9/2017, de 8 de noviembre, de Contratos del Sector Público**, por la que se transponen al ordenamiento jurídico español las **Directivas del Parlamento Europeo y del Consejo 2014/23/UE y 2014/24/UE, de 26 de febrero de 2014**).

Para la determinación de esta responsabilidad habrá que atender a lo dispuesto en la **Ley 39/2015, de 1 de octubre, del Procedimiento Administrativo Común de las Administraciones Públicas** (LPAC) siendo necesario dar audiencia al contratista y notificarle cuantas actuaciones se realicen en el procedimiento, al efecto de que el contratista se persone en el mismo, exponga lo que a su derecho convenga y proponga cuantos medios de prueba estime necesarios, como así se recoge en el artículo 82, apartado 5, de la LPAC.

Responsabilidad de las AA. PP. derivada del ejercicio a través de entidades privadas

Debe mencionarse en este punto la responsabilidad de derecho privado del **artículo 35 de la LRJSP**, del que se infiere que cuando las Administraciones públicas actúan directamente o a través de una entidad de derecho privado, su responsabilidad se exigirá conforme a lo previsto en el referido **artículo 32 de la LRJSP** y, ello es así aun cuando concurran con sujetos de derecho privado o la responsabilidad se exija directamente a la entidad de derecho privado a través de la cual actúe la Administración o a la entidad que cubra su responsabilidad.

3.1. Materias excluidas

No todos los casos de responsabilidad ni todas las indemnizaciones a cargo de las Administraciones públicas se encuadran en el instituto de la responsabilidad patrimonial, por lo que quedan fuera, entre otras, las materias que se analizan a continuación.

Responsabilidad contractual

La responsabilidad patrimonial de la Administración se denomina también responsabilidad extracontractual ya que la responsabilidad contractual viene regulada en **la Ley 9/2017, de 8 de noviembre, de Contratos del Sector Público (LCSP)**.

Así, el artículo **27.2 de la LCSP** dispone que el orden jurisdiccional civil será el competente para resolver:

- Las controversias que se susciten entre las partes en relación con los efectos y extinción de los contratos privados de las entidades que tengan la consideración de poderes adjudicadores, sean o no Administraciones públicas, con excepción de las modificaciones contractuales que:
  - Se susciten en relación con la preparación y adjudicación de los contratos privados de las Administraciones públicas.
  - Se refieran a la preparación, adjudicación y modificaciones contractuales, cuando la impugnación de estas últimas se base en el incumplimiento de lo establecido en los **artículos 204 y 205 de la LCSP**, cuando se entienda que dicha modificación debió ser objeto de una nueva adjudicación de los contratos celebrados por los poderes adjudicadores que no tengan la consideración de Administración pública.
- De las cuestiones referidas a efectos y extinción de los contratos que celebren las entidades del sector público que no tengan el carácter de poderes adjudicadores.

- El conocimiento de las cuestiones litigiosas relativas a la financiación privada del contrato de concesión de obra pública o de concesión de servicios, salvo en lo relativo a las actuaciones en ejercicio de las obligaciones y potestades administrativas que, con arreglo a lo dispuesto en LCSP, se atribuyen a la Administración concedente, y en las que será competente el orden jurisdiccional contencioso-administrativo.

En este sentido, el **Tribunal Supremo, en sentencia, rec. 368/1996, de 25 de julio del 2000, ECLI:ES:TS:2000:6299**, declara que:

> «(...) "la **responsabilidad extracontractual** supone la existencia de una determinada actividad administrativa que, incidentalmente, y al margen de cualquier relación jurídica previamente constituida, provoca unos **daños a determinada persona que ésta no tiene el deber jurídico de soportar**", mientras que, la **responsabilidad contractual es la que deriva del incumplimiento** —por una de las partes contratantes— **de un deber estipulado en el contrato**».

JURISPRUDENCIA

Sentencia del Tribunal Supremo de 11 de julio de 1984, ECLI:ES:TS:1984:1281

«(...) Que, a su vez, la denominación de **contratos privados de la Administración** que aparece en el artículo octavo del Reglamento de mil novecientos setenta y cinco no conlleva que el conocimiento de los problemas derivados de los mismos haya de corresponder necesaria e ineludiblemente a la Jurisdicción ordinaria civil (...)».

Sentencia del Tribunal Supremo de 23 de enero de 1987, ECLI:ES:TS:1987:12475

«En este sentido será de recordar que incluso cuando el resultado final de una actuación administrativa sea un contrato de Derecho privado, la formación de la voluntad de la Administración está sometida a ***normas de naturaleza jurídico-administrativa****: el interés público, siempre presente en toda actuación de la Administración, exige que ésta observe en todo caso las reglas sobre competencia y procedimiento. Ha surgido así la* ***doctrina de los actos separables*** *que implica:*

A) Que aunque la voluntad administrativa desemboque en la perfección de un contrato privado su preparación y adjudicación está sometida al Derecho Administrativo —art. 4.°, 3.ª, A) de la ley de Contratos del Estado—.

B) Que, por consecuencia, corresponde a la ***Jurisdicción contencioso-administrativa*** *el conocimiento de las cuestiones que se susciten en relación con dichos actos preparatorios y de adjudicación (...)».*

Sentencia del Tribunal Supremo, rec. 7777/1991, de 1 de febrero de 1999, ECLI:ES:TS:1999:8766

«En efecto, incluso los contratos privados de la Administración o de los entes públicos incluidos en al ámbito de la contratación administrativa están sujetos a determinadas exigencias establecidas por el Derecho Administrativo, relativas a su ***preparación y adjudicación de dichos contratos****, y las pretensiones que se deduzcan respecto a ellas son reclamables ante la* ***jurisdicción contencioso-administrativa****. Por consiguiente, debe tenerse en cuenta que los Tribunales de este orden jurisdiccional son competentes para resolver cualquier controversia que se suscite en relación con los contratos administrativos, y que su competencia, reducida a la revisión de la observancia de dichos requisitos relativos a la preparación y adjudicación, se man-*

*tiene incluso respecto a los a los contratos privados, sin perjuicio de que los **órganos** **jurisdiccionales civiles conozcan de las acciones que se ejerciten en cuanto al contenido y efectos de tales contratos**».*

La expropiación forzosa

Según lo establecido en el **apartado tercero del artículo 33 de la Constitución española** nadie podrá ser privado de sus bienes y derechos sino por causa justificada de **utilidad pública o interés social**, mediante la correspondiente indemnización y de conformidad con lo dispuesto por las leyes.

En otras palabras, la privación singular de la propiedad privada o de derechos o intereses patrimoniales legítimos acordada imperativamente por los poderes públicos por causa de utilidad pública o interés social da origen a la correspondiente **indemnización**, si bien, hay que recalcar el dato de la privación singular, característico de toda expropiación, es decir, la sustracción de un derecho o interés legítimo impuesto a uno o varios sujetos.

Es conveniente, en este punto, aclarar varias cuestiones:

- Los límites entre la expropiación forzosa y la responsabilidad patrimonial.
- La diferencia entre delimitar y limitar un derecho, a título ilustrativo, el derecho de propiedad.

Los límites entre la expropiación forzosa y la responsabilidad patrimonial

Nuestro Alto Tribunal, en **sentencia n.º 986/2017, de 5 de junio, ECLI:ES:TS:2017:2314**, declara que «(...) es jurisprudencia bien establecida que 'las consecuencias dañosas relacionadas con la expropiación que deben considerarse en la fijación del justiprecio son las ligadas de modo directo al acto de privación patrimonial en que la expropiación consiste, no aquellas que son fundamentalmente imputables a causas ajenas a la expropiación. La expropiación no basta con que sea motivo u ocasión para la fijación o determinación del justiprecio, sino que es menester que constituya su causa directa, de tal forma que si los perjuicios no trajeran su causa directa de la expropiación, el derecho a obtener su resarcimiento no puede hacerse valer con ocasión de la expropiación dimanante de la necesidad de la obra realizada, sino que únicamente podrá encauzarse por las vías procedimentales previstas para la exigencia de responsabilidad patrimonial de las Administraciones públicas por funcionamiento normal o anormal de los servicios públicos, siempre que concurran los requisitos de fondo y de forma necesarios para que pueda apreciarse dicha responsabilidad».

En consecuencia, si suprimida la actuación expropiatoria desaparece el perjuicio este debe ser justipreciado en el expediente expropiatorio, al estar ligadas las consecuencias dañosas de modo directo al acto de privación singular patrimonial en que la expropiación consiste.

La diferencia entre delimitar y limitar un derecho, a título ilustrativo, el derecho de propiedad

La delimitación de la propiedad hace referencia al contenido normal de ese derecho, es decir, a su régimen jurídico ordinario, de tal forma que su función social delimitará el contenido ordinario del derecho de propiedad perfilando el perímetro de su extensión. En cambio, las limitaciones se refieren a las restricciones externas que, por diversas causas, pueden imponerse al contenido normal de la propiedad.

A tenor de lo anterior, el **Tribunal Constitucional, en su sentencia n.° 227/1988, de 23 de diciembre, ECLI:ES:TC:1988:227**, entiende que «Es obvio, por otra parte, que la delimitación legal del contenido de los derechos patrimoniales o la introducción de nuevas limitaciones no pueden desconocer su contenido esencial, pues en tal caso no cabría hablar de una regulación general del derecho, sino de una privación o supresión del mismo que, aunque predicada por la norma de manera generalizada, se traduciría en un despojo de situaciones jurídicas individualizadas, no tolerado por la norma constitucional, salvo que medie la indemnización correspondiente. Pero no puede olvidarse que, de manera semejante a lo que ya dijéramos en la STC 37/1987 sobre el derecho de propiedad, la fijación del contenido esencial "no puede hacerse desde la exclusiva consideración subjetiva del derecho o de los intereses individuales" que en cada derecho patrimonial subyace, sino que debe incluir igualmente la dimensión supraindividual o social integrante del derecho mismo».

CUESTIONES

1. ¿Qué es el justiprecio?

Según el Diccionario del español jurídico es la «indemnización que el beneficiario de la expropiación tiene que pagar al expropiado». Asimismo, el justiprecio comprende no solo la estimación del objeto expropiado, sino todas las consecuencias dañosas que la expropiación ocasione, siendo manifiesta la necesidad de indemnizar todo perjuicio sufrido por los particulares en sus derechos (**STS, rec. 2870/2002, de 30 de septiembre de 2005, ECLI:ES:TS:2005:5797**).

2. ¿En qué consiste la indemnización?

Una vez que la Constitución no utiliza el término de «justo precio», dicha indemnización debe corresponder con el valor económico del bien o derecho expropiado, siendo por ello preciso que entre este y la cuantía de la indemnización exista un proporcional equilibrio para cuya obtención el legislador puede fijar distintas modalidades de valoración, dependientes de la naturaleza de los bienes y derechos expropiados, debiendo ser estas respetadas, desde la perspectiva constitucional, a no ser que se revelen manifiestamente desprovistas de base razonable (**sentencia del Tribunal Constitucional n.° 166/1986, de 19 de diciembre, ECLI:ES:TC:1986:166**).

3. ¿Cuál es el fin de la garantía del art. 33.3 de la CE?

Esta garantía se establece en beneficio de los ciudadanos y tiene por objeto proteger sus derechos a la igualdad y seguridad jurídica, estableciendo el respeto y sumisión a normas generales de procedimiento legalmente preestablecidas, cuya observancia impida expropiaciones discriminatorias o arbitrarias (**sentencia del Tribunal Constitucional n.° 48/2005, de 3 de marzo, ECLI:ES:TC:2005:48**).

JURISPRUDENCIA

Sentencia del Tribunal Constitucional n.º 166/1986, de 19 de diciembre, ECLI:ES:TC:1986:166

«(...) después de reconocer el derecho a la propiedad privada y señalar su función social como delimitadora de su contenido, dispone que "nadie puede ser privado de sus bienes y derechos sino por causa justificada de utilidad pública o interés social, mediante la correspondiente indemnización y de conformidad con lo dispuesto en las Leyes". Son, por tanto, tres las garantías de la propiedad privada frente al poder expropiatorio de los poderes públicos: 1) un fin de utilidad pública o interés social, o causa expropiandi; 2) el derecho del expropiado a la correspondiente indemnización, y 3) ***la realización de la expropiación*** *de conformidad con lo dispuesto en las Leyes. Estas garantías se analizan en los tres apartados siguientes en su relación respectiva con las expropiaciones legislativas (...).*

(...)

Los términos en que se expresa el art. 33.3 de la Constitución, al hablar de "causa justificada de utilidad pública o interés social" sin contener referencia alguna al destino final de los bienes y derechos expropiados, permiten afirmar que la concepción constitucional de la causa expropiandi incluye tanto a las expropiaciones forzosas en que, el fin predetermina el destino de los bienes y derechos, como aquellas otras en que el ***fin admite varios posibles destinos****.*

(...)

En cuanto a su naturaleza, la indemnización al expropiado puede configurarse como requisito previo a la expropiación, cuya falta de cumplimiento impide la ocupación de los bienes y derechos objeto de la expropiación, o como consecuencia y efecto de ésta, que concede al expropiado el derecho a ser resarcido del bien expropiado, después de que dicha ocupación se haya consumado. El art. 33.3 de la Constitución ***no exige el previo pago de la indemnización y esto, unido a la garantía de que la expropiación se realice "de conformidad con lo dispuesto por las Leyes", hace que dicho artículo consienta tanto las expropiaciones en que la Ley impone el previo pago de la indemnización como las que no lo exigen, no siendo, por tanto, inconstitucional la Ley que relega el pago de la indemnización a la última fase del procedimiento expropiatorio*** *(...)».*

Sentencia del Tribunal Constitucional n.º 67/1988, de 18 de abril, ECLI:ES:TC:1988:67

«(...) si se excluyen o disminuyen en forma sustancial las garantías de conformidad con lo dispuesto en las leyes, ***causa justificada e indemnización****, se rompería el equilibrio característico del instrumento expropiatorio, situándolo no sólo al margen de la ley (vía de hecho), sino extramuros de la Constitución, lo cual permitiría la entrada en acción de los mecanismos de protección diseñados en la propia Constitución y desarrollados por la Ley Orgánica del Tribunal Constitucional. (...)*

(...)

(...) No cabe duda que el art. 33.3 de la Constitución ***no ha incluido dentro de las garantías constitucionales de la expropiación el derecho de reversión*** *que es, en consecuencia, un derecho de configuración legal».*

Sentencia del Tribunal Constitucional n.º 268/2015, de 14 de diciembre, ECLI:ES:TC:2015:268

«(...) En consecuencia, cuando se modifican las condiciones de obtención de la renovación o simplemente se suprime esa posibilidad, **los beneficiarios de ayudas de subsidiación** no pueden oponer un derecho subjetivo o un interés legítimo de carácter patrimonial incorporado a su patrimonio. Por tanto, debemos declarar que la disposición impugnada **no priva de derechos subjetivos o intereses legítimos**

de carácter patrimonial incorporados al patrimonio jurídico de los beneficiarios de las ayudas y, por tanto, no resulta aplicable la protección constitucional que contempla el art. 33.3 CE».

La adopción de medidas cautelares en el seno del proceso contencioso-administrativo

El apartado 3 del **artículo 133 de la Ley 29/1998, de 13 de julio, reguladora de la Jurisdicción Contencioso-administrativa**, dispone que, levantada la medida por sentencia o por cualquier otra causa, la Administración, o la persona que pretendiere tener derecho a **indemnización de los daños sufridos**, podrá solicitarla ante el propio **órgano jurisdiccional** por el trámite de los incidentes, dentro del año siguiente a la fecha del alzamiento.

Con respecto a lo anterior, la **sentencia del Tribunal Supremo, rec. 5800/2004, de 25 de noviembre de 2008, ECLI:ES:TS:2008:6198**, recoge el supuesto de una mercantil que presenta un recurso de casación contra sentencia de la Audiencia Nacional, en relación con la impugnación de la desestimación presunta por el Ministerio de Medio Ambiente de la **reclamación en concepto de responsabilidad patrimonial**.

A TENER EN CUENTA. El Ministerio de Medio Ambiente se denomina en la actualidad como Ministerio para la Transición Ecológica y el Reto Demográfico.

El TS concluye no haber lugar al recurso de casación planteado. Para llegar a esta conclusión, y por lo que aquí interesa, cabe tener en cuenta el cuarto motivo de casación alegado por la citada sociedad, cual es: «(...) la infracción de los arts. 133 LJCA y 24.1 CE, al tratar de imponer al administrado la necesidad de acudir a un incidente destinado a indemnizar los daños derivados de la suspensión con cargo a la caución prestada, cuando existe una vía de plena cognición para ventilar la responsabilidad de la Administración argumentando sobre la diferente expresión del art. 124 de la Ley de 1956 "deberá" y del art. 133.3 de la Ley de 1998 "podrá", de lo que concluye la deficiente interpretación del art. 133.3 de la LJCA por la Sala de instancia al considerar obligatoria tal vía incidental, limitando con ello el derecho de la parte a elegir la vía procesal que estime más conveniente para la tutela de sus derechos e intereses».

Pese a ello, el TS entiende que el anterior motivo alegado debe ser desestimado, y ello porque:

> «(...) la Sala de instancia se refiere a la vía resarcitoria prevista al efecto en el art. 124.4 de la Ley de Jurisdicción de 1956, que se corresponde con lo establecido en el art. 133.3 de la vigente Ley 29/1998, de 13 de julio, sin que en ello puedan apreciarse las infracciones que se denuncian en el cuarto motivo de casación, pues, en primer lugar, la amplia argumentación de la parte sobre el diferente alcance de la **expresión "deberá" contenida en el art. 124.4 de la Ley de Jurisdicción de 1956 y la expresión "podrá" que utiliza el art. 133.3 de la actual Ley 29/1998, no impide apreciar la correspondencia sustancial entre ambos preceptos, como señala la citada sentencia de 18 de junio de 2008, en cuanto en ambos casos se**

establece la misma vía resarcitoria de los daños y perjuicios derivados de la medida cautelar adoptada en el proceso en favor de la persona que los hubiera sufrido y, en todo caso, carece de virtualidad para sostener la infracción por la Sala de los preceptos que se denuncian en el cuarto motivo de casación, por cuanto **la sentencia se limita a indicar la existencia de dicha vía de reparación de perjuicios, que la entidad recurrente tuvo ocasión de ejercitarla y que no hizo uso de la misma que habría sido la adecuada, pretendiendo utilizar un título y una vía de reclamación inadecuados, con lo cual no se está imponiendo aquella vía sino que se está realizando un pronunciamiento, en interpretación y aplicación del ordenamiento, sobre la vía de resarcimiento apropiada al caso y ello en congruencia con las razones expuestas inicialmente al descartar**, por falta de concurrencia de los requisitos exigidos para ello, la vía de la responsabilidad patrimonial elegida por la recurrente, apreciación que como ya hemos indicado antes resulta conforme a Derecho».

CUESTIÓN

¿Quiénes están legitimados para solicitar la adopción de medidas cautelares?

El **artículo 129 de la LJCA** establece que estarán legitimados para solicitar la adopción de las medidas cautelares necesarias, los interesados en cualquier estado del proceso para asegurar la efectividad de la sentencia. Si se impugnare una disposición general y se solicitare la suspensión de la vigencia de los preceptos impugnados, la petición deberá efectuarse en el escrito de interposición o en el de demanda.

Para la adopción de dichas medidas, es necesario realizar una valoración previa de las circunstancias y de los intereses en conflicto. Estas se adoptarán únicamente cuando la ejecución del acto o la aplicación de la disposición perjudicara la finalidad legítima del recurso.

Además, el límite al establecimiento de medidas cautelares se encuentra en la perturbación grave de los intereses generales o de tercero, que sean consecuencia de estas, cuando el juez o tribunal así lo considere.

JURISPRUDENCIA

Sentencia del Tribunal Constitucional n.º 238/1992, de 17 de diciembre, ECLI:ES:TC:1992:238

«(...) la ejecutividad de los actos administrativos, no puede el mismo legislador eliminar de manera absoluta la posibilidad de adoptar medidas cautelares dirigidas a asegurar la efectividad de la Sentencia estimatoria que pudiera dictarse en el proceso contencioso-administrativo; pues con ello, se vendría a privar a los justiciables de una garantía que, por equilibrar y ponderar la incidencia de aquellas prerrogativas, se configura como contenido del derecho a la tutela judicial efectiva (...)».

Auto del Tribunal Supremo, rec. 382/2018, de 31 de octubre, ECLI:ES:TS:2018:11652A

«(...) conforme declara la exposición de motivos de la Ley 29/1998, de 13 de julio, ***la justicia cautelar forma parte del derecho a la tutela judicial efectiva****, razón por la que la adopción de medidas cautelares que permitan asegurar el resultado del proceso no debe contemplarse como una excepción sino como una* ***facultad que el órgano judicial*** *puede ejercitar siempre que resulte necesario, sometiéndose, claro está, a las condiciones que para ello fijan los artículos 129 a 136».*

Auto del Tribunal Supremo, rec. 132/2019, de 17 de abril, ECLI:ES:TS:2019:4152A

«SEGUNDO.- Las **medidas cautelares** están concebidas para **asegurar la eficacia de la resolución** que ponga fin al proceso, evitando que el transcurso del tiempo puede poner en peligro el cumplimiento de la resolución de terminación del mismo. Pretenden **"asegurar la efectividad de la sentencia"**, como expresa el artículo 129 de la LJCA. Con ese propósito, el riesgo derivado de la duración del proceso (llamado doctrinalmente periculum in mora) se erige, en el artículo 130 LJCA, en uno de los presupuestos esenciales para la adopción de la medida cautelar, previa valoración circunstanciada de todos los intereses en conflicto».

Auto del Tribunal Supremo, rec. 308/2021, de 4 de mayo de 2022, ECLI:ES:TS:2022:6667A

«Es constante el criterio de esta Sala acerca de que ***"la suspensión de la ejecutividad de los actos recurridos es una medida provisional establecida para garantizar la efectividad de la sentencia que en su día pueda recaer en el proceso principal"*** *(STS de 21 de octubre de 2004, recurso de casación 1723/2002 con mención de otras anteriores).*

(...)

El interesado en obtener la ***suspensión tiene la carga de probar adecuadamente qué daños y perjuicios de reparación imposible o difícil*** *concurren en el caso para acordar la suspensión sin que sea suficiente una mera invocación (...)».*

Responsabilidad por actos terroristas

La **Ley 29/2011, de 22 de septiembre, de reconocimiento y protección integral a las víctimas del terrorismo**, armoniza los dos regímenes de ayudas vigentes en nuestro ordenamiento jurídico, el general, recogido en la **Ley 13/1996, de 30 de diciembre, de medidas fiscales, administrativas y del orden social**, y el especial, recogido en la **Ley 32/1999, de 8 de octubre, de solidaridad con las víctimas del terrorismo**.

El Estado asume con carácter extraordinario el abono de las indemnizaciones correspondientes impuestas en sentencia firme, en concepto de responsabilidad civil, por la comisión de delitos de terrorismo, subrogándose en el ejercicio de las acciones. Estas ayudas son compatibles con la exigencia de responsabilidad patrimonial al Estado por normal o anormal funcionamiento de la Administración, si bien aquellas se imputarán a la indemnización que pudiera reconocerse por este concepto, detrayéndose de la misma.

Asimismo, el Estado rinde testimonio de honor y reconocimiento a quienes han sufrido actos terroristas y, en consideración a ello, asume el pago de las indemnizaciones que le son debidas por los autores y demás responsables de tales actos (**art. 1 de la Ley 32/1999, de 8 de octubre, de solidaridad con las víctimas del terrorismo**).

Responsabilidad por incumplimiento del derecho de la Unión Europea

La adhesión de España a las Comunidades Europeas en 1986 produjo un cambio fundamental en el ordenamiento jurídico español, toda vez que las normas del derecho comunitario pasan a integrarse en nuestro sistema de fuentes del derecho. Desde ese momento, España, como Estado miembro, queda obligada a aplicar el derecho de la Unión Europea, de acuerdo con los principios de primacía y efecto directo del derecho europeo y el de colaboración leal, entre otros.

Además, según lo establecido **Real Decreto 515/2013, de 5 de julio, por el que se regulan los criterios y el procedimiento para determinar y repercutir las responsabilidades por incumplimiento del derecho de la Unión Europea**, España es responsable ante las instituciones europeas por el incumplimiento del derecho de la Unión Europea; no obstante, al ser un país descentralizado, cada Administración es responsable de cumplir internamente con las obligaciones europeas de acuerdo con el orden constitucional de distribución de competencias.

3.2. La Administración causante del daño en la responsabilidad patrimonial

En el proceso contencioso-administrativo y, en concreto, en el ejercicio de la acción de responsabilidad patrimonial, una de las partes, la demandada, es una o varias Administraciones públicas, si bien asumirán el papel de codemandados los particulares que hayan coadyuvado a la producción del daño, así como las compañías de seguros cuando el riesgo esté asegurado.

Ahora bien, el correcto ejercicio de la acción de responsabilidad nos lleva a plantearnos las cuestiones que se analizan a continuación.

Límites entre la Administración pública y el sector público

Ambos conceptos tienen un contenido plural, pues al ser varias las Administraciones públicas, también lo son los sectores públicos que de ellas dependen, y ambos, Administración pública y sector público, actúan tanto en el ámbito del derecho privado como del derecho público, si bien la responsabilidad de la Administración siempre es objetiva siendo revisable por la jurisdicción contencioso-administrativa, aunque actúe en relaciones de derecho privado.

Según lo dispuesto en el **apartado 3 del artículo 2 de la Ley 39/2015, de 1 de octubre, del Procedimiento Administrativo Común de las Administraciones Públicas** (en adelante LPAC), se consideran **Administraciones públicas**, la Administración General del Estado, las Administraciones de las comunidades autónomas, las entidades que integran la Administración local, así como los organismos públicos y entidades de derecho público vinculados o dependientes de las mismas.

Además, la LPAC se aplica al **sector público**, que comprende:

- La Administración General del Estado.

- Las Administraciones de las comunidades autónomas.
- Las entidades que integran la Administración local.
- El sector público institucional.

A su vez, el **sector público institucional** se integra por:

- Cualesquiera de los organismos públicos y entidades de derecho público vinculados o dependientes de las Administraciones públicas.
- Las entidades de derecho privado vinculadas o dependientes de las Administraciones públicas, las cuales quedarán sujetas a la LPAC en lo que específicamente se refiera a las mismas, y en todo caso, cuando ejerzan potestades administrativas.
- Las universidades públicas que se rigen por su normativa específica y supletoriamente por las previsiones de la LPAC.

Asimismo, añade el **artículo 2.4 de la LPAC** que: «Las Corporaciones de Derecho Público se regirán por su normativa específica en el ejercicio de las funciones públicas que les hayan sido atribuidas por Ley o delegadas por una Administración Pública, y supletoriamente por la presente Ley».

Las universidades públicas han sido tradicionalmente consideradas como entidades de derecho público, encuadrándose entre las entidades públicas vinculadas a la Administración General del Estado o a las comunidades autónomas a que se refería el artículo 2.2 de la antigua Ley 30/1992, de 26 de noviembre, de Régimen Jurídico de las Administraciones Públicas y Procedimiento Administrativo Común; y a las que aún se refiere el **artículo 1.2 d) de la Ley 29/1998, de 13 de julio, reguladora de la Jurisdicción Contencioso-administrativa**.

Si bien, es cierto que la controversia surge con la entrada en vigor de la LPAC y de la LRJSP, pues tanto de lo dispuesto en el artículo 2 de ambos textos legislativos como de lo establecido por el Tribunal Supremo en su **sentencia n.º 1029/2019, de 10 de julio, ECLI:ES:TS:2019:2487**, se desprende que «(...) si bien las Universidades Públicas se integran en el "sector público institucional", no forman parte, sin embargo, del ámbito más restrictivo de las "Administraciones Públicas"».

A mayor abundamiento, al no integrarse en la Administración General del Estado, las universidades no pueden ser confundidas con la misma ya que se constituyen como instituciones o entidades de derecho público, con personalidad jurídica y patrimonio propios para la consecución de sus fines y el desarrollo de sus funciones, gozando de autonomía de acuerdo lo dispuesto en el apartado 10 del artículo 27 de la CE y en el artículo 3 de la Ley Orgánica 2/2023, de 22 de marzo, del Sistema Universitario.

> **A TENER EN CUENTA.** La citada Ley Orgánica 2/2023, de 22 de marzo, del Sistema Universitario, con entrada en vigor el 12 de abril de 2023, deroga, entre otras la Ley Orgánica 6/2001, de 21 de diciembre, de Universidades.

En el mismo sentido, la **sentencia del TSJ de Madrid n.º 42/2018, de 26 de enero, ECLI:ES:TSJM:2018:3388**, establece que «El Profesorado Universitario no es personal de la Administración General del Estado y, en efecto, como señala la parte apelante, esta circunstancia ya la destacó nuestro Tribunal Constitucional en su Sentencia 146/1989, de 21 de Septiembre, en la que puso de relieve que, en términos negativos, ni los Catedráticos de Universidad, ni los Profesores Titulares de Universidad, ni los Profesores Titulares de Escuelas Universitarias son empleados Públicos de la Administración del Estado, ni de las Comunidades Autónomas, ni de las Corporaciones Locales (...)».

Tal y como se recoge en la **STSJ de Andalucía n.º 1639/2023, de 17 de octubre, ECLI:ES:TSJAND:2023:11649**: «A tal efecto, con la entrada en vigor de las Leyes 39/2015 y 40/2015 se introdujo un importante cambio respecto a la anterior normativa, al tiempo de establecer que las Universidades Públicas pasan a ser consideradas como entidades del "sector público institucional" y no Administración Pública en sentido estricto, lo que conlleva que desde entonces las Universidades Públicas hayan de regirse por su normativa específica, y sólo supletoriamente por las previsiones de las Leyes dirigidas a las Administraciones Públicas (...)».

CUESTIONES

1. ¿Quiénes se consideran interesados en el procedimiento administrativo?

Según el **artículo 4 de la LPAC**, se consideran interesados en el procedimiento administrativo:

- Quienes lo promuevan como titulares de derechos o intereses legítimos individuales o colectivos.

- Los que, sin haber iniciado el procedimiento, tengan derechos que puedan resultar afectados por la decisión que en el mismo se adopte.

- Aquellos cuyos intereses legítimos, individuales o colectivos, puedan resultar afectados por la resolución y se personen en el procedimiento en tanto no haya recaído resolución definitiva.

Si durante la instrucción de un procedimiento que no haya tenido publicidad, se advierte la existencia de personas que sean titulares de derechos o intereses legítimos y directos cuya identificación resulte del expediente y que puedan resultar afectados por la resolución que se dicte, se comunicará a dichas personas la tramitación del procedimiento **(art. 8 de la LPAC)**.

2. ¿Quiénes serán titulares de intereses legítimos colectivos?

Las asociaciones y organizaciones representativas de intereses económicos y sociales serán titulares de intereses legítimos colectivos en los términos que la ley reconozca.

Responsabilidad concurrente de las Administraciones públicas

Según el **artículo 33 de la Ley 40/2015, de 1 de octubre, de Régimen Jurídico** del Sector Público, cuando de la gestión dimanante de **fórmulas conjuntas de actuación entre varias Administraciones públicas** se derive responsabilidad en los términos previstos en la LRJSP, las Administraciones intervinientes responderán frente al particular, en todo caso, de forma solidaria. El instrumento jurídico regulador de la actuación conjunta podrá determinar la distribución de la responsabilidad entre las diferentes Administraciones públicas.

En otros supuestos de concurrencia de varias Administraciones en la **producción del daño**, la responsabilidad se fijará para cada Administración atendiendo a los criterios de:

- Competencia.
- Interés público tutelado.
- Intensidad de la intervención.

No obstante, la responsabilidad será **solidaria** cuando no sea posible dicha determinación conforme a los criterios expuestos.

CUESTIONES

1. ¿Qué Administración será competente para incoar, instruir y resolver los procedimientos de responsabilidad concurrente?

La Administración competente para incoar, instruir y resolver los procedimientos en los que exista una responsabilidad concurrente de varias Administraciones públicas, será la fijada en los estatutos o reglas de la organización colegiada, y, en su defecto, será competente la Administración pública con mayor participación en la financiación del servicio.

2. ¿Y cuándo se trate de procedimientos en materia de responsabilidad patrimonial?

La Administración pública competente deberá consultar a las restantes Administraciones implicadas para que, en el plazo de quince días, estas puedan exponer cuanto consideren procedente.

JURISPRUDENCIA

Sentencia del Tribunal Supremo n.° 256/2020, de 21 de febrero, ECLI:ES:TS:2020:528

*«(...) El **principio de solidaridad entre las Administraciones públicas** concurrentes a la producción del daño resarcible emana, como dice la sentencia de 15 de noviembre de 1993, de la normatividad inmanente en la naturaleza de las instituciones no sólo cuando, a partir de la entrada en vigor del artículo 140 de la Ley de Régimen Jurídico y del Procedimiento Administrativo Común, se dan fórmulas 'colegiadas' de actuación, sino también, al margen de este principio formal, cuando lo impone la **efectividad del principio de indemnidad** que constituye el fundamento de la responsabilidad patrimonial. Así ocurre cuando la participación concurrente desde el punto de vista causal de varias Administraciones o las dudas acerca de la atribución competencial de la actividad cuestionada imponen soluciones favorables **a posibilitar el ejercicio de la acción por el particular perjudicado**, sin perjuicio de las relaciones económicas internas entre aquéllas (...). Sin embargo, tales soluciones **carecen de sentido cuando la titularidad de la responsabilidad es susceptible de ser definida con claridad**, bien desde el punto de vista formal, atendiendo al criterio de ejercicio de la competencia, bien desde el punto de vista sustantivo acudiendo al criterio del beneficio, revelado por la intensidad de la actuación o por la presencia predominante del interés tutelado por una de las Administraciones intervinientes. En estos casos se impone atribuir legitimación a la Administración a la que corresponde el protagonismo en la actividad dañosa y excluir a las que han colaborado mediante actividades complementarias o accesorias, pero no significativas desde el punto de vista del desempeño de la actividad o servicio causante del perjuicio y de su relevancia como causa eficiente del daño (...)».*

Sentencia del Tribunal Supremo, rec. 1721/1991, de 5 de diciembre de 1994, ECLI:ES:TS:1994:17090

«(...) En cuanto a la pretendida falta de legitimación pasiva de la Comunidad (...) respecto de la reclamación indemnizatoria formulada por el recurrente (...), tiene ya declarado esta Sala en Sentencias de 23 de mayo y 10 de julio de este mismo año que habiendo sido dirigida la petición indemnizatoria en vía administrativa a la Administración Autonómica y denegada tal petición, ***dicha Administración debe soportar el ejercicio de la acción de resarcimiento formulada por el solicitante en sede*** *jurisdiccional (...)».*

Responsabilidad de concesionarios y contratistas

En relación con la indemnización de daños y perjuicios a terceros, el **artículo 196 de la LCSP** establece que será obligación del **contratista** indemnizar todos los daños y perjuicios que se causen a terceros como consecuencia de las **operaciones** que requiera la ejecución del contrato; si bien, cuando tales daños y perjuicios hayan sido ocasionados como **consecuencia inmediata y directa de una orden de la Administración**, será esta responsable dentro de los límites señalados en las leyes.

También será la Administración responsable de los daños que se causen a terceros como consecuencia de los vicios del proyecto en el contrato de obras, sin perjuicio de la posibilidad de repetir contra el redactor del proyecto, de acuerdo con lo establecido en el **artículo 315 de la LCSP** o en el contrato de suministro de fabricación.

CUESTIONES

1. ¿Qué se entiende por terceros?

Según la **sentencia del Tribunal Supremo, rec. 3560/2006, de 14 de octubre de 2010, ECLI:ES:TS:2010:5923**, por terceros hay que entender aquellos que son **ajenos a la esfera de actuación de la Administración y de los propios contratistas y subcontratistas.**

2. ¿Serán responsables las aseguradoras de la Administración?

El **artículo 21.1.c) de la Ley 29/1998, de 13 de julio, reguladora de la Jurisdicción Contencioso-administrativa**, dispone que se considera parte demandada a las aseguradoras de las Administraciones públicas, que siempre serán parte codemandada junto con la Administración a quien aseguren.

Responsabilidad de los sujetos privados

La Ley Orgánica 6/1985, de 1 de julio, del Poder Judicial dispone en su artículo 9.4 que los juzgados y tribunales ejercerán su jurisdicción exclusivamente en aquellos casos en que les venga atribuida por esta u otra ley; en lo que nos ocupa, los del orden contencioso-administrativo conocerán de las pretensiones que se deduzcan en relación con la responsabilidad patrimonial de las Administraciones públicas y del personal a su servicio, cualquiera que sea la naturaleza de la actividad o el tipo de relación de que se derive. **Si a la producción del daño hubieran concurrido sujetos privados, el demandante deducirá también frente a ellos su pretensión ante este orden jurisdiccional.**

Cabe citar aquí la **sentencia del Tribunal Superior de Justicia de Madrid n.º 222/2024, de 29 de abril, ECLI:ES:TSJM:2024:5300**, en la que se concluye que: «(...) la jurisdicción de este orden jurisdiccional contencioso administrativo se extiende, en exclusiva, al conocimiento de pretensiones que se deduzcan respecto a actos o disposiciones emanados de Administraciones Públicas, con la única excepción de ciertos órganos constitucionales, no alcanzando, en ningún caso, a la actuación de sujetos o entidades de derecho privado salvo ciertos actos de quienes tengan la condición de concesionarios (cuando puedan ser impugnados directamente por contemplarlo así la legislación sectorial) y en materia de responsabilidad patrimonial, siempre que se trate de exigir su responsabilidad de forma concurrente con una Administración Pública, como se infiere sin género de dudas del tenor literal de los preceptos legales citados».

JURISPRUDENCIA

Sentencia del Tribunal Supremo, rec. 3560/2006, de 14 de octubre de 2010, ECLI:ES:TS:2010:5923

«Resuelto el recurso en los términos expuestos, ha de resolverse el debate en los términos en que está planteado, partiendo de la base de que en la instancia exclusivamente se declaró la responsabilidad de la Administración, y contra tal pronunciamiento solo recurrió en esta casación (...) y el defensor de la Administración que no aceptaron y cuestionaron tal declaración, que deberá anularse, al estimarse en los términos que arriba expusimos el recurso de casación, con la consiguiente desestimación del recurso jurisdiccional, sin que la exclusión de responsabilidad de la Administración en los términos en que hemos resuelto en esta casación permita a su vez enjuiciar la responsabilidad **del resto de demandados en instancia, dado que estos no aparecen condenados en la sentencia recurrida ni se cuestionó su falta de condena en vía casacional, lo que limita el debate, en consecuencia, al examen de la responsabilidad de la Administración y su aseguradora. Al efecto hemos de recordar que en Sentencias de 26 de septiembre de 2007 y 21 de noviembre de 2007 hemos admitido la posibilidad de que el orden jurisdiccional contencioso administrativo se pronuncie sobre la condena de particulares con exclusión del reconocimiento de responsabilidad de la Administración, en contra de lo que entiende la sentencia recurrida**».

Sentencia del Tribunal Supremo, rec. 6953/1991, de 30 de abril de 1996, ECLI:ES:TS:1996:2624

«En el supuesto de **responsabilidad patrimonial de la Administración**, el litis consorcio pasivo necesario, cuyo fundamento radica en la **prohibición de la indefensión**, puede darse en algunos casos cuando el mismo título de imputación se extiende a varios **afectados** y resulta imposible examinarlo si no es de manera común y simultánea para todos ellos. Como ha dicho la sentencia de esta Sala de 14 de mayo de 1994, en un asunto que guarda alguna analogía con el punto aquí examinado, el litis consorcio necesario solo nace cuando las partes están ligadas por **idéntico vínculo jurídico material**. En el caso que contemplamos, podemos y debemos apreciar de manera independiente si existió nexo de causalidad entre la actividad fiscalizadora del Ayuntamiento y la producción de los daños y perjuicios y con que alcance. La eventual responsabilidad de otros sujetos o Administraciones no resulta prejuzgada».

3.3. La prestación de un servicio público: responsabilidad directa y objetiva

La **Administración** es responsable cuando su conducta sea la causa del **daño**. No se requiere otro requisito que la **relación de causalidad** entre el acto y el daño, prescindiendo de la licitud o ilicitud de la actuación de la Administración autora del daño, siempre que esa actuación lícita o ilícita se produzca dentro de sus funciones propias.

Además, se requiere que la lesión sea antijurídica, en el sentido de que el administrado no tenga la obligación de soportar el daño, bastando para ello con que el riesgo inherente a la utilización de los servicios públicos haya rebasado los límites impuestos por los estándares de seguridad exigibles conforme a la **conciencia social**. No existirá entonces deber alguno del perjudicado de soportar el menoscabo y, por consiguiente, la obligación de resarcir el daño o perjuicio causado por la actividad administrativa será imputable a la propia Administración.

Responsabilidad directa: el nexo causal

La responsabilidad patrimonial es directa por cuanto ha de mediar una relación de tal naturaleza, **inmediata y exclusiva de causa a efecto entre el actuar de la Administración y el daño producido**, relación de causalidad o nexo causal que vincule el daño producido a la actividad administrativa de funcionamiento, sea este normal o anormal, de los servicios públicos.

Desde luego, el carácter directo, inmediato y exclusivo de esta relación de causalidad ha sido superado hace tiempo, pues la relación de causalidad —especialmente en los supuestos de responsabilidad por funcionamiento anormal de los servicios públicos— puede aparecer bajo formas mediatas, indirectas y concurrentes, circunstancias que pueden dar lugar o no a una **moderación de la responsabilidad**.

Por otro lado, la responsabilidad es **directa** porque la Administración pública responde directamente de los **daños causados por sus funcionarios o agentes, siendo indiferente el funcionamiento normal o anormal de los servicios públicos o el tipo de relación, pública o privada, causante de la lesión**.

> **A TENER EN CUENTA.** Según el **artículo 36.1 de la LRJSP**, para hacer efectiva la referida **responsabilidad patrimonial**, los particulares exigirán directamente a la Administración pública correspondiente las indemnizaciones por los **daños y perjuicios causados por las autoridades y personal a su servicio**.

En este sentido la **sentencia del Tribunal Supremo n.º 836/2022, de 23 de junio, ECLI:ES:TS:2022:2640**, recoge el carácter directo del sistema de responsabilidad de las AA. PP. «(...) de modo que la Administración cubre directamente, y no solo de forma subsidiaria, la actividad dañosa de sus autoridades, funcionarios y personal laboral, sin perjuicio de la posibilidad de ejercitar luego la acción de regreso cuando aquellos hubieran incurrido en dolo, culpa o negligencia graves (...)». Asimismo, declara el carácter esencial de la relación de causalidad en los términos siguientes: «(...) La relación de causalidad constituye un requisito esencial en la declaración de responsabilidad de la Administraciones Publicas, el sistema descrito requiere la concurrencia de este requisito cuando precisa que la lesión "patrimonial, para que sea indemnizable, 'sea consecuencia'" del funcionamiento de los servicios públicos. Si ese nexo causal falta, no operara la imputabilidad del daño a la Administración. En definitiva, para que el hecho merezca ser considerado como causa, se precisa que en sí mismo sea idóneo para producir el daño, es decir, que tenga especial aptitud para producir el resultado lesivo».

Cabe citar aquí la **sentencia del TSXG n.º 412/2024, de 5 de junio, ECLI:ES:TSJGAL:2024:4264**, en la que al enumerar los requisitos de la responsabilidad de la Administración se refiere a la relación de causalidad, recogiendo que se exige: «Una relación de causalidad directa e inmediata entre aquélla y ésta, sin la intervención de factores externos que la alteren o eliminen, o de fuerza mayor legalmente excluyente; lo que significa, en principio, un nexo causal exclusivo, pero sin excluir la posibilidad de la concurrencia o injerencia de un tercero o del mismo perjudicado que con su conducta sirva para moderar o graduar la cuantía indemnizatoria, ni que por su entidad o valor determinante rompa por completo ese nexo eximiendo a la Administración de toda responsabilidad, como ocurre en los supuestos de fuerza mayor, contemplada por la Ley como causa de exoneración».

Responsabilidad objetiva

A diferencia del ámbito civil, la **responsabilidad patrimonial de la Administración pública es objetiva o de resultado**, lo que presupone rechazar lo que se ha denominado **«margen de tolerancia»**, de tal forma que lo relevante es que el administrado haya sufrido una lesión, entendida no como mero daño, sino como daño antijurídico, en el sentido de que el perjudicado no tiene el deber jurídico de soportarlo, siendo indiferente la culpa o ilegalidad en el autor del daño.

Así, lo relevante no es el proceder antijurídico de la Administración, sino la antijuridicidad del resultado o lesión. La responsabilidad de la Administración deja de ser una sanción personal por un comportamiento inadecuado y se convierte en un mecanismo objetivo de reparación que se pone en funcionamiento cuando se ha producido una lesión patrimonial a un administrado, al margen de cuál sea el grado de voluntariedad y previsión del agente.

No obstante, para que ese daño concreto producido por el funcionamiento del servicio público a uno o varios particulares sea antijurídico, basta con que el riesgo inherente a su utilización haya rebasado los límites impuestos por los **estándares de seguridad exigibles** conforme a la conciencia social.

En apoyo de lo anterior, la citada **sentencia del Tribunal Supremo n.º 836/2022, de 23 de junio, ECLI:ES:TS:2022:2640**, señala respecto de la antijuridicidad que «(...) no aparece vinculada al aspecto subjetivo del actuar antijurídico, sino al objetivo de la ilegalidad del perjuicio, pero entendido en el sentido de que no exista un deber jurídico del perjudicado de soportarlo por la existencia de una causa de justificación en quien lo ocasiona, es decir, la Administración (...)». Añade, además, que «(...) En definitiva, para apreciar si el detrimento patrimonial que supone para un administrado el funcionamiento de un determinado servicio público resulta antijurídico ha de analizarse la índole de la actividad administrativa y si responde a los parámetros de racionalidad exigibles (...)».

En definitiva, no es necesario demostrar para exigir aquella responsabilidad que ha generado un daño que los titulares o gestores de la actividad administrativa han actuado con dolo o culpa, ni tan siquiera que el servicio público se ha desenvuelto de manera anómala, pues los preceptos constitucionales y legales que componen el régimen jurídico aplicable amplían la obligación de indemnizar a los casos de **funcionamiento normal** de los servicios públicos.

JURISPRUDENCIA

Sentencia del Tribunal Supremo n.º 2060/2017, de 21 de diciembre, ECLI:ES:TS:2017:4672

«El Tribunal Supremo ya estableció en su STS 20-2-1989,en línea de principio,que la tesis de que la responsabilidad del artículo 40 de la Ley de Régimen Jurídico de la Administración del Estado es una ***responsabilidad objetiva que no precisa en consecuencia de un actuar culposo o negligente del agente****, expresamente se* ***rechaza la tesis*** *de lo que se ha denominado* ***"margen de tolerancia"****, en cuanto pugna con la declaración constitucional del artículo 106 que reconoce a los ciudadanos, en los términos establecidos en la Ley, el derecho a ser indemnizados por toda lesión que sufran en cualquiera de sus bienes o derechos, salvo en los casos de fuerza mayor, siempre que la lesión sea consecuencia del funcionamiento normal o anormal de los servicios públicos (...)».*

Sentencia del Tribunal Supremo, rec. 10869/1998, de 24 de febrero de 2004, ECLI:ES:TS:2004:1196

«Así, del examen de las Sentencias del Tribunal Supremo de 7 de abril, 19 de mayo y 19 de diciembre 1989, entre otras, se infiere que el criterio esencial para determinar la ***antijuridicidad del daño o perjuicio causado a un particular por la aplicación de un precepto legal o normativo debe ser el de si concurre o no el deber jurídico de soportar el daño****, ya que las restricciones o limitaciones impuestas por una norma, precisamente por el carácter de generalidad de la misma, deben ser soportadas, en principio, por cada uno de los individuos que integran el grupo de afectados, en aras del interés público. Por su parte, el Tribunal Constitucional, en SS. núms. 37/1987, de 26 marzo, 65/1987, de 21 mayo, 127/1987, de 16 julio, 170/1989, de 19 octubre, y 41 y 42/1990, de 5 marzo, tiene declarado que* ***no hay antijuridicidad ni, por tanto, derecho a indemnización en el ejercicio de las facultades del ordenamiento jurídico o de las potestades autoorganizatorias de los servicios públicos****».*

Sentencia del Tribunal Supremo, rec. 3197/1991, de 22 de abril de 1994, ECLI:ES:TS:1994:17354

«(...) ***El deber jurídico de soportar el daño existe cuando el lesionado se ha colocado en una situación de riesgo, tomando parte voluntariamente en una manifestación ilegal y violenta, lo que motivó una respuesta proporcionada en medios, modos y circunstancias por parte de las Fuerzas de Orden Público*** *(...)».*

Sentencia del Tribunal Supremo, rec. 9499/1998, de 20 de febrero de 2003, ECLI:ES:TS:2003:1128

«Como es sabido solo existen ***daños antijurídicos cuando la víctima no tiene el deber de soportar el daño****, deber que surge, por todas, S. de 12 de junio de 2.001, de la concurrencia de un título que lo imponga, contrato previo, cumplimiento de obligación legal o reglamentaria, por cuanto la asunción voluntaria o por mandato legal del riesgo del servicio público, aceptado y consentido por persona encargada de la prestación de ese servicio, rompe la relación de causalidad cuando, como en el caso de autos, se toma de forma autónoma la decisión de actuar y el modo de hacerlo, de tal manera que el funcionario es quien toma la decisión de actuar y asume la dirección de la acción efectuada».*

3.4. La lesión: extensión de la reparación y valoración del daño

Como ya hemos explicado anteriormente, el daño alegado habrá de ser **efectivo, evaluable económicamente e individualizado** con relación a una persona o grupo de personas.

Además, se requiere que la **lesión o el detrimento patrimonial sea antijurídico**, no porque la conducta de su autor sea contraria a derecho, sino porque el sujeto que lo sufre no tenga el deber jurídico de soportarlo.

No obstante, hay que destacar la dificultad de valorar económicamente el daño producido, especialmente cuando se reclaman daños materiales junto a daños morales. A estos efectos se ha declarado reiteradamente la imposibilidad de evaluar cuantitativamente y con exactitud el daño material y moral sufrido por el administrado, por cuya razón la fijación de la cuantía de la indemnización se efectúa, generalmente, de un modo global, atemperándose a los módulos valorativos convencionales utilizados por las jurisdicciones civil, penal y laboral y sin que en ningún caso haya de reputarse necesario que la cantidad fijada, represente la suma de las parciales con las que se cuantifique cada uno de los factores o conceptos tomados en consideración.

Ahora bien, el examen del concepto **lesión** nos conduce a desarrollar los siguientes aspectos:

Daños indemnizables causados por las AA. PP.

Son indemnizables los daños causados en cualesquiera bienes y derechos, por lo cual se hace posible el resarcimiento de todo tipo de **daños**, tanto **materiales** como **personales**, e incluso, los propios **daños morales**.

CUESTIÓN

¿Qué es el daño moral?

El concepto de daño moral, aunque borroso, relativo e impreciso, alude al que es causado al conjunto de derechos y bienes de la personalidad que integran el llamado patrimonio moral y no precisa de prueba dada la inmaterialidad del precio del dolor que le tiñe de un evidente subjetivismo, correspondiendo tanto su apreciación como la determinación de su cuantía al tribunal *a quo* previa ponderación de las circunstancias concurrentes.

JURISPRUDENCIA

Sentencia del Tribunal Supremo, rec. 3905/1996, de 3 de octubre de 2000, ECLI:ES:TS:2000:7033

«Sin embargo, sí podría existir un ***daño moral****, si concurriesen los requisitos necesarios, en el caso de que se hubiese lesionado el poder de la persona de autodeterminarse, lo que a su vez podría constituir una lesión de la dignidad de la misma (...)».*

Sentencia del Tribunal Constitucional n.º 53/1985, de 11 de abril, ECLI:ES:TC:1985:53

«(...) la dignidad es un valor espiritual y moral inherente a la persona, que se manifiesta singularmente en la autodeterminación consciente y responsable de la propia vida y que lleva consigo la pretensión al respeto por parte de los demás».

Sentencia del Tribunal Supremo, rec. 5096/1997, de 22 de octubre de 2001, ECLI:ES:TS:2001:8128

Fijación de la cuantía indemnización daños morales.

«Aunque el Tribunal de Casación tenga un criterio distinto al de instancia respecto de la ***cuantía de la reparación de un concreto perjuicio moral****, no le está permitido corregir la evaluación que hubiese efectuado el Tribunal sentenciador si este ha respetado ese único requisito controlable en casación, que es la razonabilidad y la ponderación de la indemnización fijada en atención a los hechos declarados probados por la propia Sala de instancia (...)».*

RESOLUCIÓN RELEVANTE

Sentencia del Tribunal Superior de Justicia de Madrid n.º 426/2024, de 29 de mayo, ECLI:ES:TSJM:2024:6383

«En orden a la indemnización del daño moral, la Sentencia del Tribunal Supremo de 23 de marzo de 2.011 (recurso de casación 2.302/2009) vino a declarar que ha de tenerse en cuenta que ***el resarcimiento del daño moral por su carácter afectivo y de "pretium doloris", carece de módulos objetivos, lo que conduce a valorarlo en una cifra razonable****, que como señala la jurisprudencia, siempre tendrá un cierto componente subjetivo debiendo ponderarse todas las circunstancias concurrentes en el caso».*

Extensión de la reparación del daño causados por las AA. PP.

La **indemnización** equivale a una reparación íntegra de los daños que comprende tanto el **lucro cesante como el daño emergente**. Solo se excluyen, y no por la naturaleza de los daños, sino por su falta de efectividad, los llamados daños eventuales o simplemente posibles, pero no actuales.

Con respecto al **lucro cesante**, el **Tribunal Supremo, en sentencia rec. 4671/1993, de 25 de mayo de 1999, ECLI:ES:TS:1999:3609, o en sentencia n.º 1940/2017, de 12 de diciembre, ECLI:ES:TS:2017:4359**, dispone que:

- Se **excluyen las meras expectativas o ganancias dudosas o contingentes**, puesto que es reiterada la postura jurisprudencial que no computa las ganancias dejadas de percibir que sean posibles, pero derivadas de resultados inseguros y desprovistos de certidumbre, cuando las pruebas de las ganancias dejadas de obtener sean dudosas o meramente contingentes.

- Se excluye la posibilidad de que a través del concepto de lucro cesante y del daño emergente se produzca un **enriquecimiento injusto**, puesto que la indemnización ha de limitarse al daño emergente que genera el derecho a indemnización.
- Es necesaria una **prueba** que determine la **certeza del lucro cesante**, pues tanto en el caso de este como en el caso del daño emergente, se exige una prueba rigurosa de las ganancias dejadas de obtener.
- La **indemnización** por lucro cesante ha de **apreciarse de modo prudente y restrictivo**.

JURISPRUDENCIA

Sentencia del Tribunal Supremo, rec. 4880/1993, de 16 de diciembre de 1997, ECLI:ES:TS:1997:7711

Lucro cesante

«No parece necesario abundar en razones para justificar que la denegación de publicidad institucional han producido, de forma inmediata, exclusiva y directa, un perjuicio efectivo, susceptible de valoración económica, a la entidad demandante, editora del diario discriminado, por ***la pérdida de unos ingresos seguros y no meramente contingentes, y, en consecuencia, estamos ante un supuesto de lucro cesante indemnizable****».*

Sentencia del Tribunal Supremo, rec. 1545/1997, de 5 de julio de 2001, ECLI:ES:TS:2001:5815

Costas judiciales

«Es cierto que la reparación de los daños ocasionados por funcionamiento normal o anormal debe ser integral, ahora bien en el supuesto de ***gastos originados en procesos judiciales estos tienen su especial vía de resarcimiento si se entiende que existen razones para ello, tal es el pronunciamiento en costas*** *(...)».*

CUESTIONES

1. ¿Es compatible la indemnización por responsabilidad con las prestaciones del sistema público de Seguridad Social?

La sentencia del Tribunal Supremo, rec. 3887/2009, de 15 de marzo de 2011, ECLI:ES:TS:2011:1348, proclama la compatibilidad de la pensión extraordinaria y la indemnización de daños y perjuicios, puesto que aquella «(...) "es una evaluación apriorística y objetiva del quebranto mínimo de carácter exclusivamente económico sufrido" que "no cuida, pues, de individualizar o matizar los perjuicios cuantitativa y cualitativamente, en función de las distintas circunstancias personales, familiares o profesionales", por lo que está "necesitada de un complemento que le sirva para conseguir la plenitud de la reparación" cuando no se ha producido esa reparación integral».

2. Si concurren ambas, ¿cuál sería el *quantum* indemnizatorio?

Nuestro Alto Tribunal entiende que, en el caso de que concurran ambas, no cabe hacer abstracción de las cantidades percibidas por las diferentes vías, sin perjuicio del carácter compatible de unas y otras, dado el principio que rige este instituto de la plena indemnidad o de la reparación integral.

Momento de la reparación del daño causado por las AA. PP.

De acuerdo con lo dispuesto en el **apartado 3 del artículo 34 de la LRJSP**, la cuantía de la indemnización se calculará con referencia al **día en que la lesión efectivamente se produjo**, sin perjuicio de su actualización a la fecha en que se ponga fin al procedimiento de responsabilidad con arreglo al Índice de Garantía de la Competitividad, fijado por el Instituto Nacional de Estadística, y de los intereses que procedan por demora en el pago de la indemnización fijada, los cuales se exigirán con arreglo a lo establecido en la **Ley 47/2003, de 26 de noviembre, General Presupuestaria, o, en su caso, a las normas** presupuestarias de las CC. AA.

RESOLUCIÓN RELEVANTE

Sentencia de la Audiencia Nacional, rec. 1128/2007, de 15 de marzo de 2010, ECLI:ES:AN:2010:1000

«(...) como uno de los instrumentos adecuados para hacer efectivo el principio de indemnidad que subyace tras la institución de la responsabilidad extracontractual de la Administración la consideración de la ***obligación pecuniaria de resarcimiento como una deuda de valor****, que lleva a fijar la cuantía de la deuda actualizada al momento de su determinación o fijación, y no al momento de producción del daño (sentencias de 15 de enero de 1992 y 24 de enero de 1997). Esta Sala a tal fin establece que la cuantía de la indemnización se calculará con referencia al día en que la lesión efectivamente se produjo actualizada a la fecha de esta sentencia con arreglo al índice de precios al consumo, fijado por el Instituto Nacional de Estadística, con el límite máximo de lo reclamado por el recurrente».*

3.5. La relación de causalidad: fuerza mayor como causa excluyente de la responsabilidad

El mero hecho de que una Administración pública ejerza determinadas competencias en un sector o sea necesaria su autorización para ejercer la actividad, no la convierte en aseguradora universal de todos los riesgos que puedan sufrir los administrados, incluso si incumple su deber de vigilancia, dado que nuestro ordenamiento jurídico no contempla un sistema providencialista, sino de **responsabilidad directa y objetiva**.

Para que la Administración responda del daño causado es necesario que exista una **relación directa de causa-efecto** entre el hecho que se imputa a la Administración y el daño producido, es decir, tiene que haber una **relación de causalidad o nexo causal** que vincule el daño producido con la actividad administrativa de funcionamiento del servicio público, sea este normal o anormal.

Así, la **LRJSP** en el apartado primero de su **artículo 32** expresa que los particulares tendrán derecho a ser indemnizados, por las Administraciones públicas correspondientes, de toda lesión que sufran en cualquiera de sus bienes y derechos, siempre que la lesión sea consecuencia del **funcionamiento normal o anormal de los servicios públicos**, salvo en los casos de **fuerza mayor** o de daños que el particular tenga el deber jurídico de soportar de acuerdo con la ley.

La **fuerza mayor** entroncaría con la idea de lo extraordinario, catastrófico o desacostumbrado, es decir, **hechos que, aun siendo previsibles, sean inevitables, insuperables e irresistibles, siempre que la causa que los motiva sea independiente y extraña a la voluntad del sujeto obligado**. Si la Administración prueba que el daño se produjo por un suceso constitutivo de fuerza mayor queda exonerada de responsabilidad.

Ahora bien, el Tribunal Supremo ciñe este concepto al suceso que está fuera del círculo de actuación obligado, que no hubiera podido preverse o que previsto fuese inevitable, como guerras, terremotos, etc., pero aquellos eventos internos, intrínsecos al funcionamiento de los servicios públicos, son sucesos previsibles y evitables, por los que la Administración responderá del daño causado.

Con respecto a la **relación de causalidad**, la jurisprudencia se ha pronunciado del siguiente modo:

- Que entre las diversas concepciones con arreglo a las cuales la causalidad puede concebirse, se imponen aquellas que explican el daño por la concurrencia objetiva de factores cuya inexistencia, en hipótesis, hubiera evitado aquel.
- **No son admisibles**, en consecuencia, **otras perspectivas tendentes a asociar el nexo de causalidad con el factor de eficiencia**, preponderante, socialmente adecuado o exclusivo para producir el resultado dañoso, puesto que, válidas como son en otros terrenos, irían en este en contra del carácter objetivo de la responsabilidad patrimonial de las Administraciones públicas.
- La **consideración de hechos que puedan determinar la ruptura del nexo de causalidad**, a su vez, debe reservarse para aquellos que comportan fuerza mayor, única circunstancia admitida por la ley con efecto excluyente, a los cuales importa añadir la intencionalidad de la víctima en la producción o el padecimiento del daño, o la gravísima negligencia de esta, siempre que estas circunstancias hayan sido determinantes de la existencia de la lesión y de la consiguiente obligación de soportarla.
- El **carácter objetivo de la responsabilidad** impone la prueba de la concurrencia de acontecimientos de fuerza mayor o circunstancias demostrativas de la existencia de dolo o negligencia de la víctima, suficiente para considerar roto el nexo de causalidad, pues no sería objetiva aquella responsabilidad que exigiese demostrar que la Administración que causó el daño procedió con negligencia, ni aquella cuyo reconocimiento estuviera condicionado a probar que quien padeció el perjuicio actuó con prudencia.

CUESTIÓN

¿La relación de causalidad opera del mismo modo en la modalidad activa que en la omisiva?

El Tribunal Supremo en su sentencia, rec. 5112/2011, de 2 de junino de 2014, ECLI:ES:TS:2014:2181, recuerda que «(...) la **imprescindible relación de causalidad** que debe existir entre el funcionamiento normal o anormal del servicio público y el resultado lesivo **no opera del mismo modo en el supuesto de comportamiento activo que en el caso de comportamiento omisivo**. Tratándose de una acción de la Administración, basta que la lesión sea lógicamente consecuencia de aquélla. En cambio, tratándose de una **omisión, no es suficiente una pura conexión lógica para restablecer la relación de causalidad**: si así fuera, toda lesión acaecida sin que la Administración hubiera hecho nada por evitarla sería imputable a la propia Administración; pero el buen sentido indica que la Administración solo se le puede reprochar no haber intervenido si, dadas las circunstancias del caso concreto, estaba obligada a hacerlo. Ello conduce necesariamente a una conclusión; en el supuesto de comportamiento omisivo no basta que la intervención de la Administración hubiera impedido la lesión, pues esto conduciría a una ampliación irrazonablemente desmesurada de la responsabilidad patrimonial de la Administración. Es necesario que haya algún otro dato en virtud del cual quepa objetivamente imputar la lesión a dicho comportamiento omisivo de la Administración; y este dato que permite hacer la imputación objetiva sólo puede ser la existencia de un deber jurídico de actuar».

JURISPRUDENCIA

Sentencia del Tribunal Supremo, rec. 3939/2013, de 19 de diciembre, ECLI:ES:TS:2014:5394

«Y en relación con el nexo causal, debe destacarse que, no requiriéndose en ningún caso culpa o negligencia en el actuar administrativo, al ser la responsabilidad objetiva, dicho nexo se obtendrá - sentencia del Tribunal Supremo de 29/octubre/1998 -, buscando entre las diversas causas, la causa adecuada o eficiente que resulte normalmente para determinar el resultado, buscando que exista una adecuación objetiva entre acto y evento, añadiendo que es necesario, además, que resulte normalmente idónea para determinar aquel evento o resultado, tomando en consideración todas las circunstancias del caso; esto es, que exista una adecuación objetiva entre acto y evento, lo que se ha llamado la verosimilitud del nexo y sólo cuando sea así, dicha condición alcanza la categoría de causa adecuada, causa eficiente o causa próxima y verdadera del daño, quedando así excluidos tanto los actos indiferentes como los inadecuados o inidóneos y los absolutamente extraordinarios. La consideración de hechos que puedan determinar la ruptura del nexo de causalidad, a su vez, debe reservarse para aquéllos que comportan fuerza mayor -única circunstancia admitida por la ley con efecto excluyente- (Sentencia de 11/julio/1995), a los cuales importa añadir el comportamiento de la víctima en la producción o el padecimiento del daño, o la gravísima negligencia de ésta, siempre que estas circunstancias hayan sido determinantes de la existencia de la lesión y de la consiguiente obligación de soportarla en todo o en parte (Sentencias de 11 y 27/abril/1996 y 7/octubre/1997)».

Sentencia del Tribunal Supremo, rec. 5451/1996, de 6 de febrero de 2001, ECLI:ES:TS:2001:754

«(...) la actividad causalmente relevante del Ayuntamiento al no realizar hasta fecha posterior al accidente, años después de ordenar la adopción de medidas para la seguridad de las personas, actuación o comprobación alguna para constatar si se habían adoptado tales medidas garantizadoras de la seguridad de las personas o para apreciar la evolución que hubiera experimentado el inmueble en situación de abandono e insalubridad, no ofrece duda alguna sobre la concurrencia de dicho requisito, ya que

la omisión de los ***servicios municipales al no adoptar tan elementales medidas de cautela aparece como acontecimiento causal sin el cual es inconcebible que se hubiera producido el siniestro*** *y debe ser considerada como hecho idóneo para producir este resultado según las circunstancias apreciadas de existencia de un elemento constructivo inestable accesible a los menores desde la vía pública».*

Sentencia del Tribunal Supremo, rec. 1729/1998, de 29 de junio de 2002, ECLI:ES:TS:2002:4831

«(...) ya que no concurren los requisitos para declarar la responsabilidad patrimonial de la Administración, al haber existido fuerza mayor que excluye dicha responsabilidad, dado el viento imprevisible que se levantó, resultando por ello inevitable la caída de la rama del árbol, que era joven y estaba en perfectas condiciones, como se declara en la sentencia recurrida, de modo que, de acuerdo con la doctrina jurisprudencial que se cita, en el caso enjuiciado debe entenderse que ***concurrió fuerza mayor excluyente de la responsabilidad patrimonial de la Administración*** *(...)».*

Sentencia del Tribunal Supremo n.º 1044/2024, de 12 de junio, ECLI:ES:TS:2024:3247

«Para que exista responsabilidad ***es preciso que los daños no se hayan producido en unas circunstancias que puedan ser calificadas de fuerza mayor****. Así lo dice el artículo 106.2 de la Constitución y el artículo 32.1 de la Ley 40/2015, de 1 de octubre, de Régimen Jurídico del Sector Público. (...) a juicio de la Sala, la pandemia producida por el virus denominado técnicamente SARS-COV-2 se ajusta a esa definición de fuerza mayor porque constituyó un acontecimiento insólito e inesperado en el momento en el que surgió y por la forma en la que se extendió por todo el planeta en sus primeros momentos, inicio y desarrollo completamente ajeno a la actividad de las Administraciones Públicas.*

No obstante, cabe recordar que uno de los principios a los que deben someter su actuación las Administraciones públicas en materia de salud colectiva es el de precaución, artículo 3 d) de la Ley 33/2011, de 4 de octubre, General de Salud Pública, y que con base a este principio la mera existencia de indicios fundados de una posible afectación grave de la salud de la población, aun cuando hubiera incertidumbre científica sobre el carácter del riesgo, determinará la cesación, prohibición o limitación de la actividad sobre la que concurran.

Precisamente los daños que ahora se reclaman no se imputan a la pandemia, aunque esta sea causa remota de esos daños, sino a las medidas adoptadas por los poderes públicos para tratar de frenar su desarrollo. El juicio sobre esas medidas no puede quedar descartado por el hecho de calificar la pandemia con las características de la fuerza mayor en relación con determinados daños. No habrá ruptura del nexo causal y nacerá la responsabilidad patrimonial cuando los daños no fueren directamente imputables a la enfermedad sino a las medidas adoptadas para hacerla frente, medidas que pueden ser juzgadas desde la perspectiva de la responsabilidad por su razonabilidad, grado de intensidad, proporcionalidad o duración.

(...)

Podemos concluir que la ***fuerza mayor puede operar como supuesto de exención de responsabilidad patrimonial en relación con determinados daños directamente imputables a la pandemia COVID-19, pero no cuando se deducen de la actuación de los poderes públicos****, si bien en nuestro caso, como ya hemos razonado extensamente supra,* ***la actividad administrativa desarrollada fue razonable y proporcionada a la situación existente por lo que no generó responsabilidad****».*

4.
EL PROCEDIMIENTO DE DECLARACIÓN DE RESPONSABILIDAD PATRIMONIAL

Marco jurídico de la responsabilidad patrimonial de las Administraciones públicas

Constitución Española: artículo 106.2 de la CE. Se consagra a nivel constitucional el régimen de responsabilidad patrimonial objetiva de la Administración por el funcionamiento de los servicios públicos, de gran arraigo en nuestro sistema jurídico, a partir de su incorporación al ordenamiento jurídico a través del **artículo 121 de la Ley de Expropiación Forzosa, de 16 de diciembre de 1954** (tal y como indica la sinopsis del artículo 106.2 de la página oficial del Congreso de los Diputados). Actualmente está regulado en la Ley 39/2015, de 1 de octubre, del Procedimiento Administrativo Común de las Administraciones Públicas, y en la Ley 40/2015 de 1 de octubre, de Régimen Jurídico del Sector Público.

Ley 39/2015, de 1 de octubre, del Procedimiento Administrativo Común de las Administraciones Públicas:

- Artículo 65. Especialidades en el inicio de oficio de los procedimientos de responsabilidad patrimonial.
- Artículo 67. Solicitudes de iniciación en los procedimientos de responsabilidad patrimonial.
- Artículo 81. Solicitud de informes y dictámenes en los procedimientos de responsabilidad patrimonial.
- Artículo 91. Especialidades de la resolución en los procedimientos en materia de responsabilidad patrimonial.
- Artículo 92. Competencia para la resolución de los procedimientos de responsabilidad patrimonial.
- Disposición transitoria 5.ª. Procedimientos de responsabilidad patrimonial derivados de la declaración de inconstitucionalidad de una norma o su carácter contrario al Derecho de la Unión Europea.

Ley 40/2015, de 1 de octubre, de Régimen Jurídico del Sector Público:

- Artículo 32. Principios de la responsabilidad.
- Artículo 33. Responsabilidad concurrente de las Administraciones públicas.
- Artículo 34. Indemnización.
- Artículo 35. Responsabilidad de derecho privado.

El procedimiento administrativo de responsabilidad patrimonial encuentra su regulación, en primer lugar, en el precepto constitucional arriba mencionado, que se desarrolla, por un lado, en la LPAC relativa a las fases, requisitos y especialidades del procedimiento y, por otro, en la LRJSP que establece los principios que van a regir este procedimiento, así como la responsabilidad subjetiva y otras cuestiones a tener en cuenta.

4.1. La iniciación del procedimiento: plazo para el ejercicio de la acción

Conforme al art. 67.1 de la LPAC los interesados podrán solicitar el inicio de un proceso de responsabilidad patrimonial cuando no haya prescrito su derecho a reclamar. El derecho a reclamar prescribirá al año de producido el hecho o el acto que motiva la indemnización o se manifieste su efecto lesivo, este plazo se computará:

- En caso de daños de carácter físico o psíquico, el plazo empezará a computarse desde la curación o determinación del alcance de las secuelas.
- En caso en que proceda reconocer derecho a indemnización por anulación en vía administrativa o contencioso-administrativa de un acto o disposición se computa desde que se ha notificado la resolución administrativa o la sentencia definitiva.
- Si la lesión es consecuencia de la aplicación de una norma con rango de ley declarada inconstitucional o de una norma declarada contraria al derecho de la Unión Europea, el cómputo se inicia desde la publicación en el BOE o en DOUE, según el caso, de la sentencia.

JURISPRUDENCIA

Sentencia del Tribunal Supremo n.º 876/2020, de 25 de junio, ECLI:ES:TS:2020:2353

Respecto a la responsabilidad patrimonial consecuencia de la aplicación de una norma con rango de ley declarada inconstitucional, esta sentencia en su fundamento 4.º dice así:

«(...) se podrá reclamar en el ***plazo de un año desde la publicación de la sentencia*** *del TC, siempre que el daño indemnizable se haya producido "en el plazo de los cinco años anteriores" a la publicación de la STC declarando la inconstitucionalidad de la norma que fue aplicada en su momento, artículo 34.1 Ley 40/2015. Y con arre-*

glo al artículo 32.4 de la misma Ley, "si la lesión es consecuencia de la aplicación de una norma con rango de ley declarada inconstitucional, procederá su indemnización cuando el particular haya obtenido, en cualquier instancia, sentencia firme desestimatoria de un recurso contra la actuación administrativa que ocasionó el daño, siempre que se hubiera alegado la inconstitucionalidad posteriormente declarada"».

Sentencia del Tribunal Supremo n.° 1721/2020, de 14 de diciembre, ECLI:ES:TS:2020:4110

*«(...) que el **cómputo del plazo de un año**, determinante de la responsabilidad patrimonial prevista en el artículo 67.1, párrafo segundo, se inicia en la fecha de la notificación de la sentencia (o, en su caso, desde su publicación, si se hubiera sido parte en el procedimiento de anulación) sin que dicho plazo pueda considerarse demorado, en su inicio, o suspendido, en su trascurso, por una solicitud de revisión de oficio de un acto de aplicación de la norma anulada, o por la formulación de un recurso de amparo».*

CUESTIÓN

Una vez declarada la inconstitucionalidad de una norma, la interposición de un recurso de amparo, ¿puede suspender el plazo de prescripción de la responsabilidad patrimonial de las Administraciones públicas?

No, así lo ha declarado el Tribunal Supremo en la **sentencia n.° 871/2020, de 24 de junio, ECLI:ES:TS:2020:2208**, la cual señala:

«Lo que interesa destacar, a los efectos del debate que nos ocupa aquí es, en ese esquema, pretender la suspensión del plazo anual a computar en la forma que establece el artículo 67.1°, párrafo segundo, de la de la Ley del Procedimiento Administrativo Común de las Administraciones Públicas carece de toda lógica, porque no es pensable que una cuestión sujeta a declaración de inconstitucionalidad y ya decidida, mantenga la vigencia un procedimiento de amparo, por lo que no puede admitirse que dicho procedimiento de amparo pueda suspender el plazo mencionado (artículo 55.2°, en relación con el 38 de la Ley Orgánica del Tribunal Constitucional). Declarada la inconstitucionalidad, el plazo anual se inicia, para todos los afectados, desde la publicación de la sentencia del Tribunal Constitucional que hiciese esa declaración a los efectos de instar la responsabilidad del Estado Legislador.

De lo expuesto hemos de concluir que en ningún caso la interposición de un recurso de amparo suspende el plazo de prescripción de la responsabilidad patrimonial de las Administraciones Públicas o del Estado Legislador».

Asimismo, la ley establece una serie de requisitos formales que deberán constar en la solicitud de iniciación (arts. 61.4 y 67.2 de la LPAC):

- Descripción de la lesión producida.
- Relación de causalidad entre la lesión y el funcionamiento del servicio público.
- Evaluación económica de la responsabilidad patrimonial, si fuera posible.
- Momento en el que se produjo la lesión.

En caso de que la solicitud no reúna los requisitos de los arts. 66 y 67 de la LPAC u otros exigidos por la legislación específica que resulte de aplicación, se requerirá al interesado para que subsane la falta en un plazo de 10 días. En caso de que no se realice esta subsanación se le tendrá por desistido de su petición.

A TENER EN CUENTA. Siempre que no se trate de procedimientos selectivos o de concurrencia competitiva, este plazo podrá ser ampliado prudencialmente, hasta cinco días, a petición del interesado o a iniciativa del órgano, cuando la aportación de los documentos requeridos presente dificultades especiales (art. 68.2 de la LPAC).

Los interesados, para poder hacer efectiva la responsabilidad patrimonial, actúan directamente contra la Administración pública, sin perjuicio de que esta, una vez que hayan sido indemnizados los lesionados, exija la responsabilidad correspondiente, de oficio y en vía administrativa, al personal que hubiera actuado con dolo, culpa o negligencia grave, para ello el párrafo segundo del **artículo 36.2 de la LRJSP** establece:

> «Para la exigencia de dicha responsabilidad y, en su caso, para su cuantificación, se ponderarán, entre otros, los siguientes criterios: el resultado dañoso producido, el grado de culpabilidad, la responsabilidad profesional del personal al servicio de las Administraciones públicas y su relación con la producción del resultado dañoso».

En aquellos casos en los que el personal al servicio de la Administración puede haber incurrido en responsabilidad penal, se tramitará conforme al **artículo 37 de la LRJSP**.

Principios de la responsabilidad patrimonial

Respecto a los principios que regirán el procedimiento de responsabilidad patrimonial, el artículo 32 de la LRJSP establece los siguientes:

> «1. Los particulares tendrán derecho a ser indemnizados por las Administraciones Públicas correspondientes, de toda lesión que sufran en cualquiera de sus bienes y derechos, siempre que la lesión sea consecuencia del funcionamiento normal o anormal de los servicios públicos salvo en los casos de fuerza mayor o de daños que el particular tenga el deber jurídico de soportar de acuerdo con la Ley.
>
> La anulación en vía administrativa o por el orden jurisdiccional contencioso administrativo de los actos o disposiciones administrativas no presupone, por sí misma, derecho a la indemnización.
>
> 2. En todo caso, el daño alegado habrá de ser efectivo, evaluable económicamente e individualizado con relación a una persona o grupo de personas.
>
> 3. Asimismo, los particulares tendrán derecho a ser indemnizados por las Administraciones Públicas de toda lesión que sufran en sus bienes y derechos como consecuencia de la aplicación de actos legislativos de naturaleza no expropiatoria de derechos que no tengan el deber jurídico de soportar cuando así se establezca en los propios actos legislativos y en los términos que en ellos se especifiquen.
>
> La responsabilidad del Estado legislador podrá surgir también en los siguientes supuestos, siempre que concurran los requisitos previstos en los apartados anteriores:

a) Cuando los daños deriven de la aplicación de una norma con rango de ley declarada inconstitucional, siempre que concurran los requisitos del apartado 4.

b) Cuando los daños deriven de la aplicación de una norma contraria al Derecho de la Unión Europea, de acuerdo con lo dispuesto en el apartado 5.

4. Si la lesión es consecuencia de la aplicación de una norma con rango de ley declarada inconstitucional, procederá su indemnización cuando el particular haya obtenido, en cualquier instancia, sentencia firme desestimatoria de un recurso contra la actuación administrativa que ocasionó el daño, siempre que se hubiera alegado la inconstitucionalidad posteriormente declarada.

5. Si la lesión es consecuencia de la aplicación de una norma declarada contraria al Derecho de la Unión Europea, procederá su indemnización cuando el particular haya obtenido, en cualquier instancia, sentencia firme desestimatoria de un recurso contra la actuación administrativa que ocasionó el daño, siempre que se hubiera alegado la infracción del Derecho de la Unión Europea posteriormente declarada. Asimismo, deberán cumplirse todos los requisitos siguientes:

a) La norma ha de tener por objeto conferir derechos a los particulares.

b) El incumplimiento ha de estar suficientemente caracterizado.

c) Ha de existir una relación de causalidad directa entre el incumplimiento de la obligación impuesta a la Administración responsable por el Derecho de la Unión Europea y el daño sufrido por los particulares.

6. La sentencia que declare la inconstitucionalidad de la norma con rango de ley o declare el carácter de norma contraria al Derecho de la Unión Europea producirá efectos desde la fecha de su publicación en el "Boletín Oficial del Estado" o en el "Diario Oficial de la Unión Europea", según el caso, salvo que en ella se establezca otra cosa.

7. La responsabilidad patrimonial del Estado por el funcionamiento de la Administración de Justicia se regirá por la Ley Orgánica 6/1985, de 1 de julio, del Poder Judicial.

8. El Consejo de Ministros fijará el importe de las indemnizaciones que proceda abonar cuando el Tribunal Constitucional haya declarado, a instancia de parte interesada, la existencia de un funcionamiento anormal en la tramitación de los recursos de amparo o de las cuestiones de inconstitucionalidad.

El procedimiento para fijar el importe de las indemnizaciones se tramitará por el Ministerio de Justicia, con audiencia al Consejo de Estado.

9. Se seguirá el procedimiento previsto en la Ley de Procedimiento Administrativo Común de las Administraciones Públicas para determinar la responsabilidad de las Administraciones Públicas por los daños y perjuicios causados a terceros durante la ejecución de contratos cuando sean consecuencia de una orden inmediata y directa de la Administración o de los vicios del proyecto elaborado por ella misma sin perjuicio de las especialidades que, en su caso establezca el Real Decreto Legislativo 3/2011, de 14 de noviembre, por el que se aprueba el texto refundido de la Ley de Contratos del Sector Público».

En cuanto al *dies a quo* y a la interpretación de «daños producidos» a efectos de la indemnización es interesante la interpretación realizada por el Tribunal Supremo en la sentencia n.º 401/2022, de 31 de marzo, ECLI:ES:TS:2022:1335, que reza el tenor literal siguiente:

> «El plazo establecido en el art. 34.1 párrafo segundo se refiere a la prescripción del daño en cuanto integra el derecho indemnizable, constituyendo la delimitación -por el legislador- del alcance de la responsabilidad patrimonial a través de dicho criterio temporal, e imponiendo el deber general de soportar los daños producidos más allá de dicho plazo de cinco años, afectando, por lo tanto, al elemento de la antijuridicidad, como existencia de un deber legal de soportar el daño de acuerdo con la Ley (art. 32.1LRJSP).
>
> A tal efecto, ha de tenerse en cuenta que la responsabilidad patrimonial se contempla en el art. 106.2 de la Constitución como un derecho de configuración legal, según la expresión 'en los términos establecidos por la ley', de manera que corresponde al legislador definir el alcance de la misma en los distintos supuestos, contenido al que habrá de estarse en cuanto se imponga con carácter general y por igual a todos afectados, proyectándose sobre el conjunto de los ciudadanos, cuyas consecuencias tienen la obligación de soportar, en cuanto respondan al ámbito de libertad de configuración normativa que corresponde al legislador y constituya una regulación general que se mantiene dentro del marco y límites constitucionales propios del ejercicio de la potestad normativa.
>
> Desde estas consideraciones y respecto del cómputo de dicho plazo, no se cuestiona el dies ad quem, que viene referido a la fecha de publicación de la sentencia que declare la inconstitucionalidad de la norma según precisa el art. 34.1, fecha que opera como dies a quo en relación con el cómputo del plazo de prescripción de la acción de reclamación. Sin embargo, el precepto no es tan preciso en la determinación del dies a quo, refiriéndose genéricamente a 'los daños producidos' como única indicación, lo que plantea la cuestión del momento en que se entiende producido el daño.
>
> Hemos ya dicho, en este particular, que cuando el precepto se refiere a 'daños producidos' está aludiendo a aquellos incuestionables y definitivos que no están sujetos o pendientes de revisión. En la jurisprudencia se atiende a los distintos tipos de daños señalado las particularidades de cada caso, en relación con la consolidación y fijación de la realidad de los mismos. En este sentido y cuando el daño se imputa a un acto administrativo que se considera ilegal, la producción del daño viene referida al momento en que se consolida la situación perjudicial derivada del acto causante, que tiene lugar al agotarse las vías -para corregir o evitar la efectividad del perjuicio- utilizadas por el interesado.
>
> Y esta apreciación, consideramos, es también conforme con la naturaleza del plazo establecido en el referido art. 34.1, dado que al cuestionarse por el perjudicado el acto causante del perjuicio ha de entenderse interrumpido su cómputo, de manera que no puede referirse la producción del daño consolidado y definitivo a un acto pendiente de decisión judicial y, que, caso de resultar favorable, determinaría la eliminación del mismo y consiguientemente la procedencia del daño. No puede olvidarse, en este sentido, que uno de los elementos que conforman la responsabilidad patrimonial es la realidad del daño».

Una vez que hemos iniciado el procedimiento cumpliendo con todos los requisitos anteriores, comenzará la fase de instrucción, en la que el órgano instructor recabará todo aquello que considere pertinente para poder realizar una propuesta de resolución que sirva de precedente al órgano competente para resolver.

4.2. La instrucción y terminación del procedimiento

Comenzada la fase de instrucción, es el momento de aportar cuantos informes, documentos, etc., se consideren convenientes, siempre que exista una relación lógica con la pretensión objeto del procedimiento. En relación con los informes y dictámenes relativos a la responsabilidad patrimonial, el artículo 81 de la LPAC establece las siguientes particularidades:

- En estos procedimientos será preceptivo solicitar **informe** «al servicio cuyo funcionamiento haya ocasionado la presunta lesión indemnizable, no pudiendo exceder de diez días el plazo de su emisión».
- Cuando la indemnización que se reclama tenga una cuantía **«igual o superior a 50.000 euros o a la que se establezca en la correspondiente legislación autonómica, así como en aquellos casos que disponga la Ley Orgánica 3/1980, de 22 de abril, del Consejo de Estado»**, habrá que solicitar con carácter preceptivo un dictamen del Consejo de Estado o del órgano consultivo de la comunidad autónoma cuando corresponda.

  El órgano que instruye el procedimiento contará con 10 días desde que finalice el trámite de audiencia, para remitir al «órgano competente para solicitar el dictamen una propuesta de resolución, que se ajustará a lo previsto en el artículo 91, o, en su caso, la propuesta de acuerdo por el que se podría terminar convencionalmente el procedimiento». El dictamen será emitido en un plazo de **dos meses** y «deberá pronunciarse sobre la existencia o no de **relación de causalidad** entre el funcionamiento del servicio público y la **lesión** producida y, en su caso, sobre la valoración del daño causado y la cuantía y modo de la indemnización de acuerdo con los criterios establecidos en esta ley».
- Cuando las reclamaciones de responsabilidad patrimonial del Estado se deban a un funcionamiento anormal de la Administración de Justicia, «será preceptivo el informe del Consejo General del Poder Judicial que será evacuado en el plazo máximo de dos meses. El plazo para dictar resolución quedará suspendido por el tiempo que medie entre la solicitud, del informe y su recepción, no pudiendo exceder dicho plazo de los citados dos meses».

En el proceso se dará audiencia a los interesados antes de la redacción de la propuesta de resolución. Esta audiencia será anterior a la solicitud del informe del órgano competente para el asesoramiento jurídico o la solicitud del Dictamen del Consejo de Estado u órgano consultivo equivalente de la comunidad autónoma, en los casos de que éstos formaren parte del procedimiento.

El plazo en el que los interesados pueden formular alegaciones y presentar los documentos y justificaciones que estimen pertinentes, no será inferior a diez días ni superior a quince. Si antes del vencimiento del plazo manifiestan su decisión de no efectuar alegaciones no aportar documentos nuevos o justificaciones, se tendrá por realizado el trámite.

Podrá prescindirse del trámite de audiencia cuando no figuren en el procedimiento ni sean tenidos en cuenta en la resolución otros hechos ni otras alegaciones y pruebas que las aducidas por el interesado.

A TENER EN CUENTA. En los procedimientos de responsabilidad patrimonial, derivados de la ejecución de contratos, será necesario dar audiencia al contratista. Se refiere a ello el artículo 82.5 de la LPAC en los siguientes términos:

«5. En los procedimientos de responsabilidad patrimonial a los que se refiere el artículo 32.9 de la Ley de Régimen Jurídico del Sector Público, será necesario en todo caso dar audiencia al contratista, notificándole cuantas actuaciones se realicen en el procedimiento, al efecto de que se persone en el mismo, exponga lo que a su derecho convenga y proponga cuantos medios de prueba estime necesarios».

Resolución del procedimiento de responsabilidad patrimonial

Finalizada la fase de instrucción y el trámite de audiencia, el órgano instructor remitirá la propuesta de resolución al órgano competente para resolver. En los casos en los que no proceda la terminación convencional: «(...) será necesario que la resolución se pronuncie sobre la existencia o no de la relación de causalidad entre el funcionamiento del servicio público y la lesión producida y, en su caso, sobre la valoración del daño causado, la cuantía y el modo de la indemnización, cuando proceda, de acuerdo con los criterios que para calcularla y abonarla se establecen en el artículo 34 de la Ley de Régimen Jurídico del Sector Público. (...) Transcurridos **seis meses** desde que se inició el procedimiento sin que haya recaído y se notifique resolución expresa o, en su caso, se haya formalizado el acuerdo, podrá entenderse que la resolución es contraria a la indemnización del particular», tal y como establece el artículo 91.2 de la LPAC.

Por lo tanto, en los procedimientos de responsabilidad patrimonial, el silencio administrativo tendrá carácter desestimatorio. Por el contrario, en los casos en los que se notifique resolución expresa, habrá que motivarla con sucinta referencia de hechos y fundamentos de derecho, tal y como establece el artículo 35 de la LPAC:

> «1. Serán motivados, con sucinta referencia de hechos y fundamentos de derecho:
>
> (...)
>
> h) Las propuestas de resolución en los procedimientos de carácter sancionador, así como los actos que resuelvan procedimientos de carácter sancionador o de responsabilidad patrimonial».

En aquellos casos en los que el órgano competente para la tramitación del procedimiento considere inequívoca la relación de causalidad entre el funcionamiento del servicio público y la lesión, así como la valoración del daño y el cálculo de la cuantía de la indemnización, se podrá acordar de oficio la iniciación de un procedimiento simplificado (art. 96.4 de la LPAC).

Por último, el procedimiento de responsabilidad patrimonial que se tramite mediante el procedimiento ordinario finalizará mediante resolución por parte del órgano competente. Para saber a quién corresponde la **competencia** para emitir la resolución, acudimos al **artículo 92 de la LPAC**:

> «En el ámbito de la **Administración General del Estado**, los procedimientos de responsabilidad patrimonial se resolverán por el Ministro respectivo o por el Consejo de Ministros en los casos del artículo 32.3 de la Ley de Régimen Jurídico del Sector Público o cuando una ley así lo disponga.
>
> En el **ámbito autonómico y local**, los procedimientos de responsabilidad patrimonial se resolverán por los órganos correspondientes de las Comunidades Autónomas o de las Entidades que integran la Administración Local.
>
> En el caso de las **Entidades de Derecho Público**, las normas que determinen su régimen jurídico podrán establecer los órganos a quien corresponde la resolución de los procedimientos de responsabilidad patrimonial. En su defecto, se aplicarán las normas previstas en este artículo».

Dicha resolución, pone fin a la vía administrativa [art. 114.1.e) de la LPAC].

En el procedimiento de responsabilidad patrimonial, como hemos observado, intervienen diversos órganos en el transcurso del procedimiento. El siguiente esquema puede servir de aclaración:

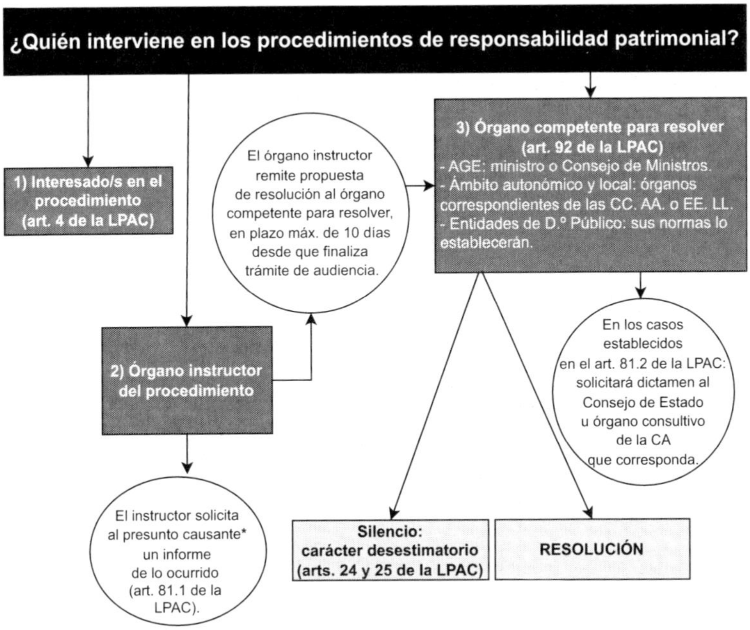

*Administración cuyo servicio haya ocasionado la presunta lesión indemnizable

JURISPRUDENCIA

STS n.º 297/2018, de 27 de febrero, ECLI:ES:TS:2018:633

Responsabilidad patrimonial por anulación en vía administrativa o contencioso-administrativa de un acto

«La responsabilidad patrimonial no se anuda con carácter necesario a la anulación del acto o resolución administrativa sino que es preciso valorar si tal actividad administrativa se ha producido en el margen de razonabilidad que corresponde al caso. Ciertamente la anulación del acto pone de manifiesto la ilegalidad de la actuación administrativa y el derecho de quien obtiene tal declaración a que se restablezca la legalidad perturbada, pero ello no lleva necesariamente consigo la producción de una lesión para el interesado que resulte indemnizable en concepto de responsabilidad patrimonial, para lo cual es preciso que concurran los requisitos exigidos al efecto, entre ellos la antijuridicidad del daño, que, como hemos señalado antes, no viene referida al aspecto subjetivo de la legalidad o ilegalidad de la actividad administrativa sino al objetivo de la reparabilidad del perjuicio que resulta de la inexistencia de un título que justifique el daño, de manera que si, no obstante la ilegalidad declarada, se advierte que el particular tiene el deber legal de soportar el daño, falta tal elemento de la antijuridicidad que impide reconocer la responsabilidad patrimonial reclamada».

STS n.º 74/2020, de 27 de enero, ECLI:ES:TS:2020:241

Responsabilidad patrimonial del Estado-legislador

«Se trata de garantizar la indemnidad patrimonial, mediante la reparación de las lesiones producidas a los particulares en sus bienes y derechos, por la actividad de la Administración, en este caso la aplicación de actos legislativos, causándole una lesión que no tiene el deber de soportar. La finalidad de la institución se asocia a la reparación de la situación patrimonial del administrado afectada por la actividad administrativa y el fundamento legal viene determinado por la falta de justificación de la lesión en cuanto no existe un título que imponga al interesado el deber de asumir el daño patrimonial. De tal manera que el sistema de la responsabilidad patrimonial de la Administración, teniendo como presupuesto la existencia de una lesión patrimonial real y actual, responde al elemento fundamental de la antijuridicidad del daño, que viene a configurar la lesión como indemnizable, antijuridicidad que no se refiere a la legalidad o ilegalidad de la conducta del sujeto agente que materialmente la lleva a cabo sino a esa falta de justificación del daño, es decir, a la inexistencia de una causa legal que legitime la lesión patrimonial del particular e imponga al mismo el deber de soportarla».

STS n.º 171/2020, de 11 de febrero, ECLI:ES:TS:2020:367

Responsabilidad patrimonial por daños provocados por fauna salvaje (lobos) en explotación ganadera. Excepción del artículo 54.6 de la Ley 42/2007, de 13 de diciembre (Patrimonio Natural y Biodiversidad)

«La cuestión litigiosa se centra, pues, en la interpretación que haya de darse al inciso "excepto en los supuestos establecidos en la normativa sectorial específica" que se prevé como excepción al régimen general contenido en el artículo 54.6 de la Ley 42/2007, de 13 de diciembre, del Patrimonio Natural y de la Biodiversidad.

(...)

(...) la excepción a la regla general establecida en el artículo 54.6, que examinamos, no responde a una previsión expresa y completa que atribuya responsabilidad a las Administraciones públicas por los daños causados por las especies de fauna silvestre, como mantiene la recurrente, sino a la existencia de una normativa sectorial por la que se sujeta de manera específica a determinada especie a algún régimen especial de protección, cuyo desarrollo y efectividad responde a la adopción por la

Administración de concretas medidas y actuaciones, que hagan compatible, en la medida de lo posible, el régimen de protección con los derechos e intereses patrimoniales de los administrados, respondiendo la Administración de los daños causados por la gestión de este régimen de protección especial que el administrado no tenga el deber de soportar».

4.3. Tramitación simplificada

La tramitación simplificada del procedimiento administrativo viene regulada en el artículo 96 de la LPAC.

El procedimiento administrativo podrá tramitarse de esta manera cuando **razones de interés público o la falta de complejidad del procedimiento así lo aconsejen**. Podrá ser acordado por las Administraciones públicas de oficio o a solicitud del interesado. Con todo, la tramitación simplificada no es inamovible: si el órgano competente para su tramitación lo considera oportuno, en cualquier momento anterior a su resolución podrá acordar la continuación del procedimiento con arreglo a la tramitación ordinaria.

Si la Administración acuerda de oficio abordar el procedimiento por tramitación simplificada, deberá notificárselo a los interesados. En el caso de que alguno de ellos se oponga mediante manifestación expresa, el órgano competente deberá continuar mediante tramitación ordinaria.

Asimismo, los interesados podrán solicitar la tramitación simplificada del procedimiento, que podrá ser desestimada si no concurren las circunstancias anteriormente señaladas: razones de interés público o falta de complejidad del procedimiento. La solicitud podrá ser desestimada por el órgano competente, que cuenta con 5 días, transcurridos los cuales, sin respuesta, será desestimada por silencio administrativo. No cabe recurso contra la desestimación.

CUESTIÓN

La tramitación simplificada del procedimiento administrativo, ¿es obligatoria?

No. El **art. 96 de la LPAC** no establece la obligatoriedad de la tramitación simplificada, así lo ha recogido el Tribunal Superior de Justicia de Aragón en su **sentencia n.° 131/2020, de 22 de mayo, ECLI:ES:TSJAR:2020:453**, en la que señala «Por otra parte, el art. 96 L 39/2015 no impone la tramitación simplificada, y permite al sujeto que solicite el mismo, lo que en el presente caso no consta haya solicitado la actora, quien afirma sin apoyo alguno que el procedimiento simplificado es obligatorio para la administración, en contra de la literalidad de la norma (...)».

Tramitación simplificada de los procedimientos de responsabilidad patrimonial

El art. 96.4 de la LPAC establece que, en el caso de procedimientos en materia de responsabilidad patrimonial de las Administraciones públicas, una vez se haya iniciado el procedimiento se podrá acordar la suspensión y la iniciación de un procedimiento simplificado en el caso de que se considere inequívoca la relación de causalidad entre el funcionamiento del servicio público y la lesión, así como la valoración del daño y el cálculo de la cuantía de la indemnización.

La tramitación simplificada del procedimiento administrativo (salvo que reste menos para su tramitación ordinaria) deberá ser resuelta en treinta días, contando desde el siguiente al que se notifique al interesado el acuerdo de tramitación simplificada del procedimiento. Dicho procedimiento constará de los siguientes trámites, tal y como establece el artículo 96.6 de la LPAC:

> «a) **Inicio** del procedimiento de oficio o a solicitud del interesado.
>
> b) **Subsanación** de la solicitud presentada, en su caso.
>
> c) **Alegaciones** formuladas al inicio del procedimiento durante el plazo de cinco días.
>
> d) **Trámite de audiencia**, únicamente cuando la resolución vaya a ser desfavorable para el interesado.
>
> e) **Informe del servicio jurídico**, cuando este sea preceptivo.
>
> f) **Informe del Consejo General del Poder Judicial**, cuando este sea preceptivo.
>
> g) **Dictamen del Consejo de Estado u órgano consultivo equivalente de la Comunidad Autónoma** en los casos en que sea preceptivo. Desde que se solicite el dictamen al Consejo de Estado, u órgano equivalente, hasta que este sea emitido, se producirá la suspensión automática del plazo para resolver.
>
> El órgano competente solicitará la emisión del dictamen en un plazo tal que permita cumplir el plazo de resolución del procedimiento. El dictamen podrá ser emitido en el plazo de quince días si así lo solicita el órgano competente.
>
> En todo caso, en el expediente que se remita al Consejo de Estado u órgano consultivo equivalente, se incluirá una propuesta de resolución. Cuando el dictamen sea contrario al fondo de la propuesta de resolución, con independencia de que se atienda o no este criterio, el órgano competente para resolver acordará continuar el procedimiento con arreglo a la tramitación ordinaria, lo que se notificará a los interesados.
>
> En este caso, se entenderán convalidadas todas las actuaciones que se hubieran realizado durante la tramitación simplificada del procedimiento, a excepción del dictamen del Consejo de Estado u órgano consultivo equivalente.
>
> h) **Resolución**».

A TENER EN CUENTA. En aquellos casos en los que un procedimiento exija la realización de un trámite no previsto en la relación anterior, deberá llevarse a cabo mediante tramitación ordinaria.

5.
ESTUDIO SECTORIAL DE LA RESPONSABILIDAD PATRIMONIAL DE DETERMINADAS ADMINISTRACIONES PÚBLICAS

5.1. La responsabilidad patrimonial de la Administración sanitaria

Responsabilidad patrimonial de la Administración sanitaria por fallecimiento de paciente

El fallecimiento de un paciente en el ámbito sanitario puede deberse a la actuación de la Administración lo que dará lugar a su responsabilidad patrimonial, en este sentido analizamos, a continuación, algunos de los supuestos que pueden darse en la práctica.

Responsabilidad de la Administración por fallecimiento derivado de un error en el diagnóstico

En la **sentencia del Tribunal Supremo, rec. 3184/2001, de 30 de marzo de 2005, ECLI:ES:TS:2005:1917**, un esposo interpone recurso de casación contra una sentencia de la sala de lo contencioso de la Audiencia Nacional de fecha 31 de enero de 2001, recaída en el recurso contra la desestimación por silencio administrativo de la reclamación formulada ante el Ministerio de Sanidad y Consumo sobre **responsabilidad patrimonial de la Administración como consecuencia del funcionamiento de los servicios públicos sanitarios, por la muerte de su mujer a raíz de una septicemia secundaria**:

> «La sentencia recurrida desestima la demanda entendiendo que no resulta eficaz para combatir la resolución presunta desestimatoria de la

pretensión indemnizatoria, ni la prueba documental privada aportada al proceso ni tampoco los tres informes de la inspección médica, pues, (...) **se deduce —del primero y tercero— que el riesgo de sepsis era inherente al tratamiento, que no hubo infección hospitalaria, que ya en el consentimiento informado se advertía esos riesgos y que, por tanto, el fallecimiento por septicemia es una fuerza mayor** (...)».

Pese a ello se interpone recurso de casación contra la citada sentencia en base a lo siguiente:

«(...) al enjuiciar el requisito exigido por la Ley acerca de la existencia del daño imputable a la Administración, el recurrente contradice la apreciación de la Sala de instancia en función del informe médico pericial aportado por la recurrente como documento uno de los escrito de la demanda; argumento que no resulta suficiente para aceptar la infracción denunciada pues no cabe sino aceptar la valoración del mismo realizada en la sentencia sobre el carácter de prueba documental y no pericial de dicho documento carente del necesario requisito de imparcialidad para contradecir los pronunciamientos de la sentencia de instancia, máxime cuando, como pone de relieve la sentencia, se formula por un experto en valoración del daño corporal sin que conste que tenga la suficiencia técnica ni la experiencia propia de un médico especializado en los tratamientos y en el tipo de intervenciones de alto riesgo que se practicaron a la esposa del demandante, como pone de relieve la sentencia recurrida.

El recurrente también alude, como fundamento de su discrepancia con la sentencia recurrida, el error cometido en el fundamento de derecho décimo de la misma por cuanto que afirma que el informe de la inspección médica fue uno exclusivamente, el de 26 de octubre de 1.999, y no tres como sostiene la sentencia, puesto que los dos informes restantes de 28 de mayo de 1.999 y 1 de marzo de 2.000 no eran auténticos informes de la Inspección, aunque tampoco lo fueran de facultativos directamente implicados en el defecto asistencial denunciado como afirma la recurrente».

Argumentos que la Audiencia Nacional considera insuficientes puesto que:

«(...) no cabe sino **aceptar la valoración del mismo realizada en la sentencia sobre el carácter de prueba documental y no pericial de dicho documento** carente del necesario requisito de imparcialidad para contradecir los pronunciamientos de la sentencia de instancia, máxime cuando, como pone de relieve la sentencia, **se formula por un experto en valoración del daño corporal** sin que conste que tenga la suficiencia técnica ni la experiencia propia de un médico especializado en los tratamientos y en el tipo de intervenciones de alto riesgo que se practicaron a la esposa del demandante, como pone de relieve la sentencia recurrida».

No obstante, la sala enjuiciadora entiende que efectivamente existieron los tres informes de las fechas mencionadas por la sentencia de instancia, de 26 de octubre de 1999, 28 de mayo de 1999 y 1 de marzo de 2000, resultando los dos últimos del Director Gerente del Hospital donde tuvieron lugar los hechos determinantes de la reclamación, y no como erróneamente se dice por la sentencia recurrida, de la Inspección médica, puesto que el único informe de la Inspección médica fue el emitido por esta el 26 de octubre de 1999.

Además, en el referenciado informe se indica que «(...) "el fallecimiento de D.ª (...) fue desencadenado por el **cuadro de sepsis secundaria** al absceso retroperitoneal por dehiscencia de suturas. Esta dehiscencia de suturas estuvo, con toda probabilidad, originada por una deficiente cicatrización inherente a la propia paciente". Se añade en dicho informe que es muy probable que el absceso retroperitoneal, detectado en TAC abdominal de 14-1-99 fuera la causa de la sintomatología que presentaba la paciente desde mediados de diciembre de 1998, pero fue **interpretado erróneamente como un cólico nefrítico** (...)».

Así, el TS concluye que:

> «(...) **el único informe atribuido a la Inspección médica pone de relieve la existencia de una defectuosa actuación de los servicios sanitarios que no diagnosticaron la patología que sufría la paciente, como se pone de relieve en el informe de la Inspección, hasta que esta alcanzó un estadio difícilmente reversible.** Por ello y tal como propuso dicha Inspección, **debió de haber sido estimada la reclamación de indemnización formulada por el recurrente, máxime si se tiene en cuenta que los propios servicios médicos del Hospital al informar de los riesgos para obtener el consentimiento informado ya fueron conscientes, y así lo expresaron, del riesgo de infección intraabdominal por dehiscencia de sutura y la posibilidad de un riesgo mortal de fallecimiento por septicemia**, riesgos que, en el presente caso, **no fueron correctamente detectados hasta que resultaron irreversibles falleciendo la esposa del recurrente a consecuencia de la producción de dicha septicemia resultante de un error diagnóstico que, en cualquier caso, el paciente no estaba obligado a soportar**».

En consecuencia, **se estima** el recurso de casación presentado contra sentencia, de fecha 31 de enero de 2001, de la sala de lo contencioso administrativo de la Audiencia Nacional.

Responsabilidad de la Administración por fallecimiento derivado de una mala *praxis*

Se analiza la **sentencia del Tribunal Supremo, rec. 92/2003, de 12 de julio de 2007, ECLI:ES:TS:2007:5230**, en la que una esposa presenta recurso de casación contra la sentencia de 6 de noviembre de 2002 de la Sala de lo Contencioso de la Audiencia Nacional, por la que se desestima recurso contencioso-administrativo interpuesto contra desestimación presunta de la reclamación de responsabilidad patrimonial por el **fallecimiento de su marido derivado de una mala *praxis* médica**.

La sala de instancia desestima el recurso contencioso-administrativo en base a los siguientes motivos:

> «"a) El examen de las actuaciones practicadas, en particular el expediente administrativo, pone de manifiesto que el Sr. Lucas padecía **patologías severas** (...).

> b) La Sala considera que el Sr. Lucas fue **correctamente tratado en función del diagnóstico emitido** (...).
>
> c) La Sala denegó en su día la práctica de prueba pericial. Sin embargo, como ya se dijo en el Auto resolviendo el recurso de súplica frente a esa negativa, constan en las actuaciones elementos bastantes para el correcto enjuiciamiento litis, y en particular un informe del Médico Forense en el que se detalla con precisión el estado y sintomatología del paciente y el tratamiento instaurado. **Y este informe, imparcial** por demás, se dice que el Sr. Lucas **no presentaba sintomatología de infarto**, que fue explorado y medicado correctamente. Es así, que respondió favorablemente a la medicación suministrada in situ.
>
> d) El Sr. Lucas fue **puesto en observación, siendo remitido a su domicilio una vez que la tensión arterial remitió a valores normales**, si bien con control para el día siguiente. (...) Por otro lado, de haber permanecido ingresado, señala el Médico Forense, **la medicación a suministrar hubiera sido la misma** (...).
>
> e) Finalmente, la Sala considera que el hecho de **no constar en la anamnesis realizada al paciente en el Servicio de Atención Primaria que éste padecía Diabetes Miellitus, no quita ni pone a las anteriores consideraciones, ni puede ser considerado un factor determinante de responsabilidad, pues no consta la razón ni el porqué de esta omisión, y si el paciente puso o no en conocimiento del facultativo que le atendió que padecía esta enfermedad**"».

Pues bien, la **STS, rec. 7915/2003, de 20 de marzo de 2007, ECLI:ES:TS:2007:1724**, analizando un presunto error de diagnóstico de un paciente que estaba sufriendo un infarto de miocardio que no fue detectado y en consecuencia no fue diagnosticado en forma, realiza una serie de consideraciones aplicables al caso que nos ocupa, tales como:

> «(...) La propia Sala sentenciadora tiene por probado que **hubo un error de diagnóstico al no valorarse acertadamente que el paciente había tenido un infarto, error que determinó que no se pusieran los medios de tratamiento adecuados al padecimiento que aquel sufría**, y por el que acudió al centro médico, ausencia de medios de tratamiento que los propios informes médicos que la sentencia recurrida recoge en su argumentación, ponen claramente de relieve como hemos expuesto, y **esa indebida aplicación de medios para la obtención del resultado, a la que aluden los propios informes médicos y que se produjo consecuencia de aquel error médico de diagnóstico es, la que resulta sancionable**, una vez que como ocurre en autos se ha producido un **resultado dañoso, sin que sea exigible al recurrente**, por lo que **carece de relevancia a los efectos de la responsabilidad patrimonial que nos ocupa, probar que el tratamiento adecuado, que hubiese debido seguirse de haberse realizado un diagnóstico acertado, hubiese concluido con éxito sin secuelas cardiológicas de género alguno o de menor entidad que aquellas con las que efectivamente resultó**. Es evidente por tanto que hubo una **mala praxis médica**, al diagnosticar la enfermedad y ante tal mala praxis hubiera **incumbido a la Administración probar que en su caso, con independencia del tratamiento seguido se hubiesen produ-**

> **cido las secuelas de afectación cardiológica finalmente ocasionadas por ser de todo punto inevitables,** prueba que no se ha practicado en el caso de autos».

En consecuencia, nuestro Alto Tribunal entiende que, como consecuencia de la mala *praxis*, «(...) **no se prestó al paciente el tratamiento adecuado a su enfermedad, poniéndose los medios necesarios para combatir su padecimiento**, y siendo ello así, y con independencia de que no se sepa cuáles hubieran sido los resultados finales de dicho tratamiento, acreditados como están los daños cardiovasculares con los que resultó, **procede apreciar la responsabilidad patrimonial de la Administración**».

Añade la **STS, rec. 92/2003, de 12 de julio de 2007, ECLI:ES:TS:2007:5230**:

> «(...) **una valoración del informe médico forense conforme las reglas de la sana crítica lleva a considerar que hubo un error de diagnóstico al no valorarse adecuadamente que el paciente sufría un infarto, error que se produjo por una evidente mala praxis médica**, al no tener en cuenta padecimientos de aquel, que hubieran debido ser necesariamente considerados por su gravedad, en función de los síntomas con los que aquel acude a la consulta médica.
>
> Al no diagnosticarse en forma, por esa mala praxis médica, la crisis que sufría el marido de la recurrente, remitiéndole a su domicilio sin un tratamiento adecuado, con independencia de cuáles hubiesen sido los resultados finales de ese tratamiento, **se le generó la pérdida de la oportunidad de recibir una terapia acorde a su verdadera dolencia y por tanto se ocasionó un daño indemnizable, que no es el fallecimiento que finalmente se produjo** y respecto al cual **es imposible medicamente saber como dice el informe de la médico forense, si hubiese podido evitarse, sino esa pérdida de la oportunidad de recibir el tratamiento médico adecuado**».

En consecuencia, **ha lugar** al recurso de casación interpuesto contra la sentencia de la sala de lo contencioso administrativo de la Audiencia Nacional de 6 de noviembre de 2002.

> **A TENER EN CUENTA.** Es doctrina jurisprudencial reiterada que a la Administración no le es exigible nada más que la aplicación de las técnicas sanitarias en función del conocimiento de la práctica médica, sin que pueda sostenerse una responsabilidad basada en la simple producción del daño, puesto que en definitiva lo que se sanciona en materia de responsabilidad sanitaria es **una indebida aplicación de medios para la obtención del resultado**, que en ningún caso puede exigirse que sea absolutamente beneficioso para el paciente (entre otras muchas, la **STS n.º 232/2022, de 23 de febrero, ECLI:ES:TS:2022:818**).

Responsabilidad de la Administración por fallecimiento derivado de la infracción de la lex artis

En el caso de la **sentencia del Tribunal Supremo n.º 140/2021, de 4 de febrero, ECLI:ES:TS:2021:550**, se trata de un recurso de casación interpuesto contra la desestimación de la reclamación de responsabilidad patrimonial por la asistencia sanitaria prestada a una persona que finalmente fallece. El paciente habiendo sido diagnosticado de hernias lumbares es sometido a intervención quirúrgica tras la firma del consentimiento informado exigido legalmente en el que se contenían los riesgos y complicaciones posibles sin referencia expresa a la posible infección bacteriana.

Dado de alta de dicha primera intervención, acudió en sucesivas ocasiones a centros sanitarios por infección de la herida con los correspondientes tratamientos antibióticos y siendo intervenido posteriormente en hasta dos ocasiones más. En las múltiples visitas médicas resultó acreditada la presencia de la infección bacteriana derivada de la primera intervención quirúrgica y, además, posteriormente se completa el diagnóstico con la presencia de un linfoma no Hodgkin que se considera absolutamente relevante en el posterior fallecimiento del paciente.

En este sentido, se plantea el recurso ante la desestimación de la responsabilidad patrimonial de la Administración sanitaria en base a los siguientes aspectos:

- La falta de consentimiento informado en los términos legales que supone mala *praxis* médica, en tanto entienden que en ningún caso se contenía la posibilidad de infección por bacteria «(...) siendo un consentimiento parcial o incompleto, y que supone la vulneración del derecho a un consentimiento informado, lo que constituye en sí misma o por sí sola una infracción de la *lex artis ad hoc*, que lesiona el derecho del paciente a su autodeterminación al impedirle elegir con conocimiento y de acuerdo con sus propios intereses o preferencias entre las distintas opciones vitales que se le presentaban (...)».
- La ausencia de la referida información supone una infracción de la *lex artis* determinante de la correspondiente indemnización.
- Lo relativo a la incidencia en el fallecimiento de la concurrencia en el paciente de, además de la infección bacteriana, el linfoma no Hodgkin.

Pues bien, respecto al consentimiento informado, se estima el recurso, en tanto señala el Tribunal Supremo:

> «(...) **la información facilitada al paciente debe ser la adecuada para que el mismo pueda decidir sobre la actuación sanitaria de que se trate, de manera libre y voluntaria y con los elementos de juicio necesarios**, para que la decisión resulte fundada, plasmándola en el correspondiente consentimiento. El alcance de la información se indica en los citados preceptos y su adecuación al caso supone la comunicación de las opciones en relación con la intervención de que se trate, sus resultados, riesgos y complicaciones previsibles (...).
>
> En estas circunstancias y en relación al alcance de la infección hospitalaria o nosocomial, se ha indicado en diversas sentencias, con fundamento en los informes técnicos correspondientes, que se trata de una complicación previsible y evitable, que, no obstante, se viene produciendo con ocasión de distintas actuaciones sanitarias y, entre ellas, intervenciones quirúrgicas. Así en la sentencia de 13 de julio de 2000 (rec. 2464/1996), relativa al mismo tipo de infección de este recurso, se declara que: la in-

fección por el estafilococo Aureus en una intervención quirúrgica si bien puede resultar en algunos casos inevitable es un evento previsible y por tanto deben extremarse medias precautorias; declaración que se reitera en la sentencia de 23 de diciembre de 2009 (rec. 175/2007).

En consecuencia y **tratándose de un riesgo o complicación previsible y de considerable relevancia para el resultado de la intervención, no puede privarse al paciente de la adecuada información al respecto**, que le permita decidir fundadamente sobre la prestación de su consentimiento, en el ejercicio del derecho a la autonomía del paciente.

Tal exigencia de información no puede excluirse, como se mantiene en la sentencia de instancia y pretenden las partes recurridas, considerando que la infección hospitalaria no es un riesgo en si mismo considerado de una intervención quirúrgica sino un riesgo que está asociado a la propia estancia hospitalaria, pues esa estancia hospitalaria responde a la concreta asistencia sanitaria que se solicita por el paciente y se presta por la Administración sanitaria, que responde de las consecuencias lesivas que el interesado no tenga el deber de soportar (...).

Por todo ello y en relación con el primer aspecto de la cuestión planteada en el auto de admisión del recurso, ha de entenderse, que **la falta de información al paciente que va a ser intervenido quirúrgicamente del posible riesgo de infección hospitalaria, supone el incumplimiento del deber de obtener el consentimiento informado en las condiciones legalmente establecidas**».

Por otro lado, la jurisprudencia ha venido considerando que la ausencia de la información en los términos señalados supone **infracción de la *lex artis* a los efectos de determinar la correspondiente indemnización**. En este sentido:

«(...) tal **infracción de la lex artis tiene autonomía propia, en cuanto incide sobre el derecho del paciente a decidir, libremente y con la información adecuada, sobre su sometimiento a la actuación sanitaria,** privándole de la oportunidad de optar por el sometimiento o no a la intervención y, en su caso, aquella modalidad que entienda asumible, lo que puede traducirse en una lesión de carácter moral, al margen y con independencia del daño que pueda resultar de la infracción de la lex artis en la realización del acto médico. (...) sentencia de esta Sala y Sección de dos de noviembre de dos mil once, recurso de casación 3833/2009, en la que se reitera esta Jurisprudencia:

b) Que la falta o insuficiencia de la información debida al paciente (...) constituye en sí misma o por sí sola una infracción de la "lex artis ad hoc" que lesiona su derecho de autodeterminación al impedirle elegir con conocimiento y de acuerdo con sus propios intereses y preferencias entre las diversas opciones vitales que se le presentan. **Causa, pues, un daño moral, cuya indemnización no depende de que el acto médico en sí mismo se acomodara o dejara de acomodarse a la praxis médica, sino de la relación causal existente entre ese acto y el resultado dañoso o perjudicial que aqueja al paciente**. O, dicho en otras palabras, que el incumplimiento de aquellos deberes de información sólo deviene irrelevante y no da por tanto derecho a indemnización cuando ese resultado dañoso o perjudicial no tiene su causa en el acto médico o asistencia sanitaria (...)».

Pues bien, se **estima el recurso en el sentido de reconocer la correspondiente indemnización del daño moral por la privación del ejercicio de la autonomía del paciente, al margen de la responsabilidad que pudiera derivar de la mala *praxis* en la realización del acto médico**, para cuya valoración ha de atenderse a las circunstancias del caso y la incidencia que al respecto haya tenido la infracción apreciada.

Entra en juego aquí lo relativo a la incidencia del posterior diagnóstico e incidencia del linfoma no Hodgkin en el fatal desenlace del paciente. En este punto, se mantiene la postura de la sentencia de instancia en el sentido de que la misma «(...) reconoce que la **infección nosocomial se adquirió por el paciente con ocasión de la intervención quirúrgica, que se aprecia relación de causalidad, en parte, con el fatal desenlace, pero que no hay duda tampoco de la interferencia del linfoma de Hodgkin**, declarando a la hora de fijar la indemnización, que "la interferencia en el curso causal del linfoma de Hodgkin es de relevancia absoluta", y en razón de tales apreciaciones fija la indemnización a favor de los recurrentes, esposa e hijo del paciente fallecido, respectivamente, en las cantidades de seis mil y tres mil euros».

Responsabilidad patrimonial de la de la Administración sanitaria por lesiones provocadas a pacientes

Asimismo, la Administración sanitaria puede ser responsable si se causan lesiones a un paciente así cabe hacer referencia como ejemplos a los siguientes.

Responsabilidad de la Administración por daños derivados de vacunación

En la **sentencia del Tribunal Supremo, rec. 6878/2010, 9 de octubre de 2012, ECLI:ES:TS:2012:6645**, un individuo interpone recurso de casación frente a la sentencia de la Sala de lo Contencioso-Administrativo del Tribunal Superior de Justicia de Cataluña, de 30 de septiembre de 2010, pronunciada en el recurso del mismo orden interpuesto contra desestimación por silencio administrativo de la reclamación de responsabilidad patrimonial de la Administración sanitaria instada por el recurrente, ante el Instituto Catalán por los daños y perjuicios sufridos a consecuencia de la **administración de la vacuna antigripal y que conllevó que el mismo quedase afectado por el síndrome Guillain-Barré**.

Pues bien, la cuestión central suscitada trata de si el recurrente está obligado o no a soportar el daño que padece como consecuencia de individualizarse en su persona un riesgo «altamente infrecuente pero de previsible aparición según el conocimiento de la ciencia, en el ámbito de la programación de una campaña de vacunación antigripal que con periodicidad anual, programa, promueve y favorece la Administración sanitaria en la búsqueda del interés general que beneficie a toda la población».

A tenor de lo anterior, el Tribunal Supremo concluye que el daño causado:

> «(...) no dimana de la aplicación de las técnicas sanitarias conocidas por el estado de la ciencia y razonablemente disponibles en el momento;

y que, igualmente, se acomodó a la "lex artis" en lo que demandaba el derecho de información del paciente. Ahora bien, es **igualmente cierto que la obligación de soportar el daño sufrido no puede imputarse al perjudicado cuando este no tiene el deber jurídico de soportar el riesgo que objetivamente debe asumir la sociedad en virtud del principio de solidaridad, como sucede en el particular y concreto** supuesto que nos ocupa, difícilmente repetible fuera de su excepcionalidad, en el que se ha concretado en el reclamante un **riesgo altamente infrecuente, pero de previsible aparición** en el amplio ámbito de las campañas generales de vacunación, considerando además, según nos recuerda el informe del doctor (...), que estas persiguen objetivos no solo particulares, sino también generales de salud pública, para la disminución de la incidencia o erradicación de enfermedades que, como la gripe, puede ser una enfermedad muy grave cuando se extiende de forma genérica a una población numerosa, con complicaciones también muy graves y fuerte absentismo laboral, y que una información excesiva de los riesgos de la vacunación sería un factor disuasorio a la adhesión de la campaña, cuyo éxito requiere de la máxima cobertura de la población por la vacuna; factores estos que justifican que **los perjuicios de la programación anual de vacunación, previsibles y conocidos por el estado de la ciencia en el momento de la implantación de esta política de salud pública, sean soportados por toda la sociedad, porque así lo impone el principio de solidaridad y socialización de riesgos, con el fin de lograr un mejor reparto de beneficios y cargas**».

En consecuencia, **ha lugar** al recurso de casación interpuesto contra la sentencia de fecha 30 de septiembre de 2010, de la Sala de lo Contencioso-Administrativo del Tribunal Superior de Justicia de la Comunidad Autónoma de Cataluña.

Responsabilidad de la Administración por secuelas derivadas de prueba médica

Respecto a la sentencia del Tribunal Supremo, rec. 5283/2011, de 13 de noviembre de 2012, ECLI:ES:TS:2012:7388, una esposa interpone recurso de casación contra sentencia dictada por la sala de lo Contencioso-Administrativo del Tribunal Superior de Justicia del Principado de Asturias, que desestima el recurso contencioso-administrativo interpuesto contra la desestimación presunta de la reclamación de responsabilidad patrimonial presentada para solicitar una **indemnización por las secuelas derivadas de la asistencia sanitaria prestada a su marido**.

La sala de instancia acordó desestimar el recurso interpuesto contra la desestimación de la indemnización solicitada por ausencia de consentimiento informado al entender que:

> «(...) sí existió tal consentimiento, de acuerdo con la prueba practicada; y (b) aunque no hubiese existido dicho consentimiento, entendió que esa mera falta o ausencia no era indemnizable en el caso examinado».

Sin embargo, tales conclusiones, no son compartidas por el Tribunal Supremo, puesto que:

«(...) la conclusión alcanzada por la Sala de instancia sobre la existencia del consentimiento informado, ni es conforme con las normas reguladoras de dicho consentimiento, que exigen la constancia documental del mismo, ni tampoco puede ampararse de ninguna manera en el resultado de la prueba practicada, que no acredita la concurrencia de ninguna de las excepciones previstas por la Ley. Sin que tampoco pueda justificarse por los razonamientos adicionales que emplea la Sala "a quo" para justificar aquella conclusión. **Así, por lo que respecta a la condición de médico del paciente, que según el razonamiento de la sentencia liberaría a la Administración de la obligación de obtener su consentimiento informado por escrito, resulta que conforme al expediente administrativo la especialidad del paciente era la otorrinolaringología (folio 5), por lo que no hay base alguna para derivar de aquella condición un conocimiento propio específico sobre cardiología, o sobre los riesgos que podía conllevar esa segunda prueba. Y en cuanto a la supuesta relación informal o cordial entre los médicos responsables y el paciente, que habría provocado que no se plasmase por escrito el consentimiento libremente prestado, la sentencia tampoco se detiene a explicar por qué entonces se hizo constar el consentimiento por escrito para la primera prueba (folio 90), pero no para la segunda**».

Así, la sala juzgadora partiendo de la base de que no existió el preceptivo consentimiento informado del paciente y que de la prueba practicada se confirma la relación de causalidad entre la cardioversión eléctrica no consentida y el resultado dañoso producido (isquemia cerebral causante de hemiplejia y afasia), **entiende declarar la responsabilidad patrimonial de la Administración sanitaria**.

En consecuencia, procede **estimar** el recurso de casación interpuesto contra la sentencia de las Sala de lo Contencioso-Administrativo del TSJ de la Comunidad Autónoma del Principado de Asturias.

CUESTIONES

1. ¿Qué información deberá proporcionar el facultativo al paciente?

Según el **artículo 10 de la Ley 41/2002, de 14 de noviembre**, básica reguladora de la autonomía del paciente y de derechos y obligaciones en materia de información y documentación clínica, el facultativo proporcionará al paciente, antes de recabar su consentimiento escrito, la información básica siguiente:

- Las consecuencias relevantes o de importancia que la intervención origina con seguridad.

- Los riesgos relacionados con las circunstancias personales o profesionales del paciente.

- Los riesgos probables en condiciones normales, conforme a la experiencia y al estado de la ciencia o directamente relacionados con el tipo de intervención.

- Las contraindicaciones.

El médico responsable deberá ponderar en cada caso que cuanto más dudoso sea el resultado de una intervención más necesario resulta el previo consentimiento por escrito del paciente.

Asimismo, el **artículo 4** del mismo texto legal, en relación al derecho a la información asistencial, enumera que:

- Los pacientes tienen derecho a conocer, con motivo de cualquier actuación en el ámbito de su salud, toda la información disponible sobre la misma, salvando los supuestos exceptuados por la ley. Además, toda persona tiene derecho a que se respete su voluntad de no ser informada. La información, que como regla general se proporcionará verbalmente dejando constancia en la historia clínica, comprende, como mínimo, la finalidad y la naturaleza de cada intervención, sus riesgos y sus consecuencias.

- La información clínica forma parte de todas las actuaciones asistenciales, será verdadera, se comunicará al paciente de forma comprensible y adecuada a sus necesidades y le ayudará a tomar decisiones de acuerdo con su propia y libre voluntad.

- El médico responsable del paciente le garantiza el cumplimiento de su derecho a la información. Los profesionales que le atiendan durante el proceso asistencial o le apliquen una técnica o un procedimiento concreto también serán responsables de informarle.

2. ¿Cómo deben ser los documentos en los que se recoge el citado consentimiento?

Nuestro Alto Tribunal, en su **sentencia n.° 226/2014, de 9 de mayo, ECLI:ES:TS:2014:1768**, declara que el consentimiento prestado mediante documentos impresos carentes de todo rasgo informativo adecuado no sirve para conformar debida ni correcta información.

Además, son documentos ética y legalmente inválidos que se limitan a obtener la firma del paciente pues aun cuando pudieran proporcionarle alguna información, no es la que interesa y exige la norma como razonable para que conozca:

- La trascendencia y alcance de su patología.

- La finalidad de la terapia propuesta.

- Los riesgos típicos del procedimiento.

- Los riesgos que resultan de su estado.

- Otras posibles alternativas terapéuticas.

JURISPRUDENCIA

Sentencia del Tribunal Supremo n.° 62/2011, de 11 de febrero, ECLI:ES:TS:2011:504

*«**Hubo información médica y consentimiento suscrito por la actora autorizando la ligadura de trompas porque "no quería tener más embarazos"** y no porque no quisiera tener más de tres hijos, lo cual es lógico, como dice la sentencia, por cuanto independientemente del número de hijos en cada parto, en cada embarazo, y este era el segundo, se le tenía que practicar una cesárea, con los riesgos que conllevaría la práctica de otro. **Y lo que no es posible es convertir ambos presupuestos, información y consentimiento, en una especie de trampa para quienes estaban obligados a adecuarlos a la nueva situación originada** por el fallecimiento de una de las gemelas desde el momento en que la paciente, al otorgar el consentimiento, no hizo constar en modo alguno que era condicionado y que cuando la facultativa saca al niño y lo pone en manos de los neonatólogos, ante la falta de respuesta, desconocía su fallecimiento, de tal forma que cuando le comunican el fallecimiento ya había practicado la ligadura de trompas, que es precisamente lo que había solicitado la Sra. (...) que se le hiciese, primero por escrito y después verbalmente por la propia Médico, consentimiento este que en momento alguno fue revocado en los términos a los que se refiere la Ley 41/2002».*

Sentencia del Tribunal Supremo n.º 1132/2006, de 15 de noviembre, ECLI:ES:TS:2006:6788

*«(...) El consentimiento informado es de esa forma presupuesto y elemento esencial de la lex artis y como tal forma parte de toda actuación asistencial (SSTS 29 de mayo; 23 de julio de 2003; 21 de diciembre 2005), **constituyendo una exigencia ética y legalmente exigible a los miembros de la profesión médica**, antes con la Ley 14/1986, de 25 de abril, General de Sanidad, y ahora, con más precisión, con la ley 41/2002, de 14 de noviembre de la autonomía del paciente, en la que se contempla como derecho básico a la dignidad de la persona y autonomía de su voluntad. **Es un acto que debe hacerse efectivo con tiempo y dedicación suficiente y que obliga tanto al médico responsable del paciente, como a los profesionales que le atiendan durante el proceso asistencial, como uno más de los que integran la actuación médica o asistencial, a fin de que pueda adoptar la solución que más interesa a su salud. Y hacerlo de una forma comprensible y adecuada a sus necesidades, para permitirle hacerse cargo o valorar las posibles consecuencias que pudieran derivarse de la intervención sobre su particular estado, y en su vista elegir, rechazar o demorar una determinada terapia por razón de sus riesgos e incluso acudir a un especialista o centro distinto** (...)».*

Sentencia del Tribunal Supremo n.º 227/2016, de 8 de abril, ECLI:ES:TS:2016:1427

*«Tanto esta Sala de la jurisdicción civil como la de la contencioso-administrativo del TS se ha ocupado de la **omisión o deficiencia del consentimiento informado como una mala praxis formal del facultativo, en la que la relación de causalidad se establece entre la omisión de la información y la posibilidad de haber eludido, rehusado o demorado el paciente la intervención médica cuyos riesgos se han materializado**.*

Se ha venido distinguiendo entre supuestos en los que, de haber existido información previa adecuada, la decisión del paciente no hubiese variado y, en principio, no habría lugar a indemnización (STS 29 de junio de 2007), sin perjuicio de que en ciertas circunstancias, se pudiese determinar la existencia de un daño moral, de aquellos otros en que, de haber existido información previa adecuada, la decisión del paciente hubiese sido negarse a la intervención, por lo que, al no existir incertidumbre causal, se concede la indemnización íntegra del perjuicio que se ha materializado (SSTS 23 de abril de 1992; 26 de septiembre de 2000; 2 de julio de 2002; 21 de octubre de 2005).(...)

(...)

(...)

***Los efectos que origina la falta de información, dice la sentencia de 4 de marzo de 2011, están especialmente vinculados a la clase de intervención: necesaria o asistencial, voluntaria o teniendo en cuenta las evidentes distinciones que la jurisprudencia de esta Sala ha introducido en orden a la información que se debe procurar al paciente, más rigurosa en la segunda que en la primera dada la necesidad de evitar que se silencien los riesgos excepcionales ante cuyo conocimiento el paciente podría sustraerse a una intervención innecesaria o de una necesidad relativa** (SSTS de 12 de febrero de 2007, 23 de mayo, 29 de junio y 28 de noviembre de 2007; 23 de octubre de 2008) (...)».*

Responsabilidad de la Administración por lesiones derivadas de diagnóstico tardío

Se analiza la **sentencia del Tribunal Supremo, rec. 7915/2003, de 20 de marzo de 2007, ECLI:ES:TS:2007:1724**, en la que un paciente interpone recurso de casación contra la sentencia de fecha 16 de julio de 2003, dictada por la Sala de lo Contencioso Administrativo de la Audiencia Nacional, en la que se desestima el recurso contencioso-administrativo interpuesto por el recurrente contra la desestimación por silencio de la reclamación de responsabilidad de la Administración sanitaria, basándose en la existencia de un **diagnóstico tardío de la patología que presentaba y del que derivan los resultados lesivos por los que reclama**.

La sala de instancia «(...) tiene por probado "**que se produjo un error de diagnóstico, pues no se valoró acertadamente que el paciente había tenido un infarto en un momento posterior a recibir la asistencia**, tanto el día 25, como el 27", **pero rechaza que pueda acordarse la responsabilidad patrimonial de la Administración porque "no consta acreditado que de haberse producido dicho diagnóstico antes, se hubiera evitado el resultado final sobre la salud del paciente"** (...)».

El propio TS tiene por probado el error de diagnóstico al señalar que:

> «(...) **hubo un error de diagnóstico al no valorarse acertadamente que el paciente había tenido un infarto, error que determinó que no se pusieran los medios de tratamiento adecuados al padecimiento que aquel sufría**, y por el que acudió al centro médico, ausencia de medios de tratamiento que los propios informes médicos que la sentencia recurrida recoge en su argumentación, ponen claramente de relieve como hemos expuesto, y **esa indebida aplicación de medios para la obtención del resultado, a la que aluden los propios informes médicos y que se produjo consecuencia de aquel error médico de diagnóstico es, la que resulta sancionable**, una vez que como ocurre en autos se ha producido un resultado dañoso, sin que sea exigible al recurrente, por lo que carece de relevancia a los efectos de la responsabilidad patrimonial que nos ocupa, probar que el tratamiento adecuado, que hubiese debido seguirse de haberse realizado un diagnóstico acertado, hubiese concluido con éxito sin secuelas cardiológicas de género alguno o de menor entidad que aquellas con las que efectivamente resultó (...)».

Y añade:

> «(...) Es evidente por tanto que **hubo una mala praxis médica, al diagnosticar la enfermedad y ante tal mala praxis hubiera incumbido a la Administración probar que en su caso, con independencia del tratamiento seguido se hubiesen producido las secuelas de afectación cardiológica finalmente ocasionadas por ser de todo punto inevitables**, prueba que no se ha practicado en el caso de autos».

Luego, como consecuencia de la mala *praxis* a que nos venimos refiriendo:

> «(...) **no se prestó al paciente el tratamiento adecuado a su enfermedad, poniéndose los medios necesarios para combatir su padecimiento**, y siendo ello así, y con independencia de que no se sepa cuáles hubieran sido los resultados finales de dicho tratamiento, acreditados como están los daños cardiovasculares con los que resultó, **procede apreciar la responsabilidad patrimonial de la Administración**».

En consecuencia, **ha lugar** al recurso de casación interpuesto contra la sentencia de fecha 16 de julio de 2003 de la Sala de lo Contencioso-Administrativo de la Audiencia Nacional.

JURISPRUDENCIA

Sentencia del Tribunal Supremo n.º 250/2016, de 13 de abril, ECLI:ES:TS:2016:1639

*«(...) **La responsabilidad del profesional médico es de medios y como tal no puede garantizar un resultado concreto. Obligación suya es poner a disposición del paciente los medios adecuados comprometiéndose no solo a cumplimentar las técnicas previstas para la patología en cuestión con arreglo a la ciencia médica adecuada a una buena praxis, sino a aplicar estas técnicas con el cuidado y precisión exigible de acuerdo con las circunstancias y los riesgos inherentes a cada intervención**, y, en particular, a proporcionar al paciente la información necesaria que le permita consentir o rechazar una determinada intervención. Los médicos actúan sobre personas, con o sin alteraciones de la salud, y la intervención médica está sujeta, como todas, al componente aleatorio propio de la misma, por lo que los riesgos o complicaciones que se pueden derivar de las distintas técnicas de cirugía utilizadas son similares en todos los casos y el fracaso de la intervención puede no estar tanto en una mala praxis cuanto en las **simples alteraciones biológicas**. Lo contrario supondría prescindir de la idea subjetiva de culpa, propia de nuestro sistema, para poner a su cargo una responsabilidad de naturaleza objetiva derivada del simple resultado alcanzado en la realización del acto médico, al margen de cualquier otra valoración sobre culpabilidad y relación de causalidad y de la **prueba de una actuación médica ajustada a la lex artis**, cuando está reconocido científicamente que la seguridad de un resultado no es posible pues no todos los individuos reaccionan de igual manera ante los tratamientos de que dispone la medicina actual (...)».*

Sentencia del Tribunal Supremo n.º 415/2007, de 16 de abril, ECLI:ES:TS:2007:4237

*«(...) Se entiende por **lex artis ad hoc**, aquel criterio valorativo de la corrección del concreto acto médico ejecutado por el profesional de la medicina —ciencia o arte médica— que tienen en cuenta las **especiales características de su autor, de la profesión, de la complejidad y trascendencia vital del paciente, y en su caso, de la influencia de otros factores endógenos —estado e intervención del enfermo, de sus familiares o de la misma organización sanitaria— para calificar dicho acto conforme a la técnica normal requerida**».*

Sentencia del Tribunal Supremo n.º 467/2007, de 26 de abril, ECLI:ES:TS:2007:2572

*«Se está ante actuación profesional encuadrable en lo que suele denominarse **medicina satisfactiva** que, a diferencia de la curativa o asistencial —básicamente de medios—, lo que pretende es **un resultado concreto y que el médico oferta al cliente, respondiendo la demanda de los mismos más que a imperiosa necesidad de la salud del enfermo, a su voluntad de tratar una mejora corporal, estética o funcional del propio cuerpo, por lo que el resultado en la cirugía satisfactiva opera como autentica representación final de la actividad que desarrolla el facultativo, ya que su obtención es el principal cometido de la intervención** y sin descartar los componentes aleatorios de riesgo que toda intervención médica puede llevar consigo».*

RESOLUCIÓN RELEVANTE

Sentencia del Tribunal Superior de Justicia de Asturias n.º 124/2023, de 9 de febrero, ECLI:ES:TSJAS:2023:264

«Derivada de esa obligación de medios, en las reclamaciones que nacen de la actuación médica o sanitaria, resulta insuficiente, en doctrina de nuestro Alto Tri-

bunal, la existencia de una lesión (que conduciría la responsabilidad objetiva más allá de los límites de lo razonable), sino que es preciso acudir al ***criterio de la Lex artis como modo de determinar cuál es la actuación médica correcta****, independientemente del resultado producido en la salud o en la vida del enfermo ya que no le es posible ni a la ciencia ni a la Administración garantizar, en todo caso, la sanidad o la salud del paciente. Así pues, solo en el caso de que se produzca una infracción de dicha Lex artis responde la Administración de los daños causados; en caso contrario, dichos perjuicios no son imputables a la Administración y no tendrían la consideración de antijurídicos por lo que deberán ser soportados por el perjudicado. La* ***obligación se concreta en prestar la debida asistencia médica y no de garantizar en todo caso la curación del enfermo. Estamos ante un criterio de normalidad de los profesionales sanitarios que permite valorar la corrección de los actos médicos y que impone al profesional el deber de actuar con arreglo a la diligencia debida; criterio que es fundamental pues permite delimitar los supuestos en los que verdaderamente puede haber lugar a responsabilidad exigiendo que no solo exista el elemento de la lesión sino también la infracción del repetido criterio****».*

5.2. La responsabilidad patrimonial de la Administración docente

Responsabilidad patrimonial de la Administración docente por actividades escolares y extraescolares

En cuanto a la responsabilidad de la Administración docente cabe hacer referencia a distintos casos en los que se atiende al daño producido —fallecimiento, lesiones u otros daños— y al contexto en que se produce —actividades escolares o extraescolares, en centro escolar o fuera—, expondremos a continuación una serie de ejemplos atendiendo a la jurisprudencia existente al respecto.

Responsabilidad de la Administración por el fallecimiento de una alumna

En la **sentencia del Tribunal Supremo, rec. 10229/1998, de 10 de marzo de 2003, ECLI:ES:TS:2003:1628**, se interpone recurso de casación por la Administración del Estado contra la sentencia dictada por la Sala de lo Contencioso de la Audiencia Nacional, con fecha de 16 de septiembre de 1998, sobre responsabilidad de la Administración docente por el **fallecimiento de una alumna de un instituto de educación secundaria de Santander, derivado de una excursión en canoa organizada por el centro educativo dentro de su programa de actividades deportivas.**

La sentencia debatida estima el recurso contencioso-administrativo interpuesto por la parte recurrida, contra la desestimación presunta de la solicitud de indemnización por responsabilidad patrimonial de la Administración del

Estado dirigida al Ministerio de Educación y Ciencia, por la muerte de la hija de los interesados.

Dicho acto se anula por ser contrario a derecho, y de ahí se declara el derecho de los, en su momento, demandantes a ser indemnizados con motivo de la responsabilidad extracontractual de la Administración de referencia.

En esencia, la argumentación impugnatoria dada por el abogado del Estado se concentra en los siguientes puntos:

> 1.º «(...) lo que tenemos que determinar es si admitimos el criterio de la sentencia de instancia, según el cual todo lo que ocurra durante el tiempo en que un alumno está participando en actividades escolares es imputable al servicio público escolar (...)».
> 2.º «(...) la tesis de la sentencia de instancia es que la responsabilidad de la Administración se produce por el mero dato de que el daño se haya generado durante el tiempo en que el alumno está participando en una actividad escolar».

Pese a lo anterior, ya la sala de instancia razonaba, que la **actividad deportiva** de que se trata en este caso, «(...) encuadrada dentro del programa escolar, es una actividad de riesgo, el descenso por un río, el Sella, en que, consta que, —al menos— hay un tramo peligroso por la existencia de rápidos o rabiones, y que es, precisamente, en esos rápidos donde se produce el accidente. Sin que tampoco deba dejar de llamarse la atención —en cuanto contribuye a poner de manifiesto que no se adoptaron todas las precauciones que el tipo de actividad deportiva programada exigía— que son varias las embarcaciones que zozobraron al mismo tiempo y en el mismo tramo fluvial. Y es, básicamente por la concurrencia de estas circunstancias por lo que no cabe eximir de responsabilidad a la Administración educativa, y por lo que tampoco cabe declarar que parte de esa responsabilidad quepa imputarla a los padres de la víctima que debieron valorar el riesgo inherente a dicha actividad».

En consecuencia, se **desestima** el recurso de casación formalizado por la Administración del Estado contra la sentencia de la sala de lo contencioso de la Audiencia Nacional de 16 de septiembre de 1998.

Responsabilidad de la Administración por las lesiones padecidas por un alumno dentro del centro escolar

Se analiza la **sentencia del Tribunal Supremo, rec. 268/2007, de 14 de julio de 2008, ECLI:ES:TS:2008:4334**, en la que el padre de un menor, alumno de un centro de educación infantil y primaria de Barcelona, presenta ante la Sala de lo Contencioso del Tribunal Supremo, recurso de casación para la unificación de doctrina contra la sentencia dictada el 18 de octubre de 2006 por la sala del mismo orden del Tribunal Superior de Justicia de Cataluña, en el recurso contencioso-administrativo sobre responsabilidad patrimonial por **las lesiones padecidas por un menor en un centro escolar dependiente de la Administración pública, en la que se declaraba que no había lugar a indemnizarle por el accidente en el que se vio implicado su hijo**.

La parte recurrente solicita que se case y anule la sentencia referenciada porque contradice la doctrina contenida en otras resoluciones dictadas por la misma sala. Así, la recurrente entiende que existe incongruencia entre los pronunciamientos judiciales que enfrenta, porque:

> «(...) pese a que todos conciernen a padres de alumnos que sufrieron lesiones durante las horas lectivas o en el curso de las actividades de centros públicos de enseñanza, en su caso se desestima la reclamación por no acreditarse el nexo causal, mientras que en los demás se condena a la respectiva Administración haciéndola responsable de los daños padecidos por los accidentados».

A pesar de ello, y aun cuando cabe considerar las identidades subjetivas del caso, es decir, padres de alumnos menores que reclaman a la Administración titular del servicio escolar, las lesiones producidas en horas lectivas, e incluso una identidad causal, echa de menos el tribunal de casación, la existencia de una igualdad objetiva, «(...) imprescindible para que las puertas de esta vía excepcional se abran y pueda, en su caso, corregirse la doctrina sentadas en la decisión judicial discutida».

Es más, continúa exponiendo la sala de lo contencioso del Tribunal Supremo:

> «(...) **las tesituras en las que se produjeron los incidentes en los supuestos narrados son diferentes, como distinta es la edad de los menores afectados, circunstancias que, sin duda, inciden sobre la apreciación del nexo causal y la imputación del daño a la Administración**. Sustentada la condena de esta última en la inobservancia del deber de vigilancia, resulta evidente que **no es exigible con la misma intensidad cuando se trata de cuidar niños de seis años que si corresponde controlar a adolescentes de quince, del mismo modo que no cabe pedir durante el recreo ordinario una atención igual a la que debe desenvolverse durante una práctica deportiva de cierto riesgo o frente a un alumno expulsado por agredir repetidas veces con un arma blanca a sus compañeros**».

Por añadidura, el menor, hijo de la parte recurrente, perdió su pieza dental cuando tuvo un **choque fortuito** con una compañera mientras ambos jugaban y corrían en el patio de la escuela, encontronazo que, como había dispuesto la sentencia del TSJ de Cataluña en su fundamento de derecho tercero, «(...) **no puede entenderse como una falta de vigilancia o desatención por parte de quien tiene la vigilancia de los menores**».

Finalmente, nuestro Alto Tribunal resuelve que **no ha lugar** al recurso de casación para la unificación de doctrina contra la sentencia de 18 de octubre de 2006 del TSJ de Cataluña, que deviene firme.

Responsabilidad de la Administración por los perjuicios sufridos en una actividad extraescolar

Es interesante la **sentencia de Tribunal Supremo, rec. 9077/1997, de 3 de diciembre de 2001, ECLI:ES:TS:2001:9464**, en la que la Abogacía del Estado interpone recurso de casación ante el Tribunal Supremo contra la sentencia dictada por la Sala de lo Contencioso-administrativo de la Audiencia Nacional, de 24 de septiembre de 1997, mediante la cual se estima de forma parcial el recurso contencioso-administrativo deducido contra la desestimación presunta de la solicitud de indemnización de daños y perjuicios por responsabilidad patrimonial de la Administración, por el **daño sufrido por un menor al resbalar sobre un patín que había alquilado con otros compañeros de curso con ocasión de un viaje extraescolar autorizado por el claustro y consejo escolar**.

El motivo casacional que se aduce por la Abogacía del Estado es que:

> «(...) no existe un nexo causal, una relación de causalidad, una conexión de causa y efecto entre la actuación administrativa y el daño sufrido por el reclamante, ya que la razón o causa legitimadora de la acción indemnizatoria ejercitada en instancia no emana o deriva del funcionamiento normal o anormal de los servicios educativos y extraescolares del centro público en donde el menor (...), de trece años, realizaba sus actividades colegiales como alumno (...) sino de la **propia imprudencia o torpeza de la propia víctima al resbalar sobre un patín que había alquilado con otros compañeros de su curso** y con la aquiescencia de sus profesores o tutores con ocasión del viaje extraescolar, autorizado por el Claustro y Consejo Escolar (...)».

Sin embargo, el Tribunal Supremo no comparte ni el razonamiento ni la conclusión jurídica a que llega el tribunal de instancia, en base a los hechos declarados como probados, en vista de que:

> «(...) **no puede imputarse a la Administración el desenlace dañoso ocasionado por un hecho inocuo, derivado del infortunio o negligencia del recurrido**, que al descender del patín que había alquilado, con dos compañeros, resbaló al arribar a la playa, golpeándose la cintura con la barra de protección, pues **la Administración solo responde de los daños verdaderamente causados por su propia actividad o por sus propios servicios, no de los daños imputables a conductas o hechos ajenos a la organización o a la actividad administrativa, ya que es necesario que exista un nexo causal**, que ha de ser directo, inmediato y exclusivo, o indirecto, sobrevenido o concurrente con hechos dañosos de terceros o de la propia víctima; extremos o circunstancias que no concurren en el supuesto que analizamos, en el que el daño fue ocasionado, según el relato de hechos probados de la sentencia recurrida, por la impericia de la propia víctima».

Por consiguiente, se declara **haber lugar** al recurso de casación interpuesto por la abogacía del Estado contra la sentencia dictada por la Sala de lo Contencioso-Administrativo de la Audiencia Nacional de fecha 24 de septiembre de 2017.

Responsabilidad de la Administración por los daños soportados por un alumno

Respecto a la **sentencia del Tribunal Supremo, rec. 492/2001, de 19 de diciembre, ECLI:ES:TS:2001:10030**, el padre de un menor, alumno de un instituto de educación secundaria de Zaragoza, presenta recurso de casación para la unificación de doctrina ante la Sala Tercera del Tribunal Supremo con el objeto de recurrir la sentencia dictada por la Sala de lo Contencioso de la Audiencia Nacional, con fecha de 17 de octubre de 2000, por **las lesiones padecidas por su hijo derivadas de un golpe provocado por un «enredo» con un compañero de instituto**.

La parte recurrente basa su argumentación jurídica en que existe una identidad sustancial entre la sentencia impugnada y las **SSTS, rec. 4587/1991, de 26 de febrero de 1998, ECLI:ES:TS:1998:1296 y rec. 6361/1994, de 16 de febrero de 1999, ECLI:ES:TS:1999:1006**, en las que se resolvía declarar la responsabilidad extracontractual de la Administración, dado que el daño producido era antijurídico y no tenía, por tanto, que ser soportado por los alumnos que, respectivamente, resultaron lesionados porque los hechos se produjeron con ocasión de la realización de aquel tipo de actividades en que, interviniendo los alumnos, el colegio tiene que hacerse presente a través de uno o varios profesores o tutores a fin de llevar a cabo la custodia, que, en cada caso, sea conveniente o necesaria.

Ahora bien, de manera correcta se declara en la sentencia recurrida, la improcedencia de acceder a la indemnización solicitada, puesto que estamos, en palabras de nuestro más Alto Tribunal, ante un caso diferente en el que:

> «(...) los hechos no se produjeron durante un recreo ni durante una actividad extraescolar de tipo formativo; se trata de que dos alumnos, al salir de un examen, y dirigirse a los lavabos, salieron corriendo uno en pos del otro, ascendiendo por la escalera que conducía a los lavabos, y uno de ellos —los hechos no están claramente explicados ni siquiera por el Juzgado que interviene con ocasión de lo ocurrido— de alguna manera entorpece la andadura al otro causándole la lesión, ciertamente importante y cuyas consecuencias dañosas, por entender que son antijurídicas y económicamente valorables se pretende que debe asumir la Administración. **Es evidente que no puede ponerse un vigilante a cada alumno que circula por los pasillos o las escaleras, durante las horas en que han de permanecer en el colegio, por no constituir ni formar parte de las actividades estrictamente académicas o que, aun siendo recreativas, deben ser objeto de vigilancia, habida cuenta que tienen lugar en grupo y dentro del plan de formación y enseñanza del Centro**».

Por todo ello, se resuelve que **no ha lugar** al recurso de casación para unificación de doctrina interpuesto por la parte recurrente contra la referenciada sentencia de la Audiencia Nacional.

> A TENER EN CUENTA. Aun así, debemos advertir que en el **artículo 1903 del Código Civil** está prevista la responsabilidad de los centros docentes de enseñanza no superior, por los daños y perjuicios que causen sus alumnos menores de edad durante los períodos de tiempo en que los mismos se hallen bajo el control del profesorado del centro, desarrollando actividades escolares o extraescolares y complementarias.

CUESTIÓN

¿Es la Administración responsable de cualquier resultado dañoso que se produzca en el curso de la actividad de un servicio público?

No. Tal y como dispone nuestro más Alto Tribunal en su **sentencia, rec. 4012/1998, de 27 de julio de 2002, ECLI:ES:TS:2002:5745**, la Administración no es responsable de cualquier resultado lesivo o dañoso que se origine durante el transcurso de la actividad de un servicio público, sino solo de aquellos que sean consecuencia del funcionamiento, normal o anormal, de dicho servicio.

Además, señala que la consecuencia de una interpretación laxa del artículo 139.1 de la Ley 30/1992, de 26 de noviembre —actual art. **32.2 de la LRJSP**— «(...) hasta el extremo de convertir a las Administraciones Públicas en aseguradoras de todos los riesgos sociales, dada la amplitud de los servicios que prestan y de las competencias que ostentan, es la más perturbadora para una correcta realización y progresiva ampliación de tales servicios públicos, pues el principio de solidaridad de riesgos, que late en el sistema de responsabilidad patrimonial de la Administración, con el fin de lograr un mejor reparto de los beneficios y cargas sociales, puede verse frustrado con interpretaciones extensivas del requisito del nexo causal (...)».

Responsabilidad concurrente en los casos de responsabilidad de la Administración docente

La responsabilidad concurrente de las Administraciones públicas viene regulada en el artículo 33 de la LRJSP de manera que, cuando de la gestión dimanante de fórmulas conjuntas de actuación entre varias Administraciones públicas se derive responsabilidad en los términos previstos en el citado texto legal, las Administraciones intervinientes responderán frente al particular, en todo caso, de forma solidaria.

Responsabilidad de la Administración derivada de una pelea entre alumnos

En la **sentencia de la Audiencia Provincial de Sevilla, rec. 5837/2007, de 30 de noviembre, ECLI:ES:APSE:2007:3711**, la representante legal de un menor presenta recurso de apelación ante la Audiencia Provincial de Sevilla contra la sentencia de 15 de mayo de 2007, en vista de la **gravedad de las lesiones inferidas por su hijo al hijo de los actores (ahora parte recurrida), a consecuencia del fuerte puñetazo en la boca que aquel propinó a este, cuando se encontraban aún en el aula del instituto de enseñanza** secundaria.

Razona esta audiencia que lo establecido en el **artículo 1903 del CC** no es óbice para que:

> «(...) **junto a la responsabilidad de los titulares del centro docente, se aprecie, al mismo tiempo la de los padres, operando entonces las reglas aplicables a los casos de concurrencia de varios culpables, si se da el supuesto de que se aprecie que contribuyeron negligentemente, en alguna medida, a la producción del daño.**
>
> Tal circunstancia es claro que se produce si permiten o no se preocupan de controlar que sus hijos lleven consigo al centro escolar objetos que

puedan resultan en sí mismos peligrosos, con los que después resulta que causan daño a otros menores, pero se produce también cuando se aprecia que el daño se debe a una inadecuada educación imputable a los padres».

Visto lo anterior, falla **desestimando** el recurso de apelación contra la sentencia dictada el 15 de mayo de 2007, confirmándola íntegramente.

A TENER EN CUENTA. No obstante, el **párrafo 5.º del artículo 1903 del CC** viene a traspasar a las personas o entidades que sean titulares de un centro docente de enseñanza no superior, las funciones de vigilancia y cuidado propias de los padres, al señalar que responderán por los daños y perjuicios que causen sus alumnos menores de edad, durante los periodos de tiempo en que los mismos se hallen bajo el control o vigilancia del profesorado del centro, desarrollando actividades escolares o extraescolares y complementarias, de modo que, en principio, no se puede exigir a los padres, por los daños que sus hijos ocasionen durante esos periodos de tiempo en los que no pueden hacer efectivas sus obligaciones de guarda, la responsabilidad que, fuera de los mismos, si les es exigible, conforme a lo dispuesto en el párrafo 2.º del antedicho precepto, según el cual los padres son responsables de los daños causados por los hijos que se encuentren bajo su custodia.

Responsabilidad de la Administración por las lesiones derivadas de la caída de una alumna

En la **sentencia del Tribunal Superior de Justicia de Galicia n.º 777/2016, de 16 de noviembre, ECLI:ES:TSJGAL:2016:8118**, la madre de una menor, alumna de un instituto de educación secundaria de Redondela (Pontevedra), interpone recurso contencioso-administrativo contra la Consellería de Cultura, Educación e Ordenación Universitaria y el Concello de Redondela, por sendas resoluciones desestimatorias de reclamación de responsabilidad patrimonial, con motivo de las lesiones padecidas por la menor derivadas de la caída producida a la entrada del centro de enseñanza, en base a los siguientes hechos:

«Que el día 19-12-12 operarios del Concello de Redondela rompieron una cañería de fecales y pluviales a unos 60 m de la puerta de acceso al IES (...); no terminaron la obra, dejando, al acabar la jornada laboral, una zanja abierta y la cañería rota vertiendo aguas, sin instalar barandilla, señal de peligro ni otra protección. (...) ante tales circunstancias, (...) se procedió por el profesorado a ordenar el acceso de los alumnos, al presentar, como impracticable la entrada a través de los escalones sin barandilla de la parte posterior, en el curso del cual, **la menor reclamante, alumna de 3.º ESO, resbala sobre el barrillo acumulado, cayéndose, sufriendo diversas lesiones, ajenas a la esfera de influencia de la Administración Educativa, no siendo consecuencia del funcionamiento del servicio público de formación** (...)».

No obstante, para el TSJ de Galicia, es criterio jurisprudencial consolidado:

«(...) que el **principio de solidaridad entre las Administraciones concurrentes a la producción del daño** resarcible emana, como dice la S. de

15-11-93, de la normativa inmanente en la naturaleza de las instituciones no solo cuando, a partir de la entrada en vigor del art. 140 Ley 30/92, se dan fórmulas "colegiadas" de actuación, sino también, al margen de este principio formal, cuando lo impone la efectividad del **principio de indemnidad** que constituye el fundamento de la responsabilidad patrimonial. Así ocurre cuando la participación concurrente desde el punto de vista causal de varias Administraciones o las dudas acerca de la atribución competencial de la actividad cuestionada imponen soluciones favorables al ejercicio de la acción por el particular perjudicado, sin perjuicio de las relaciones económicas internas entre aquellas. **Sin embargo, tales soluciones carecen de sentido cuando la titularidad de la responsabilidad es susceptible de ser definida con claridad, bien desde el punto de vista formal, atendiendo al criterio de ejercicio de la competencia, bien desde el punto de vistas sustantivo, acudiendo al criterio del beneficio, revelado por la intensidad de la actuación o por la presencia predominante del interés tutelado por una de las Administraciones intervinientes** (...)».

En base a las anteriores razones se:

- Desestima la reclamación de responsabilidad patrimonial articulada por la representante legal de la menor contra la Consellería de Cultura, Educación e Ordenación Universitaria.
- **Se estima** en parte la reclamación contra el Concello de Redondela.

> A TENER EN CUENTA. A tenor de lo anterior, la Ley 7/1985, de 2 de abril, reguladora de las Bases del Régimen Local, dispone en su artículo 25.2 n) la competencia del municipio en:
>
> - La participación en la vigilancia del cumplimiento de la escolaridad obligatoria.
>
> - La cooperación con las Administraciones educativas correspondientes en la obtención de los solares necesarios para la construcción de nuevos centros docentes.
>
> - La conservación, mantenimiento y vigilancia de los edificios de titularidad local destinados a centros públicos de educación infantil, de educación primaria o de educación especial.

CUESTIONES

1. ¿Es posible la responsabilidad concurrente de varias Administraciones públicas?

Será posible una responsabilidad concurrente de varias Administraciones públicas cuando de la gestión dimanante de fórmulas conjuntas de actuación entre las mismas, se derive responsabilidad en los términos previstos en la LRJSP.

No obstante, las Administraciones intervinientes responderán frente al particular de forma solidaria y el instrumento jurídico regulador de la actuación conjunta podrá determinar la distribución de la responsabilidad entre las diferentes Administraciones públicas. En este caso, la Administración competente para incoar, instruir y resolver los procedimientos en los que exista una responsabilidad concurrente de varias Administraciones públicas, será la fijada en los estatutos o reglas de la organización colegiada.

En su defecto, la competencia vendrá atribuida a la Administración pública con mayor participación en la financiación del servicio.

Cuando se trate de procedimientos en materia de responsabilidad patrimonial, la Administración pública referida con anterioridad, deberá consultar a las restantes Administraciones implicadas para que, en el plazo de quince días, estas puedan exponer cuanto consideren procedente.

En casos de concurrencia de varias Administraciones en la producción del daño, la responsabilidad se fijará para cada Administración atendiendo a los criterios de:

- Competencia.
- Interés público tutelado.
- Intensidad de la intervención.

Si bien la responsabilidad será solidaria cuando no sea posible dicha determinación.

2. ¿Influye la actuación del propio perjudicado en la determinación del resultado dañoso?

Según lo establecido en **la sentencia del Tribunal Supremo n.° 1170/1999, de 30 de diciembre, ECLI:ES:TS:1999:8569**, en relación con un accidente con resultado de muerte de un joven internado en un albergue:

*«**El acto inicial desencadenante del accidente mortal hay que atribuirlo a la víctima, tratándose de una joven de trece años de edad y por tanto con capacidad suficiente para discernir el peligro que suponía saltar de balcón a balcón,** lo que pone de manifiesto una actuación no solo temeraria sino evidentemente peligrosa, cuando lo correcto era utilizar la vía correcta y normal de comunicación entre las habitaciones que facilitaba el pasillo interior.*

***Sin embargo la recurrente no resulta totalmente ajena al suceso, pues no se está ante un caso fortuito claro y que se imponga, ya que no adoptó,** —se hizo con posterioridad al accidente (suplementos y enrejados, en los laterales de los balcones)— **las medidas de seguridad suficientes y necesarias,** dada la disponibilidad estructural que tenían los voladizos, para evitar el paso de uno a otro por los usuarios del albergue, tratándose de personas jóvenes, proclives a afrontar peligros de forma irreflexiva.*

***Concurre una clara y decidida falta de previsión de la entidad que recurre, la que, al tomar bajo su custodia, tutela y protección a los jóvenes que se alojaban en el edificio, debió de disponer todas las medidas de seguridad posibles a su alcance para evitar accidentes** que resultaban del todo convenientes y fáciles de ejecución, llevando a cabo cerramientos útiles protectores de los balcones, a los que se abrían los dormitorios de los internos.*

***Se trata de una omisión dotada de la suficiente intensidad causal en relación al accidente, que determina la responsabilidad concurrente del Instituto con la de la víctima** (...)».*

En numerosas ocasiones, la antedicha sala de casación civil ha declarado que los padres que confían a sus hijos a un determinado establecimiento o institución que los acoge, los someten y entregan a la tutela y cuidado ajenos, que han de ser suficientes y dotados de las cautelas necesarias para evitar sucesos negativos.

3. Y en su caso, ¿en quién recaerá la carga de la prueba?

Con respecto a la carga de la prueba el apartado segundo del **artículo 217 de la Ley de Enjuiciamiento Civil**, establece que corresponde al actor y al demandado reconviniente la carga de probar la certeza de los hechos de los que ordinariamente se desprenda, según las normas jurídicas a ellos aplicables, el efecto jurídico correspondiente a las pretensiones de la demanda y de la reconvención.

Es doctrina jurisprudencial reiterada, tal y como dispone, entre otras, la **sentencia del Tribunal Supremo, rec. 3560/1999, de 6 de abril de 2004, ECLI:ES:TS:2004:2377**, que «(...) **la carga de la prueba, no solo del daño sino del nexo causal, corresponde a la parte recurrente** (...)».

A mayor abundamiento, la **sentencia del Tribunal Supremo, n.º 1170/1999, de 30 de diciembre, ECLI:ES:TS:1999:8569**, expone que «(...) al producirse estos resultados acreditan la insuficiencia de las medidas o disposición que presentan las cosas, es decir que falta algo por prevenir, presentándose por tanto incompletas las diligencias tomadas, **recayendo la carga de la prueba de haber obrado con la completa diligencia que debe concurrir en aquel al que se le atribuye la causación del daño ocasionado** (...)».

JURISPRUDENCIA

Sentencia del Tribunal Supremo, rec. 5384/1997, de 24 de julio de 2001, ECLI:ES:TS:2001:6571

*«(...) en el caso que decidimos, del **nexo causal**, a cuyo tema hemos de ceñir nuestro enjuiciamiento, el cual según decíamos en el fundamento segundo se erige en **requisito inexcusable para el reconocimiento de la responsabilidad** pretendida, por cuanto si, como manifiesta el lesionado en versión confirmada por sus dos compañeros que con él jugaban (a pillar y al fútbol), "al coger el primero a uno de ellos, el otro vino corriendo, saltó y me dio una patada involuntaria (sin querer) en el ojo", resulta evidente, en consecuencia, cómo brilla por su **ausencia la "apreciada existencia de la relación de causalidad" y no cabe, por tanto, imputar la lesión a la Administración docente**, habida cuenta que la lesión causada, exclusivamente deriva y trae causa directa e inmediata del golpe fortuito-patada involuntaria recibido de un compañero del juego en un lance del mismo, sin que, por ende, pueda, desde luego, afirmarse que la lesión fue consecuencia del funcionamiento de los servicios públicos docentes, so pretexto de encontrarse los alumnos en el recreo, en el interior del patio, dedicados a la práctica de los habituales juegos, pues tales circunstancias, sobre no denotar falta del debido control por el profesorado del Colegio, ya que la lesión se habría producido, cualquiera que hubiera sido la vigilancia, es de tener en cuenta además que la forma en que se causó la lesión producida, repetimos, en un lance del juego, solo es demostrativa de que en el Colegio se desarrollaba una actividad física, integrante de la completa educación, en sí misma insuficiente para anudar el daño a la gestión pública, la prestación del servicio público docente, ajeno desde luego a la causación de aquel (...)».*

Sentencia del Tribunal Supremo, rec. 3999/2001, de 20 de diciembre de 2004, ECLI:ES:TS:2004:8239

*«OCTAVO.- De lo hasta aquí expuesto, integrados en los términos relatados los hechos probados, según lo permitido por el art. 88.3.º de la ley jurisdiccional, debe concluirse frente a lo argumentado por la Sala de instancia que la primera caída ocurrida en el Centro Escolar el 1 de octubre de 1992, **al tratar de huir el menor de unos compañeros que pretendían hacerle una novatada, es imputable a la Administración educativa por no haber prestado los profesores la debida atención, vigilancia y cuidado para evitar la persecución de la que el joven fue objeto por parte de otros alumnos cuando se encontraban en el propio Instituto**.*

Como consecuencia de esa primera caída a que nos venimos refiriendo, el menor (...) resultó con unas lesiones de las que no quedó debidamente curado que fueron las que determinaron la segunda caída que sufrió, al haberle fallado la pierna no restablecida cuando subía por las escaleras del Centro.

En definitiva pues, las lesiones y secuelas ocasionadas al menor a las que luego nos referiremos tienen su origen en la primera caída al ser perseguido por sus compa-

ñeros de Instituto que no fue evitada por los responsables del Centro y que le generó unas lesiones y fallos en la pierna derecha que fueron los que determinaron la segunda caída que le agudizó las lesiones padecidas. Debe pues considerase la existencia de un nexo causal que comporta la responsabilidad de la Administración (...)».

5.3. La responsabilidad patrimonial de la Administración militar

Responsabilidad patrimonial por los daños que la milicia causa a terceros

Respecto a la **responsabilidad de la Administración por los daños derivados de un incendio la sentencia del Tribunal Supremo, rec. 7050/2000, de 22 de diciembre de 2004, ECLI:ES:TS:2004:8355**, una entidad local menor presenta recurso de casación contra la sentencia de la Sala de lo Contencioso de la Audiencia Nacional que desestima el recurso contencioso-administrativo deducido contra la Orden del Ministerio de Defensa, de 5 de julio de 1999, por la que se declaraba la responsabilidad patrimonial del Estado, y la **indemnización por los daños y perjuicios sufridos a consecuencia de varios fuegos que se produjeron, mientras se realizaban diversas prácticas de tiro en el campo habilitado al efecto, y que afectaron a varias propiedades, entre las que se encontraba la del ahora recurrente**.

Los motivos de casación que se aducen para combatir que no se hubieren incluido en la indemnización solicitada en vía administrativa, determinadas cantidades que fueron rechazadas por la citada orden ministerial, por apreciarse que no reunían los requisitos que permitirían su resarcimiento por responsabilidad patrimonial de la Administración pública, son examinados conjuntamente.

Así, el tribunal *a quo* deniega la indemnización solicitada respecto a los daños causados en la producción y recursos micológicos o agrícolas, de setas y productos de leñas, por entender que:

> «(...) **el demandante no solo no acredita perjuicio alguno respecto de estas partidas indemnizatorias que reclama**, sino que **tampoco consta en autos que sea titular de colmena alguna** y los daños por los productos de las leñas se incluyen por la resolución impugnada en la partida relativa a las masas forestales, con y sin aprovechamiento maderero».

En cambio, la sala de casación no comparte el criterio del juzgador de instancia cuando excluye parte de la indemnización solicitada por los daños ocasionados en la actividad cinegética, puesto que:

> «(...) **por "daño efectivo" hay que entender daño cierto ya producido**, no simplemente posible, contingente o futuro, y aquí, en el supuesto que

> analizamos, al finalizar el contrato de arrendamiento del coto (...), adjudicado a la sociedad deportiva (...), **persistía en un año la veda de caza acordada por la Junta de Castilla y León para los terrenos afectados por el incendio, por lo que la entidad local recurrente propietaria del coto y a consecuencia de tal prohibición se vio privada para celebrar un posterior contrato para su adjudicación** (...)».

Tampoco comparte el razonamiento jurídico que sustenta para rechazar la obligación del Ministerio de Defensa a la reparación o restauración de los montes de utilidad pública quemados, en las condiciones que establezca el plan de recuperación, para la recuperación de la zona calcinada, pues si bien es cierto que la elaboración y aprobación del referido plan no corresponde al Ministerio de Defensa sino a la Junta de Castilla y León, ello no dispensa a la Administración de su obligación de pagar, cuando haya sido confeccionado el plan de recuperación.

A mayor abundamiento, la **indemnización por responsabilidad patrimonial de las Administraciones públicas** deber cubrir los daños y perjuicios padecidos hasta conseguir la **reparación integral** de los mismos, así, en palabras del Alto Tribunal:

> «(...) **la deuda derivada de la responsabilidad patrimonial de la Administración debe actualizarse, ya que es doctrina jurisprudencial consolidada que la reparación integral de los perjuicios sufridos, con el fin de conseguir una completa indemnidad, requiere la actualización de la deuda**, lo que se debe llevar a cabo por diversos medios, entre los que se encuentra el criterio del devengo de los intereses legales de la cantidad adeudada desde que se formuló la reclamación en vía previa a la Administración, hasta su completo pago (...)».

En consecuencia, se **estima** el recurso de casación interpuesto contra la sentencia dictada por la sala de lo contencioso-administrativo de la Audiencia Nacional de fecha 21 de septiembre de 2000.

Responsabilidad patrimonial de la Administración militar por los daños padecidos en acto de servicio

Responsabilidad de la Administración por las lesiones derivadas de actividades militares

La **sentencia del Tribunal de Supremo, rec. 5406/1998, de 23 de octubre de 2002, ECLI:ES:TS:2002:6994**, analiza la responsabilidad de la Administración por las lesiones derivadas de actividades militares. En ella, un sargento interpone recurso de casación contra la sentencia de la Sala de lo Contencioso de la Audiencia Nacional que desestima el recurso contencioso-administrativo promovido por el ahora recurrente, frente a la resolución del Ministerio de Defensa por la que se desestima la reclamación de daños y perjuicios por una **lesión sufrida mientras realizaba un ejercicio de lanzamiento de granadas en el campo de tiro de una localidad de Madrid**.

No comparte la sala de casación el criterio alegado por el juzgador de instancia para desestimar la reclamación formulada puesto que, reconocidas en la sentencia recurrida las **graves lesiones** que sufrió el hoy recurrente, entiende que:

> «(...) **es manifiestamente insuficiente, en contemplación de las secuelas señaladas y, por tanto, necesita ser complementada para obtener, según venimos declarando en supuestos semejantes al que aquí enjuiciamos, la reparación integral del daño sufrido por el Sargento Primero de Infantería, que no tenía el deber de soportarlo, teniendo presente a tal efecto que el daño moral no necesita de especiales acreditaciones,** ya que carece de módulos o parámetros objetivos y que "**ha de presumirse como cierto**, según ha dicho en más de una oportunidad este Tribunal Supremo y valorarse en una cifra razonable al prudente arbitrio de la Sala —sentencia de doce de marzo de mil novecientos noventa y uno—, advirtiendo en fin, según se expresa en la misma resolución judicial, que **la compensación adecuada para conseguir la plena indemnidad ha de incluir la correspondiente actualización monetaria a la fecha de la presente sentencia superando los negativos efectos de las dilaciones habidas, aunque con los límites que impone las peticiones formuladas en vía administrativa**"».

Además, entiende que por «(...) **pretium doloris debe reconocerse una indemnización para cubrir moralmente los perjuicios habidos por el recurrente, a raíz de las secuelas**, apreciadas por el Tribunal Médico Militar (...); por lo que con el fin de conseguir una **completa indemnidad de los perjuicios ocasionados al recurrente, por responsabilidad patrimonial de la Administración**, ciframos la indemnización que le debe ser concedida por **secuelas y daños morales** (...)».

En consecuencia, se **estima** el recurso de casación interpuesto contra la sentencia dictada por la sala de lo contencioso-administrativo de la Audiencia Nacional de fecha 25 de marzo de 1998.

Responsabilidad de la Administración por accidente ocurrido en acto de servicio

Es **interesante la sentencia del Tribunal Supremo, rec. 4274/2010, de 24 de julio de 2012, ECLI:ES:TS:2012:6053**, donde un militar interpone recurso de casación contra la sentencia dictada por la Sala de lo Contencioso-Administrativo de la Audiencia Nacional, de 2 de junio de 2010, que rechaza la pretensión formulada contra resolución del Ministerio de Defensa que desestima la reclamación de indemnización en concepto de responsabilidad patrimonial de la Administración del Estado por las lesiones padecidas a causa de un salto con paracaídas.

La sentencia recurrida afirma, con respecto a las circunstancias en que se produjo el salto que:

> «(...) **tampoco se ha acreditado, siquiera indiciariamente, que hubiera algún problema mecánico con el paracaídas empleado por el demandan-**

> te o, más concretamente, con el mecanismo automático de la cinta extractora, dado que, sin perjuicio de que tal cinta disponga o no de algún mecanismo de ese tipo, a la luz del proceso de apertura del paracaídas, reseñado en el informe del Jefe del Grupo de Lanzamiento y Aerotransporte paracaidista VI, en relación con el apéndice del Manual de Instrucción Paracaidista, más bien pudo deberse "a una incorrecta ejecución del procedimiento establecido para abandonar la aeronave", algo que también indica el Capitán jefe de la fase complementaria de la III BPAC al dar el parte de lesiones "resultado de pasar el brazo por encima de la cinta de extracción del paracaídas cuando se dirigía a saltar por la rampa del avión" (...).
>
> (...)
>
> (...) la actuación de la Administración ha de encuadrarse en un supuesto de funcionamiento normal de la misma, por cuanto que, como afirmación de hecho, entiende que el salto dentro de una operación desarrollada entre las 9'50 y las 13'05 horas, no consta que se efectuara en condiciones adversas de viento (...).
>
> (...)
>
> (...) no consta que las lesiones sufridas por el recurrente se debieran a algún fallo o problema mecánico del paracaídas (...)».

Así, el tribunal juzgador entiende, como ya la propia sala de instancia pone de manifiesto en la sentencia recurrida, que:

> «(...) el principio de responsabilidad objetiva y la jurisprudencia sobre la carga de la prueba en materia de responsabilidad del personal de las fuerzas armadas que prestan servicio para la Administración del Estado, ha de matizarse con la jurisprudencia de esta Sala formulada al efecto que distingue entre los daños y perjuicios sufridos por la prestación del servicio normal de los de funcionamiento anormal. Y si bien en los primeros, el servidor público ha asumido voluntariamente un riesgo que de acuerdo con la ley tiene el deber jurídico de soportar, lo que excluye la antijuricidad de la actuación administrativa, no viniendo obligada la Administración a indemnizarle por el concepto de responsabilidad patrimonial, más que con las prestaciones previstas expresamente en el ordenamiento jurídico aplicable a su relación estatutaria, solo en los segundos, cuando existe un funcionamiento anormal de servicio público, ha de distinguir entre si la deficiencia o normalidad es consecuencia exclusiva de la propia actuación del servidor o funcionario público, en cuyo caso su misma conducta como pone de relieve el Tribunal de instancia y esa jurisprudencia de esta Sala, sería la única causante del daño o perjuicio sufrido, faltando el nexo causal, o si la deficiencia o anormalidad del servicio obedece a otros agentes con o sin la concurrencia de la conducta del propio perjudicado, de forma que solo cuando ninguna participación hubiese tenido el funcionario o servidor público perjudicado en el resultado producido, habría de ser resarcido por la Administración pública hasta alcanzar la plena indemnidad».

En consecuencia:

> «(...) nos encontramos ante un caso de funcionamiento normal de la Administración, por lo que la responsabilidad por los perjuicios cuya

indemnización se solicita, no ha de recaer sobre la Administración sino en los términos derivados de la regulación de la situación estatutaria con el reconocimiento de la pensión que ya se ha efectuado, sin que sea ni mucho menos ilógica o arbitraria la conclusión que realiza el Tribunal de instancia de la falta de acreditación, siquiera sea indiciaria, de ningún fallo mecánico, así como la lógica suposición de que la lesión del brazo deriva de haber pasado el mismo por encima de la cinta extractora (...)».

Por consiguiente, **no ha lugar** al recurso de casación interpuesto contra la sentencia de la Sala de lo Contencioso-Administrativo de la Audiencia Nacional de fecha 2 de junio de 2010.

|| Responsabilidad de la Administración por daños morales

En la sentencia de la Sala de lo Contencioso de la Audiencia Nacional, rec. 489/1997, de 28 de abril de 1999, ECLI:ES:AN:1999:2622, un soldado interpone recurso contencioso-administrativo contra la desestimación, por silencio, del Ministerio de Defensa sobre reclamación por responsabilidad patrimonial de la Administración por los **daños morales derivados de los arrestos sufridos**.

La sala de la Audiencia Nacional parte del hecho de que el hoy recurrente se vio privado de su libertad durante varios días, aunque fuera de manera atenuada al haber cumplido el arresto en su domicilio, por resoluciones dejadas sin efecto con posterioridad por las del comandante primer jefe por lo que:

> «(...) resulta evidente que **la Administración militar ha irrogado al recurrente, en razón de los arrestos, anulados después, repetimos, daños o perjuicios materiales, individualizados y evaluables económicamente que no tiene por qué soportar el actor, para lo cual basta ponderar dichos daños, caso que los haya, y sobre todo los daños morales de carácter aflictivo que conlleva tanto la imputación de una conducta reprobable como su arresto posterior**. Así pues, resta **cuantificar el daño producido** (...), correspondientes, como ya se ha expuesto, al arresto sufrido, que le provocó una depresión, a los **honorarios de Letrado** director de los recursos interpuestos y a la imposibilidad de acudir a la boda de un familiar. A tales efectos es menester realizar las siguientes precisiones:
>
> 1) Con respecto a los honorarios de Letrado, su intervención en vía administrativa es meramente facultativa sin que el recurrente se vea obligado por ley o norma a contratar los servicios de dicho profesional, razón por la cual no puede ser atendido el concepto por el que se reclama, pues los gastos ocasionados por su defensa fueron debidos a su propia iniciativa,
>
> 2) en lo que atañe a los daños o menoscabos físicos padecidos, derivados de una depresión reactiva, el informe médico que consta el folio 44 del expediente administrativo data de agosto de 1.995, fecha bastante posterior a las de las sanciones impuestas; de ahí que estimemos no acreditada la "reacción depresiva", pudiendo deberse la misma a otras causas,
>
> 3) tampoco se ha acreditado que la falta de asistencia a la boda de un familiar haya originado al recurrente perjuicio alguno,

> 4) por el contrario, **deben ser resarcidos los daños morales derivados de los arrestos cumplidos en virtud de las sanciones, después anuladas, sin que por las razones ya expuestas proceda hacer en este punto mayores consideraciones.** En consecuencia, atendidos las razones expuestas entiende la Sala como quantum indemnizatorio ajustado a derecho, por todos los conceptos (...)».

5.4. La responsabilidad patrimonial de las Fuerzas y Cuerpos de Seguridad del Estado

Responsabilidad patrimonial de la Administración por los daños causados por las Fuerzas y Cuerpos de Seguridad del Estado en sus detenciones

Responsabilidad de la Administración por los daños ocasionados por detención indebida

Se analiza la **sentencia del Tribunal Supremo, rec. 2142/2004, de 11 de junio de 2008, ECLI:ES:TS:2008:3434**, en la que el agraviado presenta recurso de casación contra la sentencia dictada por la Sala de lo Contencioso de la Audiencia Nacional en la que se desestima un recurso contencioso-administrativo interpuesto contra una resolución del Ministerio del Interior, por haber sido **detenido de forma injusta por la supuesta comisión de un delito de agresión sexual hasta que se dicta el auto de sobreseimiento libre exculpatorio**.

En relación con la responsabilidad patrimonial de la Administración, la sentencia recurrida aclara dos cuestiones, por un lado, que aquella responsabilidad patrimonial está relacionada exclusivamente con la actuación policial, dejando al margen la responsabilidad derivada del funcionamiento de la Administración de Justicia, y, por otro lado, entiende que no se puede hablar de actuación o funcionamiento irregular del servicio policial en tanto se procedió a la averiguación del delito dentro de la estricta legalidad y cumpliendo con la diligencia debida.

Así, nuestro Alto Tribunal entiende que no cabe apreciar la concurrencia del requisito de antijuridicidad ante la **actuación policial**, puesto que:

> «(...) la misma actuó, por exigencia de lo dispuesto en el artículo 282 de la Ley de Enjuiciamiento Criminal, en el marco de sus obligaciones y en cumplimiento de las mismas, **sin que el ejercicio de las facultades que el precepto le confiere suponga e implique, en los términos en que los hechos sucedieron, la posibilidad de reconocimiento de**

ningún género de responsabilidad, toda vez que el recurrente, como cualquier ciudadano y en aras de la defensa del interés social implícito en la actuación policial, está obligado a soportar el daño que del ejercicio estricto, como en este caso ocurrió, de sus funciones por parte de la policía, se le pueda ocasionalmente originar, faltando, por tanto, el requisito del daño antijurídico en el actuar de la Administración, indispensable para el reconocimiento de responsabilidad de la misma (...)».

Por lo que procede la **desestimación** del recurso de casación interpuesto contra la sentencia de la sala de lo contencioso de la Audiencia Nacional de fecha 29 de enero de 2004.

CUESTIONES

1. ¿Cuáles son los objetivos de la policía judicial?

Conforme establece el art. 282 de la LECrim, la policía judicial tiene por objeto y será obligación de todos los que la componen:

- Averiguar los delitos públicos que se cometieren en su territorio o demarcación.

- Practicar, según sus atribuciones, las diligencias necesarias para comprobar los delitos y descubrir a los delincuentes.

- Recoger todos los efectos, instrumentos o pruebas del delito de cuya desaparición hubiere peligro, poniéndolos a disposición de la autoridad judicial.

2. ¿Y con respecto a las víctimas?

Cuando las víctimas entren en contacto con la policía judicial, cumplirá con los deberes de información que prevé la legislación vigente.

Además, llevarán a cabo una valoración de las circunstancias particulares de las víctimas para determinar provisionalmente qué medidas de protección deben ser adoptadas para garantizarles una protección adecuada, sin perjuicio de la decisión final que corresponderá adoptar al juez o tribunal.

3. ¿Si el delito fuera perseguible solo a instancia de parte?

Si el delito fuera de los que solo pueden perseguirse a instancia de parte legítima, tendrán la misma obligación expresada en la pregunta anterior, si se les requiere al efecto.

Asimismo, la ausencia de denuncia no impedirá la práctica de las primeras diligencias de prevención y aseguramiento de los delitos relativos a la propiedad intelectual e industrial.

Responsabilidad de la Administración derivada de las autolesiones de un detenido

En la **sentencia del Tribunal Supremo, rec. 5030/2004, de 13 de octubre de 2008, ECLI:ES:TS:2008:5375**, la esposa de un policía nacional presenta recurso de casación contra la sentencia dictada por la Sala de lo Contencioso de la Audiencia Nacional sobre responsabilidad patrimonial de la Administración del Estado, con motivo del **fallecimiento por suicidio de su esposo cuando se encontraba detenido en las dependencias de la Jefatura Superior de Policía de Murcia por un presunto delito de descubrimiento y revelación de secretos.**

La sentencia impugnada estima en parte el recurso contencioso-administrativo promovido por la hoy recurrente y los hijos comunes, contra la resolución dictada por el Ministerio de Interior, que declaró «(...) no haber lugar a indemnizarles como consecuencia del suicidio de su esposo y padre respectivamente, en la Jefatura Superior de Policía de Murcia el 11 de febrero de 1999, cuando, siendo funcionario del Cuerpo Nacional de Policía, fue detenido (...)».

No obstante, el Tribunal Supremo partiendo de los hechos probados en la sentencia impugnada, concluye que **no cabe imputar al difunto ninguna participación en su fallecimiento**, «(...) aunque esta afirmación parezca paradójica, ya que, por definición, todo suicidio es voluntario».

Y continúa diciendo:

> «Es verdad que, en la mayoría de los supuestos, hemos tomado en consideración la conducta del fallecido para atemperar la indemnización procedente, entendiendo que su decisión autodestructiva operó como concausa, pero en ocasiones (v.gr.: la citada sentencia de 4 de octubre de 1999) hemos estimado que no hubo concurrencia de culpas porque, dadas las circunstancias, ninguna intervención cabía atribuir a la voluntad del suicida (...)».

También infiere que el juego conjunto de circunstancias, que consideradas individualmente pueden carecer de importancia, como son el estado anímico, aislamiento e incomunicación durante buena parte de la noche o disposición de un arma dispuesta para su uso, determinan que la decisión de quitarse la vida pierda relevancia en la producción del resultado lesivo, otorgando todo el protagonismo a la muy deficiente prestación del servicio público policial.

Esta perspectiva, explica la jurisprudencia de nuestro Alto Tribunal, que, **pese al carácter esencialmente voluntario del suicidio, declara en ocasiones la existencia de la responsabilidad patrimonial de la Administración por la muerte que se inflige a sí misma una persona sometida a su custodia por estar cumpliendo una pena privativa de libertad, encontrarse detenida o ingresada en un centro frenopático**. Así, considerando **la previsibilidad del evento y la ausencia de medidas precautorias por parte de la Administración, se declara la responsabilidad patrimonial al apreciar la existencia de un nexo causal entre el fatal desenlace y la omisión de las autoridades y funcionarios que no desenvolvieron la diligencia exigible para evitar un resultado predecible**.

En este caso concreto se entiende, por tanto, que el fallecimiento por suicidio se debió exclusivamente al modo anormal en que se desarrolló la actuación policial, así pues, se declara **haber lugar** al recurso de casación interpuesto por la esposa del fallecido contra la sentencia de la sala de lo contencioso-administrativo de la Audiencia Nacional de fecha 3 de marzo de 2004.

En la misma línea que la anterior sentencia examinada, cabe hacer referencia a la **sentencia de la Audiencia Nacional, rec. 214/2018, de 2 de octubre de 2019, ECLI:ES:AN:2019:4091**, que además alude a la posible concurrencia de culpas de la Administración y el fallecido:

> «En casos de suicidios puede decirse que existirá obligación jurídica de soportar el daño si la decisión es fruto de una libre decisión suicida; no

existirá, por el contrario, obligación de soportar el daño si la decisión no es fruto de una libre decisión, sino consecuencia de un proceso evitable mediante la precisa y eficaz actuación administrativa adoptando medidas preventivas y terapéuticas frente al riesgo suicida. El proceso previo que lleva al sujeto a quitarse la vida, sea por una depresión, un trastorno psicológico o por una decisión reflexiva libre, que sería la causa inmediata productora del daño, debería conllevar una intervención administrativa anómala para considerar la muerte por suicidio como una lesión indemnizable.

(...) Como esta Sección ha razonado en otras ocasiones, en relación al nexo causal entre el suicidio y diligencia exigible para evitar un resultado predecible "en los casos en que interviene culpa de la víctima, esta culpa puede tener el carácter de exclusiva, en cuyo caso sí se rompe el nexo causal entre el hecho y la lesión, por lo que la imputación de los perjuicios se hacen a la propia víctima, con la consiguiente negación de la responsabilidad de la Administración Pública, pero puede suceder que la culpa sea concurrente, es decir, que sin romper el nexo causal su actuación haya contribuido, junto con la de la Administración a la producción de la lesión (sentencia de 1 de octubre de 2007 (recurso 200/2006)"».

CUESTIÓN

¿Ostenta la Administración una posición de garante?

Sí, en este sentido, señala la citada **STS, rec. 5030/2004, de 13 de octubre de 2008, ECLI:ES:TS:2008:5375**, que la posición de garante que tiene la Administración respecto de un detenido en dependencias policiales es la misma que la que tiene en relación con un interno en un centro penitenciario o con un enfermo en una clínica psiquiátrica, modula singularmente el instituto de la responsabilidad patrimonial. Se da en tales casos una especial relación jurídica, que origina un entramado de derechos y deberes recíprocos entre la Administración y el recluido, el detenido o el interno, entre los que destaca el esencial deber de la primera de velar por la vida, la integridad y la salud del segundo, valores constitucionalmente declarados y reconocidos como derechos fundamentales, en el artículo 15 de la Constitución Española, que dichos individuos siguen ostentando en la peculiar situación en la que se encuentran.

Responsabilidad patrimonial de la Administración por los daños causados por armas de las Fuerzas y Cuerpos de Seguridad del Estado

Responsabilidad de la Administración por las lesiones ocasionadas por un arma de fuego

Respecto a la **sentencia del Tribunal Supremo, rec. 2177/2001, de 8 de febrero de 2005, ECLI:ES:TS:2005:721**, el lesionado plantea recurso de casación contra la sentencia de la Sala de lo Contencioso de la Audiencia Nacional, de fecha 20 de octubre de 2000, que desestima el recurso contencioso-administrativo sobre reclamación de responsabilidad patrimonial por **lesiones causadas por arma de fuego efectuadas por funcionario del Cuerpo de la Policía Nacional a las puertas de un club de la localidad de Hospitalet de Llobregat (Barcelona).**

La resolución recurrida manifiesta que:

> «(...) **no se produce la culpa o anormalidad del servicio, ni tampoco que los hechos se produjeran con ocasión del mismo, ya que el funcionario iba vestido de paisano y se encontraba fuera de servicio** (...), y a contrario sensu, **la lesión no se produjo como consecuencia del funcionamiento de los servicios públicos policiales, por lo que resultó roto el nexo causal necesario.**
>
> **Tampoco se estima que la utilización del medio material defensivo proporcionado por la Administración puede considerarse suficiente en orden a la creación del riesgo habilitador y conducente a la responsabilidad patrimonial esgrimida frente a ella**, puesto que si como ya se ha indicado la ruptura del nexo causal es clara, también ha de considerarse que la utilización del referido medio fue al margen del servicio público, tanto el que se pudiera considerar normal o el denominado permanente de los miembros de las Fuerzas de Seguridad del Estado (...)».

Así pues, para dar respuesta al recurso planteado el Tribunal Supremo recuerda la jurisprudencia consolidada que existe al respecto y que se traduce en que:

- No puede declararse la responsabilidad del Estado por las acciones u omisiones imputables a autoridades o funcionarios que hayan ocasionado una lesión en los bienes o derechos de los particulares cuando su conducta, dolosa o culposa, no se corresponda con el ejercicio de esa autoridad o función que sea inherente a un servicio público, pues, en este caso, falta el nexo de causalidad.
- No se puede responsabilizar al Estado de lo que se haga u omita por un particular o por quién esté revestido de autoridad o sea empleado público, pero obre al margen de esa condición y por ello sin relación alguna con el funcionamiento normal o anormal de un servicio público.

Añade, además que «(...) Sin embargo, esta doctrina, cuyo núcleo básico ha de ser mantenido y ratificado por imponerlo así el texto constitucional y el legal ordinario, permite también que a la luz de la misma pueda irse ampliando la responsabilidad patrimonial del Estado a los casos en que **la organización y el funcionamiento de los servicios públicos creen situaciones de riesgo cuya realización concreta, aunque individualmente responda a una conducta del agente ajena al servicio, no obstante sea susceptible de imputarse razonablemente a aquél un riesgo específico, grave y peculiar cuyo origen se encuentre en el concreto sistema de organización y funcionamiento del propio servicio que impone la Administración**, por considerar que es la opción más acorde con el interés público».

Pues bien, en el caso concreto que se plantea dictamina, no obstante, que:

> «(...) Sin entrar en el examen de la razón de oportunidad que aconseja al Estado organizar a sus Cuerpos de Seguridad de manera que los miembros pertenecientes a los mismos puedan portar las armas reglamentarias aun cuando estén fuera de servicio, lo cierto es que se trata de un sistema

organizativo del que resultan gravísimos riesgos que, por desgracia, no es la primera vez que originan un siniestro mortal. Ahora bien, si a pesar de ello el sistema se mantiene, **ha de presumirse que se debe a que la Administración entiende que el funcionamiento global del servicio así lo exige y consecuentemente debe de asumir el hacerse cargo de la responsabilidad por los resultados lesivos o dañosos de los hechos en los que concurra como factor esencial la forma en que ha considerado necesario organizar el servicio, porque en definitiva tales resultados serán imputables a su funcionamiento. Como queda indicado, esta circunstancia fue la prevalente en las lesiones del demandante, por lo que sí existe relación de causalidad entre el actuar de la Administración y el resultado dañoso producido** (...)».

En consecuencia, se **estima** el recurso de casación interpuesto frente a la sentencia de la sala de lo contencioso de la Audiencia Nacional de 20 de octubre de 2000.

CUESTIÓN

¿Qué principios deben tenerse en cuenta en los supuestos de actuación de las Fuerzas y Cuerpos de Seguridad?

A este respecto ha señalado la jurisprudencia —**sentencia de la Audiencia Nacional, rec. 137/2018, de 12 de junio de 2019, ECLI:ES:AN:2019:2563**— que deben tomarse en consideración en dichos casos los principios de proporcionalidad de la intervención, racionalidad de la actuación y justificación de los medios empleados en ella. Se ha puesto el foco en estos principios constantemente en relación con la actuación de las Fuerzas y Cuerpos de Seguridad del Estado y, especialmente, en los casos en que se producen o son previsibles enfrentamientos con personas, con el consiguiente riesgo para la vida e integridad física, teniendo su fundamento en el respeto a los derechos fundamentales de la persona.

Responsabilidad de la Administración por daños ocasionados a manifestantes

La sentencia del Tribunal Supremo, rec. 9060/1998, de 31 de enero de 2003, ECLI:ES:TS:2003:575, analiza un supuesto de daños por el lanzamiento de un bote de humo lanzado por los policías antidisturbios.

Se interpone por el agraviado y por la Abogacía del Estado recurso de casación contra sentencia de 1 de julio de 1988 de la Sala de lo Contencioso-Administrativo de la Audiencia Nacional, que resuelve el recurso jurisdiccional interpuesto contra resolución del Ministerio del Interior sobre responsabilidad patrimonial de la Administración del Estado por las **lesiones sufridas por el impacto de un bote de humo lanzado por las fuerzas policiales antidisturbios, el día 15 de diciembre de 1991 en una calle de Pamplona**.

La sentencia de instancia aprecia, en su cuarto fundamento de derecho, la existencia de responsabilidad patrimonial de la Administración, matizando que existía una concurrencia de culpas, puesto que el recurrente se encontraba «(...) no causalmente en el lugar de los hechos, sino tomando parte en la manifestación que originó la actuación del Cuerpo Nacional de Policía (...)».

Además, declara probado que las lesiones y secuelas ocasionadas a este, recogidas en el informe médico forense, fueron ocasionadas por la **acción de un bote de humo lanzado por un policía nacional antidisturbios a muy corta distancia del ahora recurrente**.

Pese a lo anterior, concluye el Tribunal Supremo que:

> «(...) si bien está acreditado que los daños se produjeron como consecuencia del impacto realizado sobre el recurrente de un bote de humo lanzado por personal de la fuerza pública, es lo cierto que, al no haberse acreditado circunstancias que lo contradigan, ha de presumirse, en función del principio de legalidad de la actuación administrativa, que dicha **actuación no resulta desproporcionada, en contra de lo que se afirma por la sentencia recurrida, ni puede en consecuencia, calificarse como antijurídica al ser proporcionados, oportunos y congruentes los medios utilizados, ya que en modo alguno aparece acreditado en las actuaciones que el impacto del bote de humo fuera consecuencia de un disparo efectuado a conciencia sobre el recurrente, sino que más bien sería resultado del azar**, dadas las condiciones de extrema violencia en que se estaba desarrollando la manifestación y la confusión existente en aquellos momentos, como en todos en que se actúa durante horas formando barricadas e imposibilitando durante ese período de tiempo el ejercicio de su misión por la fuerza pública que, por el contrario, está obligada a actuar con la decisión necesaria y sin demora (...)».

En consecuencia, se **estima** el recurso de casación interpuesto por el abogado del Estado contra la sentencia de 1 de julio de 1998 dictada por la sala de lo contencioso-administrativo de la Audiencia Nacional.

CUESTIONES

1. ¿Cuáles son los principios básicos de actuación de los miembros de las Fuerzas y Cuerpo de Seguridad del Estado?

Según el artículo 5 de la Ley Orgánica 2/1986, de 13 de marzo, de Fuerzas y Cuerpos de Seguridad son:

a. Adecuación al ordenamiento jurídico:

- Ejercer su función con absoluto respeto a la Constitución y al resto del ordenamiento jurídico.

- Actuar, en el cumplimiento de sus funciones, con absoluta neutralidad política e imparcialidad y, en consecuencia, sin discriminación alguna por razón de raza, religión u opinión.

- Actuar con integridad y dignidad. En particular, deberán abstenerse de todo acto de corrupción y oponerse a él resueltamente.

- Sujetarse en su actuación profesional, a los principios de jerarquía y subordinación. En ningún caso, la obediencia debida podrá amparar órdenes que entrañen la ejecución de actos que manifiestamente constituyan delito o sean contrarios a la Constitución o a las leyes.

- Colaborar con la Administración de Justicia y auxiliarla en los términos establecidos en la ley.

b. Relaciones con la comunidad:

- Impedir, en el ejercicio de su actuación profesional, cualquier práctica abusiva, arbitraria o discriminatoria que entrañe violencia física o moral.

- Observar en todo momento un trato correcto y esmerado en sus relaciones con los ciudadanos, a quienes procurarán auxiliar y proteger, siempre que las circunstancias lo aconsejen o fueren requeridos para ello. En todas sus intervenciones, proporcionarán información cumplida, y tan amplia como sea posible, sobre las causas y finalidad de las mismas.

- En el ejercicio de sus funciones deberán actuar con la decisión necesaria, y sin demora cuando de ello dependa evitar un daño grave, inmediato e irreparable; rigiéndose al hacerlo por los principios de congruencia, oportunidad y proporcionalidad en la utilización de los medios a su alcance.

- Solamente deberán utilizar las armas en las situaciones en que exista un riesgo racionalmente grave para su vida, su integridad física o las de terceras personas, o en aquellas circunstancias que puedan suponer un grave riesgo para la seguridad ciudadana y de conformidad con los principios a que se refiere el punto anterior.

c. Tratamiento de detenidos:

- Los miembros de las Fuerzas y Cuerpos de Seguridad deberán identificarse debidamente como tales en el momento de efectuar una detención.

- Velarán por la vida e integridad física de las personas a quienes detuvieren o que se encuentren bajo su custodia y respetarán el honor y la dignidad de las personas.

- Darán cumplimiento y observarán con la debida diligencia los trámites, plazos y requisitos exigidos por el ordenamiento jurídico, cuando se proceda a la detención de una persona.

2. ¿Cómo llevarán a cabo sus funciones?

Los miembros de las Fuerzas y Cuerpos de Seguridad deberán llevar a cabo sus funciones con total dedicación, **debiendo intervenir siempre, en cualquier tiempo y lugar, se hallaren o no de servicio, en defensa de la ley y de la seguridad ciudadana**.

3. ¿Están obligados a revelar sus fuentes de información?

Deberán guardar riguroso secreto respecto a todas las informaciones que conozcan por razón o con ocasión del desempeño de sus funciones.

Además, no estarán obligados a revelar las fuentes de información salvo que el ejercicio de sus funciones o las disposiciones de la ley les impongan actuar de otra manera.

4. ¿De qué actuaciones son responsables?

Son **responsables personal y directamente por los actos que en su actuación profesional llevaren a cabo, infringiendo o vulnerando las normas legales, así como las reglamentarias que rijan su profesión y los principios** enunciados con anterioridad, **sin perjuicio de la responsabilidad patrimonial que pueda corresponder a las Administraciones públicas por las mismas.**

Responsabilidad de la Administración por lesiones derivadas de un disparo

En la **sentencia del Tribunal Supremo, rec. 7059/2001, de 30 de noviembre de 2005, ECLI:ES:TS:2005:8132,** los padres de un menor presenta recurso extraordinario de casación contra sentencia de la Sala de lo Contencioso de la Audiencia Nacional, de fecha 18 de julio de 2001, que desestima el recurso contencioso-administrativo interpuesto contra la resolución del Ministerio del Interior que deniega la petición de responsabilidad patrimonial planteada por las **lesiones y secuelas ocasionadas a su hijo por otro menor como consecuencia del disparo que por accidente efectuó con arma que pertenecía a su padre dada su condición de policía nacional**.

Pues bien, el tribunal de instancia entiende que:

> «(...) la condición de Policía Nacional del padre del menor causante del disparo, no despliega una cobertura abstracta que permita singularizar, en cualquier caso, un título de imputación de responsabilidad a la Administración policial, aún cuando la lesión se haya derivado de un disparo del arma reglamentaria de un policía, argumentación a la que se oponen los recurrentes, cuando entienden que aquella Administración debe responder de las omisiones de sus funcionarios en relación con la utilización de armas de fuego».

Además, rechaza la relación de causalidad entre las lesiones padecidas por el hijo de los recurrentes y la Administración pública, como consecuencia de ser aquellas inferidas con el arma de la que era propietario y estaba autorizado para su uso el padre del menor que realizó el disparo por su condición de policía nacional, desarrollando lo siguiente:

> «Sí que procede por el contrario, desestimar cualquier petición de responsabilidad patrimonial de la Administración. Por mucha naturaleza objetiva que la misma tenga, lo cierto es que no aprecia a verse ninguna causalidad adecuada entre el fatídico resultado lesivo ocasionado (...) y cualquier posible omisión imputable a la Administración».

No obstante, la sala de casación entiende que el arma con la que el menor ejecutó el disparo accidental que causó el daño al hijo de los reclamantes, estaba bajo la tutela del agente que ostentaba su titularidad, y ello porque la poseía por su condición de policía nacional, en base a las siguientes razones:

> «(...) **La posesión del arma generaba un riesgo potencial que a su vez exigía una cautela en su posesión equivalente al peligro consustancial a cualquier arma de fuego, de modo que su titular debía extremar las precauciones para prevenir la situación de riesgo intrínseca que derivaba de guardarla en su domicilio, y tenerla a su disposición, para evitar que el riesgo se hiciese efectivo por un hecho imprudente o meramente accidental** como por desgracia ocurrió.
>
> (...) **la conducta del titular del arma no puede considerarse como adecuada y proporcional a la situación de riesgo que generaba la posesión de la misma; el hecho de que el arma se hallase en el dormitorio del funcionario de policía, y en el cajón de un armario, pone de manifiesto que se encontraba en un lugar de fácil acceso y que no se adoptaron las precauciones necesarias** como hubieran sido guardarla en un lugar más seguro, incluso tenerla bajo llave, y desde luego es relevante el hecho de

que la pistola tuviese el cargador puesto y estuviese en posición de disparo y sin seguro alguno. Estas últimas circunstancias muestran una actitud despreocupada y ajena a la peligrosidad que siempre conlleva la posesión de un arma de fuego».

En base a lo anterior estaríamos hablando de una responsabilidad del titular del arma, puesto que la poseía por su condición de policía nacional, sin embargo el título de imputación de la Administración que definiría la relación de causa y efecto entre ella y el resultado producido y el daño causado, que habrá de ser indemnizado se sitúa «(...) **en la concesión u otorgamiento al funcionario de policía de la titularidad de un arma que no es la reglamentaria, y que se le concede, a sabiendas de los riesgos que ello comporta, como consecuencia de la confianza que en aquel deposita la** Administración».

Es por ello por lo que se **estima** el recurso de casación interpuesto por los padres del menor frente a la sentencia de la Sala de lo Contencioso-Administrativo de la Audiencia Nacional de 18 de julio de 2001.

A TENER EN CUENTA. Según el artículo 121 del Código Penal, el Estado, la comunidad autónoma, la provincia, la isla, el municipio y demás entes públicos, según los casos, responden subsidiariamente de los daños causados por los penalmente responsables de los delitos dolosos o culposos, cuando estos sean autoridad, agentes y contratados de la misma o funcionarios públicos en el ejercicio de sus cargos o funciones siempre que la lesión sea consecuencia directa del funcionamiento de los servicios públicos que les estuvieren confiados, **sin perjuicio de la responsabilidad patrimonial derivada del funcionamiento normal o anormal de dichos servicios exigible conforme a las normas de procedimiento administrativo, y sin que, en ningún caso, pueda darse una duplicidad indemnizatoria**.

Igualmente, si se exigiera en el proceso penal la responsabilidad civil de la autoridad, agentes y contratados de la misma o funcionarios públicos, la pretensión **deberá dirigirse simultáneamente contra la Administración o ente público presuntamente responsable civil subsidiario**.

5.5. La responsabilidad patrimonial de la Administración penitenciaria

Requisitos que deben cumplirse para que la Administración penitenciaria sea responsable

De acuerdo con numerosas sentencias del Tribunal Supremo para que se dé la responsabilidad patrimonial de la Administración pública con respecto a las instituciones penitenciarias, deben concurrir los siguientes requisitos (entre otras, **sentencia del Tribunal Supremo n.º 1217/2020, de 28 de septiembre, ECLI:ES:TS:2020:3105**):

- Que **se haya ocasionado a un ciudadano una lesión**, entendida como daño antijurídico, en el sentido de que el ciudadano no tenga el deber de soportarlo.
- Que **exista una actividad administrativa**, entendida como la propia del giro o tráfico de las competencias que tiene atribuidas, que puede manifestarse por una acción o una omisión.
- Una **relación causal entre aquel daño y estas prestaciones de servicios**.
- Que **la reclamación se efectúe antes del año en que haya ocasionado el daño**.

A continuación, exponemos a través de diferentes sentencias determinados supuestos concretos que pueden dar lugar a responsabilidad patrimonial de la Administración pública con respecto a las instituciones penitenciarias.

Responsabilidad de la Administración por el suicidio de un interno

En la sentencia del Tribunal Supremo, rec. 4250/1992, de 26 de noviembre de 1998, ECLI:ES:TS:1998:7056, se interpone por la Abogacía del Estado, ante la Sala de lo Contencioso del Tribunal Supremo, recurso de apelación contra sentencia dictada por la sala del mismo orden de la Audiencia Nacional, que estima parcialmente el recurso contencioso-administrativo contra la desestimación presunta por parte del Ministerio de Justicia, que anula la resolución impugnada por su disconformidad a derecho, declarando el derecho de la madre de un recluso, aquejado por una psicosis paranoide de carácter permanente, a percibir una indemnización por los daños y perjuicios sufridos por el suicidio por ahorcamiento de su hijo.

Aquí estamos ante un supuesto de responsabilidad patrimonial por actuación anormal de los servicios penitenciarios, reconociendo la sentencia recurrida los siguientes elementos:

- Una **actuación administrativa** de los servicios penitenciarios.
- Un **resultado dañoso**, consistente en la muerte por suicidio mediante ahorcamiento de un preso internado en el centro penitenciario.
- Una **relación de causalidad entre aquella y esta**, al faltar el cumplimiento del deber elemental de velar por la integridad física de los reclusos que se impone a las instituciones penitenciarias.

La parte recurrente, en este caso la abogacía del Estado, critica la fundamentación jurídica de la sentencia impugnada, en concreto el fundamento que analiza:

> «(...) **las circunstancias concurrentes en el interno fallecido por ahorcamiento, pues este padecía una esquizofrenia, que había motivado su tratamiento en el Sanatorio Psiquiátrico de (...) desde 1980, habiéndose efectuado sucesivos ingresos** en los años 1981, 1982,

1983 y 1984, se le había concedido una pensión de invalidez y se había procedido a la exclusión del servicio militar y su ingreso en la prisión se había efectuado sin adecuar medida alguna, habida cuenta de su situación, no produciéndose su ingreso en ningún Centro Psiquiátrico Penitenciario ni efectuado su examen por un Psiquiatra desde el día 21 de agosto de 1986, momento en que se acuerda su ingreso en prisión provisional, hasta el día 20 de octubre de 1986, momento en que se produce el suicidio por ahorcamiento, según consta en el Certificado Médico Oficial».

Por el contrario, la sentencia impugnada llega a la acertada conclusión de que:

> «(...) **la actuación anormal del preso fallecido**, que había incendiado su casa en la que vivía con su madre y que declara cuando es detenido por la Guardia Civil que la causa del incendio fue debida a que la casa "se le caía encima" y que además, escribió con su propia sangre en la copia del Auto de procesamiento la frase "esto es un abuso" **ha debido de alertar suficientemente a la Administración Penitenciaria para poner en marcha las oportunas medidas de vigilancia y seguridad, que de haber sido adoptadas, hubieran evitado el fallecimiento del recluso**».

En suma, para nuestro Alto Tribunal:

> «(...) **existió una omisión imputable a la Administración Penitenciaria causante de un resultado, sin ruptura del nexo causal**, pues se trata de un suicidio respecto del cual debieron adoptarse medidas previas de control médico, máxime teniendo en cuenta que se conocía con anterioridad la situación mental del interno que se suicida y que ya antes de la comisión del hecho determinante de su ingreso en prisión había dado muestras de una conducta anormal».

En base a lo anterior, se dicta sentencia **desestimatoria** del recurso de apelación interpuesto por la abogacía del Estado contra la sentencia de 11 de octubre de 1991 dictada por la Audiencia Nacional.

Por otro lado, en la **sentencia del Tribunal Supremo, rec. 225/2009, de 22 de junio de 2010, ECLI:ES:TS:2010:3828**, los padres de un recluso en un establecimiento penitenciario de Madrid, presentan ante la Sala Tercera del Tribunal Supremo recurso de casación para la unificación de doctrina contra la sentencia de la Sala de lo Contencioso-Administrativo de la Audiencia Nacional, de fecha 18 de febrero de 2009, en el recurso contencioso en el que se reclamaba indemnización por daños y perjuicios causados por el **fallecimiento de su hijo por ahorcamiento con una sábana cuando, a pesar de la existencia de un protocolo antisuicidios, lo dejaron solo en la celda, valiéndose para su ejecución del tubo del aire situado en las instalaciones penitenciarias**.

La sentencia objeto de casación considera que no se puede apreciar responsabilidad patrimonial de la Administración, por falta de prueba del necesario vínculo causal entre el fallecimiento por ahorcamiento y el funcionamiento de los servicios penitenciarios.

Si bien, la parte recurrente para rebatir el anterior argumento alega de contraste lo declarado por la sentencia de fecha 19 de noviembre de 1994 en relación con la muerte de dos reclusos en un centro penitenciario la cual:

> «(...) valora los hechos acaecidos como funcionamiento anormal del servicio de vigilancia, sin que la posible conducta de los reclusos rompa el vínculo de causalidad entre el resultado y la actuación ineficaz y tardía de aquel servicio, y concluye que entre ambas sentencias existe una plena identidad en cuanto que el servicio de vigilancia del Centro Penitenciario no actuó con la debida diligencia para evitar la muerte de los reclusos (...)».

Pese a lo anterior, el tribunal de casación considera que:

> «(...) no existe constancia alguna de que el fallecimiento producido durante su estancia en prisión, se debiera a un mal funcionamiento de tales servicios, por lo que no se puede apreciar responsabilidad patrimonial de la Administración, y por consiguiente falta la prueba del necesario vínculo causal entre el fallecimiento por ahorcamiento y el funcionamiento de los servicios penitenciarios. Por otro lado, la forma en la que se produjo el suicidio —por ahorcamiento con una sábana—, tampoco revela ninguna anormalidad en el servicio público penitenciario, pues no se utilizó ningún instrumento ajeno a los enseres propios de un establecimiento de esta naturaleza, es decir, el instrumento utilizado "no parece especialmente idóneo para una tentativa de ahorcamiento", pues "constituye un elemento natural, aparentemente inofensivo, para el descanso de cualquier persona" (...)».

En este caso, se declara **no haber lugar** al recurso de casación para la unificación de la doctrina interpuesto por la parte recurrente contra la sentencia, de 18 de febrero de 2009, dictada por la antedicha sala de la Audiencia Nacional.

RESOLUCIÓN RELEVANTE

Sentencia de la Audiencia Nacional, rec. 499/2022, de 5 de junio de 2024, ECLI:ES:AN:2024:3201

«Con todo lo anterior la Sala no puede considerar concurrentes en el caso los presupuestos que exige el surgimiento en el caso de la responsabilidad de la Administración penitenciaria, al observarse, efectivamente, que el fallecimiento de D. Romulo se produjo por su suicidio y, por lo tanto, por circunstancia ajena al funcionamiento de la Administración, habiendo recibido atención médica y cuidados adecuados a su situación y ello, además, en forma especialmente intensa en atención a los mecanismos generales a que se sujetaron todos los ingresos ante la amenaza entonces del Covid 19 y, más precisamente, considerado el especial riesgo a que el Sr. Romulo quedó expuesto por su contacto con otra persona positiva antes de producirse el ingreso, mecanismos que conllevaron la visita por el servicio médico del Centro Penitenciario durante todos y cada uno de los días de su ingreso, incluido el del fallecimiento de aquel a pesar de ser domingo, sin que en ninguna de tales visitas se observara la existencia de indicio alguno de tendencias autolíticas, lo que, además, confirmó el largo período correspondiente a su ingreso anterior, transcurrido entre el 8 de septiembre de 2018 y el 4 de abril de 2019 (así se indica en la resolución recurrida), durante el que, según observó la Psicóloga del Centro, no había mostrado signo suicida alguno.

Frente a lo anterior, ninguna de las alegaciones de los recurrentes puede ser acogida, como sucede ante todo con la aplicación de medidas concretas de vigilancia en relación con otros internos, de traslado a celdas de observación, que, deben presumirse adoptadas de acuerdo con su situación concreta y con el resto de circunstancias sobre ellos concurrentes, que bien pudieron ser distintas a las relacionadas con D. Romulo».

CUESTIONES

1. En el supuesto de fallecimiento de un interno en establecimiento penitenciario, ¿qué sucede si se produce la intervención de un tercero?

Si ha tenido lugar la intervención de una tercera persona como agente activo, la jurisprudencia es constante en exigir la presencia de algún elemento de anormalidad en el servicio penitenciario suficiente para establecer un nexo de causalidad entre la omisión administrativa y el fallecimiento, y determinar con ello el carácter antijurídico del daño producido a pesar de haber intervenido terceras personas en su producción.

Sin embargo, no es obstáculo a la existencia de responsabilidad patrimonial de la Administración en los casos de fallecimientos de internos en establecimientos penitenciarios por obra de otra persona o por su propia voluntad suicida, el carácter directo, inmediato y exclusivo con que la jurisprudencia viene caracterizando el nexo causal entre la actividad administrativa y el daño o lesión **(STS, rec. 211/2005, de 30 de mayo de 2006, ECLI:ES:TS:2006:3947)**.

2. En el caso de que se produzca una reyerta en un centro penitenciario y como resultado uno de los internos resulte fallecido, ¿se le podrá atribuir responsabilidad a la Administración pública?

Para dar respuesta a esta cuestión cabe traer a colación, a modo de ejemplo, la **sentencia del Tribunal Supremo n.º 818/2017, de 10 de mayo, ECLI:ES:TS:2017:1780**, en este caso, el abogado del Estado insiste en que la pelea que interviene el fallecido, se produjo entre dos internos durante el desayuno y suministro de metadona a los mismos, «suceso que aconteció de manera sorpresiva e inesperada», por lo que «no hubo negligencia ni omisión por parte de los funcionarios del centro, que nada pudieron hacer».

Sin embargo, el Tribunal Supremo entiende que la anterior afirmación, sin embargo, no se ajusta a la realidad, pues existían datos que obligaban a la Administración a extremar la vigilancia, ya que la noche anterior habían tenido lugar otra discusión entre los mismos internos, de la que no dio parte el funcionario correspondiente, impidiendo con ello que la Administración pudiera adoptar las medidas correspondientes para evitar que la discusión continuara, como así ocurrió, al día siguiente, en la sala de estar, sin la presencia de ninguno de los funcionarios que tenían asignado el módulo del interno.

Responsabilidad patrimonial por daños causados a terceros fuera del establecimiento penitenciario

Responsabilidad patrimonial por daños causados a terceros por penados en situación de libertad condicional

Es doctrina consolidada, conforme a la cual, **no resulta adecuado que los riesgos que la sociedad objetivamente debe asumir en la concesión de permisos penitenciarios sean soportados de manera individual** por aquellos en quienes se concretan los resultados dañosos, sino que deben ser compartidos en virtud de un **principio de solidaridad** por el conjunto de la sociedad que sufraga el presupuesto público.

A modo de ejemplo de la anterior doctrina cabe citar la **sentencia del Tribunal de Supremo, rec. 930/1998, de 4 de junio de 2002, ECLI:ES:TS:2002:4046,** en la que se atribuye la responsabilidad de la Administración por fallecimiento a causa de un disparo efectuado por una persona en situación de libertad condicional.

En el caso enjuiciado en la citada sentencia, los padres del fallecido presentan recurso de casación contra la sentencia dictada por la Sala de lo Contencioso-Administrativo de la Audiencia Nacional, en fecha 26 de noviembre de 1997, mediante la cual se desestima el recurso contencioso-administrativo deducido contra la resolución del Ministerio de Justicia desestimatoria de la reclamación de indemnización por responsabilidad patrimonial de la Administración General del Estado, derivada de la **muerte dolosa sufrida en la persona de su hijo, a causa de un disparo ejecutado por un preso de un centro penitenciario de Álava, que en ese momento se encontraba en situación de libertad condicional**.

En esencia la sentencia recurrida se fundamenta en la ausencia de nexo causal entre el funcionamiento de los servicios públicos y el daño ocasionado, declarando que el hecho causante del mismo no fue realizado por la Administración ni por ninguno de sus agentes, sino por un tercero que se encontraba en situación de libertad condicional.

Sin embargo, en el caso que nos ocupa, entiende la sala de casación que:

> «(...) **la obligación de soportar individualmente el daño sufrido no puede imputarse a los perjudicados cuando estos no tienen el deber jurídico de soportar los riesgos que objetivamente debe asumir la sociedad en la concesión de los beneficios penitenciarios de esta naturaleza, que por perseguir la reinserción social del penado deben ser soportados por toda la sociedad porque así lo impone la función de resocialización propia de la pena** que establece la propia Constitución y los compromisos internacionales asumidos por España».

Por ello:

> «(...) **con arreglo a la conciencia social, no es adecuado que tales perjuicios sean soportados de manera individual por aquellos en quienes se concretan los resultados dañosos de los inevitables fracasos penitenciarios**, sino que deben ser compartidos en virtud del principio de solidaridad por el conjunto de la sociedad que sufraga el gasto público, ya que la lesión causada al particular se asimilaría a una obligación pública —"l'égalité devant les charges publiques", según la doctrina francesa— que, como tal, no puede gravar sobre un solo ciudadano y, por tanto, debe repartirse entre todos, a través de la correspondiente indemnización de la víctima, cuya carga definitiva, por la mecánica del impuesto, incumbe a los contribuyentes».

En consecuencia, se declara **haber lugar** al recurso de casación interpuesto por la recurrente contra la sentencia de 26 de noviembre de 1997.

También reconoce el derecho a ser indemnizados lo particulares en la **sentencia de la Audiencia Nacional, rec. 143/2022, de 17 de abril, ECLI:ES:AN:2024:2286** en la que se determina la responsabilidad patrimonial de la Administración por los daños producidos por el fallecimiento de un tercero que fue asesinado por un condenado que se encontraba en libertad condicional.

Señala la Audiencia Nacional que **la obligación de indemnizar no se produce de modo automático** una vez constatada la concesión de la libertad condicional y la comisión de delitos, sino que **resulta relevante el seguimiento efectivo de las cautelas** impuestas en el auto por el que se concedió dicho beneficio penitenciario. En el caso analizado por la sentencia:

> «En el presente caso, en el auto dictado por el Juzgado de Vigilancia Penitenciaria número 1 de Badajoz de fecha 28 de septiembre de 2016 por el que se concede al penado Demetrio el beneficio de libertad condicional para el día de dicha resolución, se establecen las "siguientes cautelas: Presentación mensual en Centro Penitenciario, seguimiento de drogodependencia en CEDEX, plan pago de responsabilidad civil y no verse implicado en nuevos procedimientos penales en calidad de investigado, detenido, preso o penado".
>
> Con ello el Juzgado aceptó, como se expone en el mentado auto, la propuesta de libertad condicional (...)».

Sin embargo, por parte del penado se incumplió una de estas cautelas establece, no personándose en el centro penitenciario en dos períodos mensuales, sin que la Administración haya evidenciado en el proceso las **actuaciones realizadas en orden a controlar el cumplimiento** de la referida presentación mensual en el centro o las efectuadas ante la ausencia de presentación. Por ello concluye la Audiencia Nacional:

> «Circunstancia la anterior que, por lo tanto, resulta relevante, a juicio de la Sección, para apreciar la concurrencia de los requisitos exigidos para el nacimiento de la responsabilidad patrimonial de la Administración.
>
> Ahora bien, se ha de notar que no existe una relación de causalidad única entre el funcionamiento de la Administración demandada y los daños sufridos, pues no se debe olvidar que la causa inmediata determinante del daño causado a los actores fue la actuación delictiva del penado, lo que ha de tener su reflejo en la fijación del quantum indemnizatorio que corresponda (...)».

Por ello se estima parcialmente el recurso y se **reconoce la responsabilidad patrimonial de la Administración** obligándola al pago de la indemnización por los daños ocasionado con el fallecimiento.

> **A TENER EN CUENTA.** Nuestro texto constitucional establece, en el apartado 2 de su artículo 25, que las penas privativas de libertad y las medidas de seguridad estarán orientadas hacia la reeducación y reinserción social y no podrán consistir en trabajos forzados.

Responsabilidad patrimonial por daños causados a terceros por penados en situación de permiso

Es interesante el caso contemplado en la **sentencia de la Audiencia Nacional, rec. 1800/2019, de 3 de febrero, ECLI:ES:AN:2021:467**, en el que un **tercero fallece como consecuencia de las puñaladas asestadas por una persona que se encontraba huida de la justicia y en situación de busca y captura**, al incumplir su regreso al centro penitenciario, tras disfrutar de un permiso, este interno cumplía una condena de 25 años de prisión por delitos de asesinato, otro en grado de tentativa y por el delito de tenencia ilícita de armas.

A este respeto la Audiencia Nacional argumenta con cita a sentencias del Tribunal Supremo:

> «Por otra parte, en los supuestos de responsabilidad patrimonial por hechos dañosos provocados por internos de centro penitenciarios con ocasión del disfrute de permisos penitenciarios, y **partiendo de la finalidad de la reeducación y reinserción social de las penas privativas de libertad, ex art. 25.2 de la CE, impide la existencia de un sistema penitenciario que mantenga aislado al interno de la sociedad**. Por ello, conforme a esta exigencia constitucional **se impone a todos los ciudadanos la carga general de soportar estos daños, que puede comportar en ocasiones la obligación de indemnizar, como así tiene declarada la jurisprudencia**; la sociedad objetivamente debe asumir en la concesión de permisos penitenciarios, porque sí lo impone la función de resocialización propia de la pena que establece la Constitución y los compromisos internacionales asumidos por España, no es adecuado, con arreglo a la conciencia social, que sean soportados de manera individual por aquellos en quienes se concretan los resultados dañosos de los inevitables fracasos penitenciarios, sino que deben ser compartidos en virtud de un principio de solidaridad con el conjunto de la sociedad" (STS 16 de diciembre de 1997, dictada en el rec. 4853/93; entre otras muchas)».

Si bien, en este caso particular, existía una relación personal entre la víctima y el homicida. Ambos se conocían y habían convivido en el mismo centro penitenciario.

Durante la convivencia surgieron numerosas desavenencias personales siendo notoria la existencia de una incompatibilidad de caracteres, tal y como se pone de manifiesto en distintos informes de la Secretaría General de Instituciones Penitenciarias. Por parte del centro se adoptaron medidas con el fin de evitar enfrentamientos físicos entre ambos internos y que se consiguió plenamente. Por lo que la Audiencia Nacional en este caso llega a la siguiente conclusión:

> «Lo que **la Administración no podía evitar era que entre ambos internos, fuera del Centro Penitenciario, siguieran teniendo contacto para el intercambio de estupefacientes**, y ello, pese a que la víctima conocía el historial criminal y la peligrosidad del Sr. Cosme .
>
> Esta conducta de la víctima incide de forma directa en la posible apreciación de la relación de causalidad entre el daño y actuación de la Administración, al eclipsar cualquier tipo de responsabilidad de la Administración,

que, además, como hemos declarado, en su actuación dio cumplimiento a lo declarado en las resoluciones judiciales y **adoptó las medidas necesarias para que, durante la estancia de ambos internos en el Centro penitenciario, se produjeran enfrentamientos físicos entre ambos, sin que pudiera evitar, que fuera de prisión y gozando el agresor de un permiso legal**, siguieran manteniendo contacto, que fue el detonante del fatídico suceso.

Por último, cabe señalar, precisamente, por estas circunstancias expuestas, que el supuesto sobre el que se asienta nuestra sentencia citada de fecha 20 de Enero de 2016, dictada en el rec. 358/2014, es distinto, sin que quepa extrapolar las consecuencias o conclusiones alcanzadas sobre la base de los hechos descritos en aquella sentencia.

Así las cosas, procede la desestimación del recurso en todos sus argumentos».

Responsabilidad patrimonial por daños causados por preso fugado del establecimiento penitenciario

Para este supuesto, cabe traer a colación la **sentencia del Tribunal Supremo, rec. 1495/1996, de 25 de mayo de 2000, ECLI:ES:TS:2000:4234**, en la que el abogado del Estado presenta recurso de casación ante la Sala Tercera del Tribunal Supremo contra la sentencia dictada por la Sala de lo Contencioso-Administrativo de la Audiencia Nacional, de fecha 20 de octubre de 1995, sobre indemnización por las **lesiones causadas, con un arma de fuego, por un interno fugado de un establecimiento penitenciario de Alicante**.

El abogado del Estado alega como único motivo de casación, que la sentencia de instancia infringe el principio de exclusividad en la relación de causalidad entre el actuar de la Administración y el resultado producido, puesto que «(...) en el caso de autos el resultado lesivo deviene de la conducta delictiva de un tercero por más que este fuera un interno evadido de la prisión de Alicante».

Es de suma importancia resaltar, que la sala de referencia ha declarado en relación a la incidencia de la conducta de terceros en la existencia de nexo causal que:

> «(...) no cabe sostener de manera absoluta el principio de exclusividad invocado por el Sr. Abogado del Estado, dado que la interferencia de terceros no es bastante "per se" para eliminar en todo caso la influencia que en la producción del resultado final haya podido tener el actuar de la Administración, otra cosa es que tal interferencia pueda generar una situación de concausas con relevancia a la hora de fijar el quantum indemnizatorio, si bien la cuestión habrá de dilucidarse en cada caso concreto en función de las circunstancias concurrentes».

Asimismo, —concluye el Tribunal Supremo— que:

> «(...) **el hecho causante del resultado dañoso se produjo fuera de la esfera física de actuación de la Administración Penitenciaria, no lo es menos que tiene especial relevancia el que la propia Administración haya admitido una negligencia grave en su actuar, negligencia que re-**

> sulta determinante, no olvidemos que ha sido calificada de falta grave por la Administración la conducta del funcionario encargado de la vigilancia, de que se diera el presupuesto fáctico básico para que el recurrente en vía contenciosa fuera víctima de la grave agresión que le perpetró el interno, evadido de prisión (...), pues sin la conducta negligente determinante del anormal funcionamiento de la Administración Penitenciaria tal evasión no se hubiera producido y, por consecuencia, tampoco la agresión que originó los daños susceptibles de indemnización. Por tanto en el caso de autos no cabe sino apreciar una concurrencia de causas determinantes de una moderación en el quantum indemnizatorio con cargo a la Administración en la forma que lo hace la sentencia recurrida (...)».

Por consiguiente, se emite fallo en el sentido de **no haber lugar** al recurso de casación interpuesto por el abogado del Estado contra la sentencia emitida por la sala de lo contencioso de la Audiencia Nacional.

Responsabilidad patrimonial por lesiones producidas dentro del establecimiento penitenciario

La **sentencia del Tribunal Supremo, rec. 5823/1994, de 23 de febrero de 1999, ECLI:ES:TS:1999:1235**, resuelve un caso de responsabilidad de la Administración por lesiones a un recluso por falta de vigilancia por parte de los funcionarios del centro penitenciario.

El abogado del Estado interpone recurso de casación para la revocación de sentencia dictada por la Audiencia Nacional, en fecha 11 de junio de 1993, **sobre indemnización por incapacidad laboral de un interno derivada de las lesiones producidas a consecuencia de la paliza que le propinaron otros presos, aprovechando la ausencia de los funcionarios que los custodiaban dentro del establecimiento penitenciario**.

La referenciada sentencia estima el recurso contencioso-administrativo interpuesto contra la desestimación de la petición formulada ante el Ministerio de Justicia, por no ser conforme a derecho.

Luego, la ahora recurrente, formula recurso solicitando a la sala de casación que dicte sentencia por la que se estime el recurso, se case y anule la sentencia recurrida mediante la que se declara que la resolución administrativa impugnada es plenamente ajustada a derecho.

Si bien, el único motivo alegado por la abogacía del Estado para fundamentar la casación pretendida es que:

> «(...) no cabe apreciar la concurrencia del inexcusable nexo causal entre la actividad de la Administración penitenciaria y las lesiones sufridas por el recurrente, habida cuenta que en todo caso no puede dejar de ponderarse, la necesidad de cohonestar la obligada vigilancia de los servicios penitenciarios con la libertad e intimidad de los internos y con las obligaciones de todo orden que pesan sobre los funcionarios, sin olvidar además que las normas de vigilancia y control fueron consideradas correctas en la información reservada tramitada y que es esencial y

necesario, para reconocer la responsabilidad patrimonial del Estado, que exista una relación de causa a efecto directa, inmediata y exclusiva entre el funcionamiento del servicio público y el resultado dañoso producido».

Sin embargo, la Sala de lo Contencioso-Administrativo del Tribunal Supremo viene declarando como presupuestos necesarios para que se produzca la responsabilidad patrimonial de las Administraciones públicas que:

- El **particular sufra una lesión en sus bienes o derechos** que no tengan obligación de soportar.
- **Lesión real, concreta y susceptible de evaluación económica.**
- **Lesión imputable a la Administración.**
- **Consecuencia del funcionamiento normal o anormal de los servicios públicos.**
- Una **relación de causa a efecto entre aquel funcionamiento y la lesión**, sin que sea debida a casos de fuerza mayor.

Además, en la determinación de la concurrencia del requisito del daño antijurídico:

> «(...) es preciso realizar un examen valorativo partiendo de las circunstancias del caso examinado y según la jurisprudencia de la Sala deben incluirse como perjuicios necesitados de resarcimiento, entre otros, aquellos a cuya producción confluyen circunstancias similares a las propias de la **culpa o anormalidad en el funcionamiento del servicio** —pues el carácter objetivo de la responsabilidad no excluye que el carácter antijurídico del daño causado pueda inferirse de factores subjetivos de culpabilidad o del incumplimiento objetivo de normas o deberes— y aquellos que se generan en determinados supuestos en que la administración ha creado un riesgo».

A tenor de lo anterior, la sala razona que el motivo de casación resulta del todo improcedente puesto que concurren los requisitos anteriormente explicados, y que uniformemente viene exigiendo la jurisprudencia para dar lugar a la responsabilidad patrimonial administrativa.

Así, con respecto al nexo causal, bastaría reparar en que las lesiones determinantes de la incapacidad laboral se produjeron como consecuencia del funcionamiento de los servicios públicos penitenciarios, al permanecer aquel, como bien refiere la sala de instancia:

> «(...) en el salón destinado a televisión en unión de otros internos sin vigilancia alguna, el mismo día de su ingreso, a pesar de tratase de un preso acusado de violación, particular circunstancia de falta de vigilancia que, sobre suponer asimismo **el incumplimiento de los particulares deberes que al respecto impone la normativa penitenciaria, fue la determinante de la agresión por los otros internos y, en consecuencia, de la lesión causada** (...)».

En consecuencia, se declara **no haber lugar** al recurso de casación promovido por el abogado del Estado contra sentencia de la Sala de lo Contencioso de la Audiencia Nacional de fecha 11 de junio de 1993.

CUESTIONES

1. ¿Qué objetivo tienen las instituciones penitenciarias?

Según el artículo primero de la Ley Orgánica 1/1979, de 26 de septiembre, General Penitenciaria, las instituciones penitenciarias, tienen como fin primordial, la reeducación y la reinserción social de los sentenciados a penas y medidas penales privativas de libertad, así como la retención y custodia de detenidos, presos y penados.

Igualmente tienen a su cargo una labor asistencial y de ayuda para internos y liberados.

2. ¿Qué obligaciones tendrán los penados?

Conforme establece el art. 4 de la LGP, Los internos tendrán la obligación de:

- Permanecer en el establecimiento a disposición de la autoridad que hubiere decretado su internamiento o para cumplir las condenas que se les impongan, hasta el momento de su liberación.

- Acatar las normas de régimen interior, reguladoras de la vida del establecimiento, cumpliendo las sanciones disciplinarias que le sean impuestas en el caso de infracción de aquellas, y de conformidad con lo establecido en el artículo 44 de la Ley Orgánica General Penitenciaria.

- Mantener una normal actitud de respeto y consideración con los funcionarios de instituciones penitenciarias y autoridades judiciales o de otro orden, tanto dentro de los establecimientos penitenciarios como fuera de ellos con ocasión de traslado, conducciones o prácticas de diligencias.

- Observar una conducta correcta con sus compañeros de internamiento.

3. ¿Qué derechos poseerán los internos?

Los internos de un centro penitenciario tendrán los siguientes derechos (art. 3 de la LGP):

- Los internos podrán ejercitar los derechos civiles, políticos, sociales, económicos y culturales, sin exclusión del derecho de sufragio, salvo que fuesen incompatibles con el objeto de su detención o el cumplimiento de la condena.

- Se adoptarán las medidas necesarias para que los internos y sus familiares conserven sus derechos a las prestaciones de la Seguridad Social, adquiridos antes del ingreso en prisión.

- En ningún caso se impedirá que los internos continúen los procedimientos que tuvieren pendientes en el momento de su ingreso en prisión y puedan entablar nuevas acciones.

- La Administración penitenciaria velará por la vida, integridad y salud de los internos.

- El interno tiene derecho a ser designado por su propio nombre.

Además, la actividad penitenciaria se ejercerá respetando, en todo caso, la personalidad humana de los recluidos y los derechos e intereses jurídicos de los mismos no afectados por la condena, sin establecerse diferencia alguna por razón de raza, opiniones políticas, creencias religiosas, condición social o cualesquiera otras circunstancias de análoga naturaleza.

JURISPRUDENCIA

Sentencia del Tribunal Supremo, rec. 1067/1996, de 28 de marzo de 2000, ECLI:ES:TS:2000:2500

«(...) la de que ha existido, en grado suficiente, ***la concurrencia de un elemento de anormalidad en el servicio público prestado****, hecho que determina por sí*

mismo, como puede inferirse de los anteriores razonamientos, la desestimación del único motivo de casación en que se sustenta el recurso interpuesto por el abogado del Estado.

Sobre la base de los hechos que la Sala de instancia declara probados, ***esta aprecia la existencia de una anormalidad en el servicio público penitenciario determinante de la existencia de responsabilidad patrimonial****».*

RESOLUCIÓN RELEVANTE

Sentencia de la Audiencia Nacional, rec. 437/1996, de 8 abril de 1998, ECLI:ES:AN:1998:649

«(...) a la causación del evento dañoso cooperaron varias circunstancias, algunas de las cuales derivadas del funcionamiento del Servicio. Y en esta situación, la jurisprudencia (sentencia de 22 de junio de 1988) ha destacado que ***la nota de exclusividad (referida al funcionamiento del servicio) debe ser entendida en sentido relativo y no absoluto, pues si esta nota puede exigirse con rigor en supuestos dañosos acaecidos por funcionamiento anormal, el hecho de la intervención de un tercero o la concurrencia de concausas imputables, unas a la Administración y otras a personas ajenas e incluso al propio perjudicado, imponen criterios de compensación para atemperar la indemnización a las características concretas del caso examinado****».*

5.6. La responsabilidad patrimonial de la Administración financiera

Responsabilidad de la Administración financiera en el caso «FÓRUM FILATÉLICO»

El llamado caso «Fórum Filatélico» consiste en una **estafa piramidal** en la que los clientes adquirían sus sellos confiados en que, como se les aseguraba, valían el importe de dinero que entregaban al Fórum, que se revalorizaban constantemente y que existía un mercado activo en el que podían venderse, ordinariamente sin problemas.

De este modo, **los compradores ignoraban que el dinero que la sociedad recibía de los clientes se destinaba en parte a la compra de nueva filatelia a precios muy inferiores a los que luego se vendían o adjudicaban a los clientes, en parte a pagar a los clientes que deseaban recuperar su inversión o a quienes percibían el interés asegurado, en parte al funcionamiento de la empresa y en parte se desviaba hacia el patrimonio personal de los acusados.**

Asimismo, ignoraban que la única forma de devolver el dinero a quienes lo solicitaban al finalizar los contratos o de pagar los intereses asegurados, era disponer de las cantidades de dinero entregadas por los inversores, puesto que Fórum no tenía otras fuentes de ingresos.

En la **sentencia de la Audiencia Nacional, rec. 249/2008, de 5 de febrero de 2010, ECLI:ES:AN:2010:299**, se resuelve el recurso contencioso-administrativo interpuesto ante la sala del mismo orden de la Audiencia Nacional contra la resolución de la ministra de la presidencia por la que se resuelve desestimar las reclamaciones de responsabilidad patrimonial de la Administración del Estado formuladas por los daños derivados de la actuación de las Entidades Fórum Filatélico S.A. y Afinsa Bienes Tangibles S.A.

La parte recurrente ha sostenido que teniendo en cuenta el carácter financiero de la actividad de Fórum Filatélico la responsabilidad patrimonial derivaría de:

> «(...) **la falta de control por la CNMV (...), a una entidad, Fórum Filatélico, que conforme a la propia memoria de dicho organismo regulador, tenía la consideración de financiera. El que la actividad realizada por Fórum era financiera y no comercial**, a juicio del recurrente, no solo se desprende de la Memoria de la Comisión Nacional del Mercado de Valores correspondiente al año 1999, y de la Recomendación Defensor del Pueblo en la Recomendación efectuada a la Secretaría de Estado de Economía el 12 de diciembre de 2006 sino de la propia querella de la Fiscalía origen del procedimiento penal en curso contra los directivos de Fórum. **Siendo financiera la actividad, y siendo conocido su carácter por el organismo de control, la inaplicación de la normativa vigente, y la ausencia de medidas de vigilancia y control sobre dicha actividad desde el año 1999, ha actuado (...) como verdadera causa de los daños ocasionados posteriormente a miles de personas, entre ellas, a la actora**».

Y añade que:

> «(...) **la realidad de los hechos demuestra que Fórum Filatélico ha estado funcionando al margen de la normativa reguladora del sistema financiero, lo que ha permitido actuar de forma totalmente ajena a cualquier mecanismo de regulación, supervisión y control a una empresa que ha venido captando ahorro público sin someterse a la normativa reguladora del Mercado de Valores, a la normativa sobre inversión colectiva o a cualquier otra legislación especial que faculte para desarrollar la actividad de captación de ahorro público** (...)».

A juicio de la parte actora, la actitud de las Administraciones públicas para con respecto a Fórum Filatélico, y su actividad durante más de 25 años, ha trasladado a los inversores un sentimiento de confianza en su solvencia tanto económica como social, que, como se ha comprobado con posterioridad y de forma abrupta, no respondía a la realidad. La apariencia de legalidad, la relevancia social de sus actos, incluso avalados públicamente por altas instancias del Estado, y la inexistencia de advertencia alguna de las Administraciones públicas con respecto a la concreta actividad de Fórum determinarían igualmente, a su entender, la estimación de la reclamación.

Asimismo, los perjudicados de Fórum y Afinsa imputan responsabilidad patrimonial a la Agencia Estatal de la Administración Tributaria (en adelante AEAT) por:

- No haber ejercido adecuadamente las potestades de inspección y comprobación de los hechos imponibles.

- Demora o precipitación en la puesta en conocimiento de la Fiscalía de las conclusiones de las actuaciones de comprobación iniciadas a partir del año 2003.

Sin embargo, la Audiencia de referencia entiende que, para enjuiciar la responsabilidad patrimonial de la AEAT, es importante tener en cuenta su informe, de fecha 21 de junio de 2007, emitido a instancias del Ministerio de Sanidad y Consumo, correspondiente a las actuaciones inspectoras iniciadas en el año 2003, en el que se recoge:

> «**En el desarrollo de las actuaciones inspectoras se produjeron numerosas dilaciones imputables al obligado tributario**, al no aportar prácticamente en ningún momento la totalidad de la documentación solicitada de forma específica por la Inspección, habiéndose indicado en el texto de las diligencias extendidas que **la falta de aportación de los documentos solicitados tiene la consideración de dilaciones imputables al sujeto pasivo (...)**».

Por tanto, teniendo en cuenta la complejidad y dificultad de las actuaciones inspectoras, no puede pretenderse que existiera:

- Dilación en el desarrollo de las actuaciones inspectoras.
- Demora alguna en la denuncia al Ministerio Público de los hechos derivados de dichas actuaciones.
- Celeridad injustificada por parte de AEAT en la comunicación realizada al Ministerio Público.

A mayor abundamiento, «(...) el hecho de que la Administración haya adoptado medidas de apoyo a los perjudicados de Fórum y Afinsa, no puede llevarnos a concluir que reconozca tácitamente su responsabilidad patrimonial por la situación derivada de la insolvencia económica a que se han visto abocadas ambas sociedades».

En consecuencia, **no se considera procedente** imputar responsabilidad patrimonial a la AEAT en el supuesto de referencia; por ello, entre otros motivos, se **desestima** el recurso contencioso-administrativo interpuesto contra la resolución de la ministra de la presidencia.

> A TENER EN CUENTA. En el ámbito penal, la sentencia del Tribunal Supremo n.º 688/2019, de 4 de marzo de 2020, ECLI:ES:TS:2020:809, condena a los responsables del fondo por los siguientes delitos:
>
> - Delito de estafa.
> - Delito de insolvencia punible.
> - Delito societario de falsedad en las cuentas sociales.
> - Delito de blanqueo de capitales.

CUESTIÓN

¿En qué consiste el principio de confianza legítima?

Es un principio de origen jurisprudencial, que debe analizarse en cada caso concreto, para reaccionar frente a actuaciones tanto del Poder Legislativo como de la Administración, caracterizadas por sorprender la confianza del destinatario, que basándose en actos concluyentes ha generado unas expectativas razonables en el mantenimiento de determinada situación.

A mayor abundamiento, la sentencia del Tribunal Supremo, rec. 6383/1999, de 1 diciembre de 2003, ECLI:ES:TS:2003:7614, concluye que puede considerarse legítima la confianza del interesado en el actuar de la Administración cuando esta lleva a cabo actuaciones lo suficientemente concluyentes como para que aquel pueda razonablemente entender:

- Que la Administración actúa correctamente.
- Que es lícita la conducta que mantiene con la Administración.
- Que sus expectativas como interesado son razonables.
- Que el interesado haya cumplido los deberes y obligaciones que le incumben en el caso.

Responsabilidad de la Administración financiera en el caso «BANKIA»

En el denominado caso «Bankia» se denuncia el supuesto **plan urdido para capitalizar una entidad en pleno proceso de hundimiento con aportaciones de particulares, quienes, confiados en la aparente solvencia de la corporación invirtieron sus ahorros en una entidad manipulada** para captar fondos de particulares en los mercados de manera gravemente lesiva para los inversores.

La **sentencia de la Audiencia Nacional n.° 256/2015, de 23 de septiembre, ECLI:ES:AN:2015:3320**, resuelve el recurso contencioso-administrativo interpuesto contra dos resoluciones, de fecha 23 de diciembre de 2013, emitidas por la Comisión Ejecutiva del Banco de España, por las que se desestiman las reclamaciones de indemnización en concepto de responsabilidad patrimonial por los perjuicios ocasionados por la actuación de dicho organismo en la salida a bolsa de la entidad Bankia.

Así, los ahora demandantes alegan que adquirieron diversas acciones con motivo de la oferta pública efectuada por la salida a Bolsa de Bankia, confiados en la aparente solvencia de la corporación, así como no menos confiados en que los órganos supervisores actuaron de forma prudente y acorde a sus funciones, invirtiendo sus ahorros en una entidad manipulada en todos los sentidos por sus órganos de gobierno, con la cooperación de la supervisión negligente del Banco de España, la Comisión Nacional del Mercado de Valores y el Ministerio de Economía y Competitividad con el objetivo de atraer fondos de particulares en los mercados de manera gravemente lesiva para los inversionistas.

Es por ello que solicitan ser indemnizados en la diferencia existente entre el precio de adquisición de las acciones y el obtenido posteriormente por la venta de las mismas, más los intereses correspondientes.

Pese a lo anterior, tanto el Banco de España como la abogacía del Estado rechazan que concurran los requisitos legalmente señalados para que surja la responsabilidad patrimonial puesto que:

> «(...) **Ninguna antijuridicidad aprecia en el daño por el que se reclama, pues fueron los reclamantes los que decidieron libremente tanto la com-**

pra como la venta en un mercado, el de valores, que implica un riesgo que deben asumir, teniendo los supervisores financieros un ámbito de actuación limitado, debiendo analizarse su comportamiento en atención a las circunstancias concurrentes en cada caso, resultando que, según dicha parte, sus competencias se ejercitaron de modo ponderado y razonable, **sin que, por lo tanto, pueda reconocerse relación causal entre su actuación y el perjuicio que se quiere resarcir, reparando en que, además, a partir de la salida a bolsa, se impute ninguna omisión en las facultades de supervisión a la parte demandada**».

Pues bien, la Sala de lo Contencioso de la Audiencia Nacional entiende que:

> «(...) **no concurren los requisitos legales para el nacimiento de la responsabilidad del Banco de España y la consiguiente obligación reparadora del daño por el que reclaman los demandantes, pues, analizadas las actuaciones del demandado en relación con la salida de Bankia a bolsa, no se advierte en el análisis individualizado de las mismas que se ha hecho ni en su apreciación conjunta que sean la causa del perjuicio patrimonial sufrido por los actores**».

Asimismo, cabe destacar que:

> «(...) **la suscripción de las acciones fue una decisión adoptada libremente por los recurrentes, al igual que la de la posterior venta**, y que, como acertadamente se resalta por el organismo demandado, dichos **valores estaban sujeto a negociación bursátil y a los avatares del mercado, sin que se acabe de ver dónde se encuentra la actuación del Banco de España generadora de la disminución patrimonial** (...)».

Por consiguiente, se **desestima** el recurso contencioso-administrativo interpuesto contra las resoluciones de 23 de diciembre de 2013 emitidas por la Comisión Ejecutiva del Banco de España.

CUESTIÓN

¿Cómo se determina la responsabilidad patrimonial de los organismos reguladores?

El Tribunal Supremo ha mantenido que no puede exigirse la garantía absoluta de que no se produzcan disfunciones en los distintos sistemas, sin que la mera existencia de tales organismos constituya, per se, título de imputación suficiente para reclamar responsabilidad patrimonial con el objeto de indemnizar cualquier perjuicio que puede acaecer por la participación voluntaria de los ciudadanos en el ámbito financiero, con independencia de la causa que lo haya producido.

En este mismo sentido, ha precisado que la responsabilidad del órgano de control vendrá determinada por la imputabilidad del daño, en relación causal, a la omisión de aquellas actuaciones que razonablemente le fueran exigibles adoptar en el ejercicio de las facultades que la ley le reconoce para el cumplimiento de su función o al ejercicio inadecuado de las mismas atendiendo a las circunstancias del caso y la finalidad perseguida por el ordenamiento jurídico, lo que supone una valoración propia de un órgano técnico con respeto a ese ámbito de decisión, salvo que se produzca un ejercicio arbitrario o injustificado, erróneo en sus consideraciones fácticas o contrario a la norma, señalando que, para ponderar si aquellas facultades se han ejercitado razonable y proporcionalmente, hay que estar a las circunstancias concurrentes al momento en que se tenían que adoptar.

A TENER EN CUENTA. Es importante recordar que la **Directiva 1997/9/CE, de 3 de marzo de 1997**, que versa sobre los sistemas de indemnización de los inversores en el ámbito de las empresas de ese sector, que incluyen a las entidades de crédito, reconoce que ningún sistema de supervisión puede ofrecer una garantía completa, particularmente en el caso de que se cometan actos fraudulentos.

Responsabilidad de la Administración financiera en el caso «GESCARTERA»

El designado caso «Gescartera» consistió en una **estafa por la que unos 2.000 clientes, en su mayoría pequeños ahorradores, perdieron el dinero que habían invertido en la entidad, y en la que la actuación de la Comisión Nacional del Mercado de Valores fue puesta en entredicho, en palabras de la fiscalía, los acusados crearon o desarrollaron una actividad claramente dirigida a lucrarse, defraudando a sus clientes con el fin de hacer suyo el dinero o valores entregados por aquellos**, y de la que trata la **sentencia del Tribunal Supremo, rec. 93/2006, de 1 de junio de 2010, ECLI:ES:TS:2010:2709**, que pasamos a analizar.

Los ahora recurrentes ante nuestro más Alto Tribunal presentaron ante el Ministerio de Economía reclamación de responsabilidad patrimonial alegando las pérdidas económicas sufridas como consecuencia de lo que, a su juicio, había sido una **incorrecta actuación de la Comisión Nacional del Mercado de Valores** (en adelante, CNMV) en relación con lo que denominan **«desfase patrimonial» o «agujero»** de la agencia de valores Gescartera Dinero AV, SA.

Ante el silencio de la Administración, acudieron a la vía jurisdiccional, donde su pretensión indemnizatoria fue desestimada por sentencia de la Sala de lo Contencioso-Administrativo de la Audiencia Nacional, de fecha 18 de octubre de 2005, en los siguientes términos:

> «Fallamos.- DESESTIMAR el recurso contencioso administrativo interpuesto (...) contra Resolución por silencio del Ministerio de Economía (...)».

Pues considera que no concurren los requisitos de la responsabilidad patrimonial de la Administración, en concreto, que la actuación de la CNMV en ese episodio no fue negligente ni ineficaz. Esta apreciación, a la que se llega tras un muy minucioso relato de los hechos, se basa en cuatro consideraciones:

- La intervención de las entidades de crédito está legalmente configurada como una medida excepcional, por lo que la CNMV la adoptó solo cuando la situación alcanzó, a su juicio, una extremada gravedad.
- La CNMV había llevado a cabo una ininterrumpida actuación de supervisión e inspección sobre la agencia de valores.

- El informe del auditor del año 1999 era globalmente positivo.
- La transformación de la entidad en agencia de valores, aprobada por la CNMV pocos meses antes de su intervención, impuso a aquella una serie de obligaciones y controles a los que antes no estaba sometida.

Además, los recurrentes concertaron contratos de depósito remunerados con la corporación, que esta no estaba autorizada a realizar.

Ulteriormente se interpone recurso de casación ante el Tribunal Supremo contra la citada sentencia de la Sala de lo Contencioso-Administrativo de la Audiencia Nacional, basándose en cuatro motivos, uno de los cuales se fundamenta en la infracción tanto de los artículos. 139 y siguientes de la Ley 30/1992, de 26 de noviembre, de Régimen Jurídico de las Administraciones públicas y del Procedimiento Administrativo Común (actualmente derogada), así como de los artículos 9, 106 y 149.1.18 de la CE.

Ahora bien, pese a la pretensión de los recurrentes de que se habría debido declarar la responsabilidad patrimonial del Estado por los daños que, a su juicio, les había ocasionado la actuación de la CNMV con respecto a la agencia de valores, el recurso de casación fue **desestimado** en base a las siguientes razones:

> «Como tuvo ocasión de explicar pormenorizadamente la sentencia de esta Sala de 16 de mayo de 2008, también relativa a una reclamación de responsabilidad de la Administración por una pretendida actuación tardía de la CNMV, en los supuestos en que la producción del daño se atribuye a una inactividad u omisión, es preciso demostrar que sobre la Administración pesaba un deber jurídico de actuar o, en su caso, de hacerlo antes del momento en que lo hizo. Pues bien, habida cuenta de que en el presente caso, como ha quedado expuesto más arriba, **la actuación de la CNMV no puede ser tachada de intempestiva ni, más en general, de inadecuada, es claro que no cabe objetivamente imputar el daño sufrido por los recurrentes a la Administración. En otras palabras, no existe nexo causal entre la omisión de unas determinadas decisiones, que la CNMV no estaba obligada a tomar en el momento que señalan los recurrentes, y la pérdida patrimonial padecida por estos**».

Responsabilidad de la Administración financiera en el caso «Banco Popular»

La **Audiencia Nacional, en su sentencia, rec. 665/2019, de 26 de febrero de 2020, ECLI:ES:AN:2020:27**, da precisiones acerca de las competencias de supervisión que ostenta el Banco de España en relación con las entidades de crédito:

> «No parece ocioso precisar que **la supervisión implica unas labores de inspección sobre determinadas actuaciones, así como que la misma puede llevarse a cabo en diferentes momentos**, tanto antes como durante, o incluso, después del desarrollo de esta actividad. En el caso de la supervisión "prudencial", parece claro que se proyecta sobre el comienzo

y durante la realización de las tareas, no comprendiendo la que se efectúa a posteriori».

Si bien, en el caso de la entidad financiera Banco Popular, al ser considera como una entidad de crédito significativa (grandes bancos) la competencia de supervisión no correspondería al Banco de España sino al Banco Central Europeo.

Así, la Audiencia Nacional concluye:

«Por consiguiente, si el Banco de España carecía de competencias en materia de supervisión del Banco Popular, es conforme con el ordenamiento jurídico la decisión de inadmitir la reclamación formulada en concepto de responsabilidad patrimonial por el supuesto incumplimiento de unas funciones supervisoras de las que carecía dada la ausencia de título de imputación, como, en este mismo sentido, ha declarado esta misma Sala y Sección en la sentencia de 29 de mayo de 2019, recaída en el recurso 912/2017, citada en la contestación a la demanda, en la que se concluye que "Dada, así pues, la claridad de la normativa en la que el Banco de España se basó para negar la concurrencia del primer requisito que ha de concurrir en materia de responsabilidad patrimonial, que es un hecho que le sea imputable, lo que no se da, pues los hechos imputados en la reclamación al Banco de España son ajenos a su competencia, resulta conforme a derecho la decisión de inadmitir la reclamación a trámite, por carencia manifiesta de fundamento y, por ende, del acuerdo recurrido".

(...)

En efecto, con carácter principal **hay que descartar la responsabilidad de la parte demandada sobre la base del incumplimiento de las funciones de supervisión sobre el Banco Popular conforme a la Ley 10/2014, ya que las disposiciones de esta norma nacional se proyectan sobre las actividades supervisoras que correspondan al Banco de España**, entre las que, según resulta de lo anteriormente expuesto, desde noviembre de 2014, no se encuentran las relativas a las entidades de crédito significativas, como fue el caso del Banco Popular».

CUESTIÓN

En el caso de que una entidad financiera significativa, como era el antiguo «Banco Pastor», no adoptara las medidas necesarias para la prevención de blanqueo de capitales, ¿la competencia de supervisión le correspondería al Banco de España?

Sí, la referida **sentencia de la Audiencia Nacional rec. 665/2019, de 26 de febrero, ECLI:ES:AN:2020:27**, reconoce la existencia de áreas relevantes de la actividad bancaria ajenas a la supervisión atribuida al Banco Central Europeo, como son la prevención de blanqueo de capitales o la protección de los consumidores, así como parcialmente, los mercados financieros, los instrumentos macroprudenciales o el ámbito sancionador.

Por lo que, en los ámbitos mencionados, sigue siendo competencia de las autoridades nacionales.

5.7. La responsabilidad patrimonial por accidentes en zonas de dominio público

En primer lugar, es doctrina consolidada (**STS, rec. 3192/2001, de 13 de septiembre de 2002, ECLI:ES:TS:2002:5835**):

> «(...) la prestación por la Administración de un determinado servicio público y **la titularidad por parte de aquella de la infraestructura material para su prestación no implica que el vigente sistema de responsabilidad patrimonial objetiva de las Administraciones Públicas convierta a éstas en aseguradoras universales de todos los riesgos** con el fin de prevenir cualquier eventualidad desfavorable o dañosa para los administrados que pueda producirse con independencia del actuar administrativo, porque de lo contrario, como pretende el recurrente, se transformaría aquél en un sistema providencialista no contemplado en nuestro ordenamiento jurídico».

A continuación, se hace alusión a varios escenarios que pueden dar lugar a la responsabilidad patrimonial de la Administración pública como consecuencia de contingencias acaecidas en zonas de dominio público.

Responsabilidad de la Administración por daños derivados de un accidente de tráfico

Respecto a la **sentencia del Tribunal Supremo, rec. 3381/2005, de 1 de diciembre de 2009, ECLI:ES:TS:2009:7159**, un motociclista interpone recurso de casación contra sentencia, de fecha 1 de febrero de 2005, dictada por la Sala de lo Contencioso-Administrativo de la Audiencia Nacional, que desestima el recurso del mismo orden interpuesto contra la desestimación presunta de su reclamación de indemnización por responsabilidad patrimonial de la Administración General del Estado, por los **daños derivados de un accidente de tráfico ocurrido cuando se encontraba conduciendo su motocicleta, en compañía de otros motoristas, a causa de un charco o embalsamiento de agua en la carretera que provocó que la moto hiciera efecto *aquaplaning*, desestabilizando el vehículo y cayendo sobre el asfalto.**

La sentencia impugnada desestima la demanda por entender que:

> «(...) si bien el suelo estaba mojado en el lugar donde ocurrió el accidente, la carretera estaba en correcto estado y había buena visibilidad, por lo que **el accidente fue debido solo a la velocidad inadecuada** con que circulaba el recurrente. De aquí infiere la **inexistencia de nexo causal entre el funcionamiento del servicio público y la lesión sufrida por el recurrente, cuya pretensión indemnizatoria considera así que no puede prosperar**».

Sin embargo, la sala de casación entiende que las circunstancias del caso que nos ocupa son claras y ello porque circulando a una velocidad inadecuada por una autovía en correcto estado y con buena visibilidad:

> «(...) **la motocicleta del recurrente patinó en un lugar mojado, lo que provocó su caída y choque contra la valla de la mediana**; ésta última era una bionda, así denominada por estar formada por una plancha metálica con forma de doble onda; **el impacto con la bionda, que por su propia conformación puede tener un efecto cortante, segó la pierna izquierda del recurrente** (...)».

Y afirma que, pese a la argumentación esgrimida por la Abogacía del Estado, de que la lesión no se hubiera producido si el ahora recurrente hubiera circulado a una velocidad adecuada, «(...) el **concreto y específico resultado lesivo —el corte de la pierna izquierda— no se habría producido si, en lugar de una bionda**, la valla de la mediana hubiera sido de otro tipo (redondo, blando, etc.)».

Es más, aunque la velocidad inapropiada sea imputable al motociclista, la existencia de la bionda lo es a la Administración, ello trae consigo **la existencia de un nexo causal entre el funcionamiento del servicio público y las lesiones producidas al recurrente**.

Ahora bien, con respecto a la indemnización, no se debe olvidar que el accidente fue básicamente debido a la velocidad inadecuada con que circulaba el recurrente, es decir, existe una concurrencia de culpas del motociclista y la Administración, lo que debe ser tenido en consideración a la hora de fijar la cuantía de la indemnización, de ahí que la culpa deba repartirse por mitades.

En consecuencia, se **estima** el recurso de casación interpuesto contra la sentencia de la Sala de lo Contencioso de la Audiencia Nacional de 1 de febrero de 2005.

> **JURISPRUDENCIA**
>
> **Sentencia del Tribunal Supremo, rec. 2644/1997, de 23 de julio de 2001, ECLI:ES:TS:2001:6541**
>
> *«Nuestra Sala se identifica plenamente con lo que la de instancia afirma en el fundamento 5.° de la sentencia impugnada, donde, en lo que ahora importa, puede leerse que "(...)* ***en el accidente cuestionado influyó, en primer lugar, el fallo mecánico del vehículo del recurrente, aunque, en los resultados producidos concurriera, en mayor medida, la defectuosa instalación de la barrera de seguridad. De ahí que el evento dañoso deba ser soportado tanto por el titular del turismo como por la Administración demandada, proporcionalmente****"».*

Responsabilidad de la Administración por lesiones provocadas a un peatón

La **sentencia del Tribunal Supremo, rec. 7044/1998, de 16 de diciembre de 2002, ECLI:ES:TS:2002:8441**, resuelve el recurso de casación interpuesto por el ayuntamiento de Palma de Mallorca contra la sentencia, de fecha 30 de abril de 1998, dictada por la Sala de lo Contencioso-Administrativo del

Tribunal Superior de Justicia de las Islas Baleares en el recurso del mismo orden sostenido por la agraviada contra la desestimación por silencio de la reclamación formulada al referido ayuntamiento, a fin de ser indemnizada por las **lesiones y secuelas sufridas a consecuencia de haber resbalado en un paso de peatones señalizado debido al aceite derramado en la calzada**.

La Administración local admite la existencia del accidente, pero no de que el mismo se debiera a un mal funcionamiento del consistorio, puesto que, como indica la sentencia de instancia:

> «(...) la policía local dio aviso de la existencia de una mancha de aceite a las 19,25 horas al Servicio de Bomberos, y que este actuó con prontitud, en tanto el servicio comenzó a las 19,35 horas y finalizó a las 20,03 horas, según (...) informe emitido por el Oficial jefe del Mando Operativo del Cuerpo de Bomberos».

Aun así, y sin perder de vista que, admitida la existencia de una mancha de aceite en un paso de peatones, de origen desconocido, en horas de mucho tránsito, tanto de vehículos como de peatones, la sala de instancia declara que la celeridad en la actuación de los servicios público:

> «(...) **no tan solo consistía en el aviso que efectuó la policía local, ante la posible producción, potencial y real, de accidentes, tanto de personas como de vehículos, sino además en tomar todas las precauciones**, que no debían ser pocas, como la de regular el tráfico rodado y de viandantes por la propia policía local que dio el aviso, hasta que llegara el Servicio de Bomberos, que, en aquel momento, no se sabía cuándo llegaría; y que, cuando lo hizo, ya era tarde pues el accidente había acaecido. Es decir, hubo, y no otra reflexión cabe, **un mal funcionamiento por parte de los Servicios Municipales, que, ante un posible riesgo, no tomaron todas las medidas, cuando menos las necesarias, y que tenían a su abasto, para evitar el accidente** (...)».

En esta misma línea, la sala de casación entiende que **no cabe duda de que la caída de la peatona fue a consecuencia de que el pavimento estaba deslizante por efecto del aceite**, lo que:

> «(...) **constituye un anormal funcionamiento de los servicios municipales, que deben vigilar por el buen estado de las vías públicas, pero, aun aceptando que el aceite hubiese sido derramado por un tercero**, a cuya negligencia o dolosa conducta debiera atribuirse la responsabilidad de lo sucedido, **tal eventualidad no rompe la relación de causalidad entre la actuación del servicio público y la caída de la demandante al suelo**, ya que, como con todo acierto señala el Tribunal "a quo" en la sentencia recurrida, **no se adoptaron todas las precauciones hasta que desapareciese el riesgo mediante la regulación del tránsito de peatones y vehículos**, pues el aviso de la **policía local** al Servicio de Bomberos a las 19'25 horas demuestra que aquella conocía dicha situación, al menos a esa hora, y la caída de la peatón se produjo a las 19'30 horas, es decir cinco minutos después que dicho Servicio de Bomberos hubiese recibido el aviso de la policía local, **cuyo deber, mientras aquel acudía a limpiar la mancha de**

> **aceite, era regular oportuna y diligentemente el tráfico rodado y de viandantes, de modo que, al no hacerlo, su inactividad fue determinante del resultado lesivo producido y acarreó, en suma, la responsabilidad patrimonial declarada en la sentencia recurrida**».

Por consiguiente, **no se estima** el recurso de casación interpuesto por el ayuntamiento de Palma de Mallorca contra la referida sentencia de la Sala de lo Contencioso-Administrativo del Tribunal Superior de Justicia de las Islas Baleares.

Responsabilidad de la Administración por perjuicios derivados de una caída en la vía pública

En primer lugar, señalar que las entidades de la Administración local tienen la **obligación inexcusable de mantener las vías públicas abiertas a la circulación peatonal y viaria en condiciones tales que la seguridad de quienes las utilizan esté normalmente garantizada**.

A continuación, cabe mencionar a modo de ejemplo el caso enjuiciado en la **sentencia del Tribunal Supremo, rec. 1988/2002, de 5 de julio de 2006, ECLI:ES:TS:2006:4124**.

La agraviada por la caída, a los efectos de cuestionar la cuantía de la indemnización fijada en instancia, y el ayuntamiento de Murcia interponen sendos recursos de casación contra la sentencia de la Sala de lo Contencioso del Tribunal Superior de Justicia de Murcia, de 31 de octubre de 2001, en la que se estima parcialmente el recurso contencioso administrativo interpuesto por la particular contra los acuerdos del citado ayuntamiento, que habían desestimado la reclamación de responsabilidad patrimonial formulada por aquella, **por las lesiones ocasionadas como consecuencia de una caída en la vía pública**.

Así, la sentencia de instancia considera que existió responsabilidad patrimonial del ayuntamiento y fija una indemnización por las lesiones padecidas por la recurrente, pronunciándose en los siguientes términos:

> «Aquí interesa determinar si se da la relación de causa a efecto referida entre el hecho imputado a la Administración (funcionamiento anormal de un servicio público municipal) y los daños y perjuicios reclamados. **Está fuera de toda duda por su acreditación el hecho de la caída en el lugar, día y hora (diez de la mañana) que se dice por la recurrente, hecho que viene atestiguado por declaración en el expediente de varios testigos, (...), que vieron caer a la calzada a la actora, al tropezar con un hilo atado entre dos árboles a una altura aproximada de 10 cm del suelo, golpeándose con el mentón contra el suelo** (...)».

Pese a ello, el ayuntamiento recurrente sigue manteniendo que tal hilo no fue colocado por obras municipales o por la realización de trabajos de poda de árboles por los servicios municipales, sino que «(...) habría sido colocado por terceras personas, con una proximidad en el tiempo en relación a la caída, que impidió que fuese detectado y retirado por los servicios municipales correspondientes».

A tenor de lo anterior, el tribunal de casación concluye lo siguiente:

> «(...) para que el **daño** concreto producido por el funcionamiento del servicio a uno o varios particulares sea **antijurídico** basta con que **el riesgo inherente a su utilización haya rebasado los límites impuestos por los estándares de seguridad exigibles conforme a la conciencia social.** No existirá entonces deber alguno del perjudicado de soportar el menoscabo y, consiguientemente, **la obligación de resarcir el daño o perjuicio causado por la actividad administrativa será a ella imputable.**
>
> (...)
>
> (...) **las lesiones de la actora, por las que reclama, se produjeron como consecuencia de una caída en una vía pública, ante un obstáculo absolutamente imprevisible, como era un hilo atado entre dos árboles,** obstáculo este cuya realidad y configuración no puede ser abarcado por cualquier peatón que circula en condiciones normales por una vía pública **cuyo adecuado estado de conservación para asegurar la normal deambulación de aquellos sin riesgos imprevisibles y por tanto inevitables, corresponde a los Ayuntamientos,** no habiendo probado el Ayuntamiento recurrente, como le hubiera correspondido a efectos de poder eximir su responsabilidad, que el hilo entre los árboles se hubiese colocado por terceras personas, con una proximidad temporal tal, al momento en que se produjo la caída, que hubiese hecho imposible velar por el adecuado mantenimiento de la vía pública, quitando el obstáculo colocado y siendo ello así es evidente que, según lo que antes se ha argumentado, **concurren los requisitos definidores de la responsabilidad patrimonial, pues se ocasionó (...) un daño antijurídico, derivado de un indebido funcionamiento de un servicio municipal, al no vigilar el estado de la vía pública, generando un riesgo que superó los ordinarios estándares de seguridad** (...)».

En consecuencia, **no ha lugar** a los recursos de casación interpuestos contra la sentencia, de fecha 31 de octubre de 2001, por la Sala de lo Contencioso del Tribunal Superior de Justicia de Murcia.

JURISPRUDENCIA

Sentencia del Tribunal Supremo, rec. 4796/1997, de 9 de octubre de 2001, ECLI:ES:TS:2001:7742

*«De los hechos que en la sentencia impugnada se declaran probados, la Sala de instancia extrae unas conclusiones cuya razonabilidad es evidente por lo que nadie podría discutirlas y desde luego la Junta no las ha discutido en su recurso. Estas conclusiones son dos: **a) Que la Administración viene permitiendo que los ciudadanos en general utilicen las instalaciones portuarias y, concretamente, el espigón por el que paseaba la accidentada y la escalera por la que, al iniciar el descenso cayó con el resultado lesivo que ha dado origen a este proceso; b) La peligrosidad de esa parte de las instalaciones portuarias por la altura de la escalera y la inexistencia de cualquier medida de protección.** Nada hay que objetar a este razonamiento conclusivo de la Sala*

(...)

*Todo ello hacía indispensable -esto sí- **la colocación por la Administración de signos visuales** del tipo que resulte aconsejable -figurativos, lingüísticos, o de ambas clases- en los que se contengan mensajes **advirtiendo del peligro** o mediante los que se comuni-*

que a los eventuales viandantes del riesgo que para su propia seguridad ofrece el circular por construcciones como las aquí descritas, las cuales están llamadas a cumplir funciones distintas de las de ofrecer un lugar para pasear. Un espigón portuario no está concebido normalmente -y desde luego, y por lo que resulta de los autos, no lo está en el caso que nos ocupa- para ser utilizado también como paseo marítimo. Por eso, la Administración que tolera ese uso debe, por lo menos, advertir del peligro de transitar por semejante lugar. ***Y como en este caso no ha procedido así, la Administración debe responder***».

Sentencia del Tribunal Supremo, rec. 116/2005, de 30 de mayo de 2006, ECLI:ES:TS:2006:3972

«En el presente caso concurren los requisitos establecidos (...), es decir, daño efectivo, individualizado, evaluable económicamente y nexo causal entre la actuación administrativa y el daño producido, debido a la caída de la demandante por el socavón de cinco centímetros existente en la acera por donde transitaba, que inmediatamente después del accidente fue reparado por los servicios municipales, en el que cabía medio pie como consecuencia de la falta de media loseta, lo que supone una defectuosa consecuencia de la vía pública y la asunción de un riesgo que no tiene que sufrir la reclamante».

CUESTIÓN

¿En qué momento surge la responsabilidad patrimonial de la Administración por una caída en la vía pública?

La responsabilidad de la Administración surge cuando el obstáculo en la calle supera lo que es el normal límite de atención exigible en el deambular, si bien no es posible reclamar una total uniformidad de la vía pública ni la inexistencia absoluta de elementos que interfieran en el tránsito de los peatones. Lo exigible es que el estado de la vía sea lo suficientemente uniforme y el paso aparezca adecuadamente expedito como para resultar fácilmente superable con el nivel de atención que, socialmente, es requerible. Es precisamente cuando sea necesario un nivel de atención superior cuando surgirá, en su caso, la relación de causalidad, siempre que no se rompa dicho nexo por hecho de tercero o de la propia víctima (**sentencia del Tribunal Superior de Justicia de Madrid n.º 31/2022, de 27 de enero**, ECLI:ES:TSJM:2022:55).

Responsabilidad de la Administración por lesiones derivadas de un accidente en la playa

En la **sentencia del Tribunal Supremo, rec. 2515/2004, de 24 de junio de 2008, ECLI:ES:TS:2008:3437**, se resuelve el recurso de casación interpuesto por los padres de un menor contra la sentencia, de 28 de noviembre de 2003, dictada por la Sala de lo Contencioso-Administrativo del Tribunal Superior de Justicia de Galicia en un recurso del mismo orden en el que se impugna el Acuerdo de la Comisión Municipal de Gobierno del Concello de O Grove, que desestima el recurso de reposición interpuesto contra Acuerdo, de 4 de junio de 1999, por el que se desestima la reclamación de indemnización por **las lesiones y secuelas sufridas por su hijo al haber pisado unas brasas ocultas en la arena de la playa de la Lanzada, sufriendo graves quemaduras en los pies, habiendo necesitado incluso un injerto de piel en las zonas afectadas**.

La sala de instancia entiende que **no es posible establecer entre la inactividad de la Administración y los daños cuya indemnización se**

reclama el nexo causal necesario para declarar su responsabilidad patrimonial, en base a que:

> «(...) si como, de otra parte, alega el actor, la hora del suceso fue a las 15:00 horas y las brasas causantes del accidente se realizaron por terceros la noche anterior, el hecho resulta físicamente imposible, pues transcurrido dicho periodo de tiempo no podía haber rescoldos, si no fuese porque las brasas se hubieran hecho por terceros a lo largo de la mañana. **No hay razón para dudar de que la presencia de dichos rescoldos en la arena respondiese a la actuación de tercero. Tampoco hay constancia de que el lugar donde se produjo el accidente se viese afectado por algún tipo de actividad o riesgo que hiciese conveniente advertirlo. No puede decirse, en consecuencia, que mediase relación causal entre el mantenimiento de la playa en normales condiciones y el accidente litigioso, lo que únicamente sería posible si se entiende que el servicio municipal tiene que ser prestado de tal forma que toda incidencia que se produzca tenga la Administración un conocimiento inmediato** (...)».

Por el contrario, el tribunal de casación **aprecia la relación de causalidad entre el funcionamiento de los servicios municipales y las lesiones producidas al menor**:

> «En este caso y teniendo en cuenta los hechos ocurridos según se establece en la instancia, produciéndose las lesiones del niño, menor de tres años en aquel momento, al pisar la arena de la playa y resultar con quemaduras por unas brasas existentes enterradas en la misma, todo ello a las **quince horas del domingo** 16 de junio de 1991, **en plena jornada de playa, entiende esta Sala que la presencia de las brasas en estas circunstancias revelan el deficiente funcionamiento de los servicios municipales de control y limpieza de la playa, en cuanto las brasas no fueron correctamente eliminadas si se encontraban allí al momento de la limpieza o no se controló el ejercicio de una actividad peligrosa para los usuarios en un momento posterior, como es el encendido de hogueras, sin que pueda exonerarse la responsabilidad por la sola justificación de la limpieza diaria, cuando ello no ha impedido la situación de riesgo para la salud de los usuarios** (...)».

Así, **se estima** el recurso de casación interpuesto por los padres del menor lesionado contra la sentencia, de 28 de noviembre de 2003, emitido por la sala de lo contencioso-administrativo del Tribunal Superior de Justicia de Galicia.

Accidentes por atropello de especies cinegéticas en las vías públicas

La **disposición adicional séptima del Real Decreto Legislativo 6/2015, de 30 de octubre, por el que se aprueba el Texto Refundido de la Ley sobre Tráfico, Circulación de Vehículos a Motor y Seguridad Vial**, dispone:

> «En accidentes de tráfico ocasionados por atropello de especies cinegéticas en las vías públicas **será responsable de los daños a personas o**

bienes el conductor del vehículo, sin que pueda reclamarse por el valor de los animales que irrumpan en aquéllas.

No obstante, será responsable de los daños a personas o bienes el titular del aprovechamiento cinegético o, en su defecto, el propietario del terreno cuando el accidente de tráfico sea consecuencia directa de una acción de caza colectiva de una especie de caza mayor llevada a cabo el mismo día o que haya concluido doce horas antes de aquél.

También podrá ser responsable el titular de la vía pública en la que se produzca el accidente como consecuencia de no haber reparado la valla de cerramiento en plazo, en su caso, o por no disponer de la señalización específica de animales sueltos en tramos con alta accidentalidad por colisión de vehículos con los mismos».

Esta disposición establece dos títulos de imputación de responsabilidad a la Administración:

- No haber reparado la de cerramiento en plazo. Ha de tenerse en cuenta que en las carreteras convencionales no existe obligación de vallado.
- No disponer de la señalización específica de animales sueltos en tramos con alta accidentalidad por colisión de vehículos con los mismos.

CUESTIÓN

¿Qué se considera un tramo de alta accidentalidad?

La **sentencia de la Audiencia Nacional, rec. 1290/2017, de 24 de mayo de 2019, ECLI:ES:AN:2019:2324**, recoge el criterio establecido por el —en aquello época— Ministerio de Fomento para concretar la alta siniestralidad: «cuando en un tramo de 1 km de longitud se hayan producido tres o más accidentes por atropellos de dichas especies, considerando el periodo de los últimos cinco años».

Uno de los casos más comunes de accidentes por atropello de especies cinegéticas, es la irrupción de jabalís en las vías públicas, como ejemplo, podemos mencionar la **sentencia del juzgado de lo contencioso administrativo de Barcelona n.° 270/2017, de 29 de septiembre, ECLI:ES:JCA:2017:1809**:

«3°.- La responsabilidad de la administración sólo puede proceder de falta de señalización y estado de la vía.

En cuanto a este último parámetro, se indica que la misma no estaba vallada, pero teniendo que se trata de una carretera convencional no existe ninguna obligación legal de vallar, y además este Juzgado tiene reiteradamente dicho que resulta imposible el vallar todo tipo de carreteras por ser imposible y antieconómico En cuanto a la necesidad de señalización, también tiene dicho este Juzgado que resulta imposible la colocación indiscriminada de las señales de advertencia de peligro por colusión con animales salvajes, ya que la excesiva abundancia de tales señales puede causar confusión al conductor y también pérdida de la noción de peligro.

En ese sentido la administración sólo tiene obligación de finalizar aquellos tramos de vía que se encuentran incluidos en el Estudio de Accidentalidad provocada por animales. Teniendo cuenta que el hecho sucedió en el año 2014, el indicado documento es el que corresponde al año 2012 y se sigue el criterio de considerar el tramo como peligroso si se producen tres o más accidentes en un tramo de 500 m. La administración acredita que el tramo donde sucedió el accidente no estaba calificado como peligroso según el Estudio correspondiente al momento del accidente y según el documento 49 del expediente no consta la existencia de ningún accidente en aquel lugar».

RESOLUCIÓN RELEVANTE

Sentencia del Juzgado de lo Contencioso Administrativo de Segovia n.º 37/2020, de 5 de marzo, ECLI:ES:JCA:2020:1427

«— Falta de reparación vallado carretera convencional.

Este título de imputación requiere que previamente existiera vallado en la vía pública, por así exigirlo la normativa (en su caso), y que se haya producido una falta de reparación. La normativa sectorial de carreteras autonómica, en el artículo 5, establece una diferenciación entre carreteras convencionales, y las autopistas, autovías y vías para automóviles.

Las carreteras convencionales, de conformidad con lo dispuesto en el apartado 5 del artículo 6 de la ley 10/ 2008 "Son carreteras convencionales las que no reúnan las características propias de las autopistas, autovías y vías para automóviles" y dentro de las características de las autopistas, autovías y vías para automóviles destaca que "tienen limitación de acceso a las propiedades colindantes".

Por lo tanto, las carreteras convencionales, la administración autonómica, precisamente por ser carreteras que no tienen la nota de alta densidad de tráfico, y en las que la velocidad a la que se puede circular es menor, y en las que no se impide acceso a las propiedades colindantes, son vías, en las que no se exige el cerramiento de las mismas, de tal manera, que no existiendo obligación de vallado, ni existiendo el mismo, no existe obligación de vallado, y por lo tanto, no se puede exigir responsabilidad por su ausencia.

— Falta de señalización de la carretera animales sueltos en tramos con alta accidentalidad por colisión de vehículos con los mismos.

Este tema merece un estudio detenido del concepto jurídico indeterminado "alta siniestralidad". Para poder determinar que se entiende por tal, se acudió en otros procedimientos a la Jefatura Provincial de Tráfico que no tiene estandarizado dentro de sus protocolos como definir dicho concepto. Existe la utilización de otros elementos para la valoración de los denominados puntos negros, en los que se tiene en cuenta como criterio cualitativo, la existencia de daños personales. Al no existir elemento objetivable de valoración, hemos de indicar que el concepto indeterminado debe estar compuesto de las siguientes variables:

- Número de accidentes producidos por especies cinegéticas, sin que se deba efectuar una distinción entre animales de caza mayor o menor, dado que el texto legal alude a animales sueltos dentro de las especies cinegéticas.

- Periodo en el que se produce dichos accidentes.

- Tramo de carretera en el que se producen los accidentes.

Desde un punto de vista literal y finalista, podemos excluir aquellas carreteras que tengan uno o dos accidentes, dado que, si no, no existiría diferencia entre una vía de "no alta siniestralidad" y una vía que tenga estas características. Por ello, entendemos, dado que por seguridad jurídica debe establecerse un criterio inicial que permita concretar qué se entiende por alta siniestralidad, que puede ser revisable cuando se observe otro método o modo más objetivo.

Este juzgado ha mantenido en pleitos similares, que el número de accidentes no podrá ser inferior a 5 accidentes en un periodo de un año, 8 o más accidentes en un periodo de dos años, o 12 accidentes en un periodo de tres años.

Y en cuanto a la distancia entre los accidentes, este debe producirse en un tramo de 3 km, en ambos sentidos, a contar desde el lugar del accidente. Y este tramo, aparece recogido como referencia para la indicación de los Tramos de Concentración de Accidentes, al indicar en la contestación del oficio a la Jefatura de Tráfico lo siguiente:

Y este tramo de 3 km, es un tramo medio, dado que las señales P24 tienen diferente tramo para indicar la peligrosidad de la vía, siendo el tramo de 3 km una estimación ponderada, de las diversas señales existentes en las carreteras autonómicas, e incluso más concretamente las carreteras provinciales, donde se encuentran con la misma problemática.

Pero este criterio va a ser modificado, teniendo en cuenta, que existen parámetros del Ministerio de Fomento que indica que se entiende por alta siniestralidad, y que ha sido aceptado por la Sala CA de la Audiencia Nacional. Concretamente, la sentencia Sala de lo CA de la Audiencia Nacional, sección 8.ª, de fecha 24.5.2019 señala dos criterios para delimitar el concepto alta siniestralidad. El primer criterio: El criterio establecido por el Ministerio de Fomento para determinar un tramo de carretera convencional como de "alta siniestralidad" por la presencia de especies cinegéticas se produce cuando en un tramo de 1 km de longitud se hayan producido tres o más accidentes por atropellos de dichas especies, considerando el periodo de los últimos 5 años. El segundo criterio: "Ahora bien, hay otro criterio que se vincula a la necesidad de instalar señales, que es la existencia de un coto del que deriva la posible presencia de animales sueltos".

Este criterio nos parece más acertado que el indicado por el Consejo Consultivo que indica que debe existir un mínimo de un accidente al mes. Y entendemos más acertado el criterio sustentado por la Audiencia Nacional, al fijar diversos elementos, como son la continuidad en la siniestralidad en un punto kilométrico, necesidad de producirse en un espacio acotado, y número de accidentes derivados del informe del Ministerio de Fomento para entender que concurre la alta siniestralidad en un punto por animales cinegéticos.

Con estos elementos, y la descripción de los accidentes ocurridos en el tramo de carretera señalado por la defensa de la parte actora, hemos de desestimar la demanda, al entender que no concurre el criterio de alta siniestralidad en los términos que ha sido interpretado».

Por lo tanto, y como conclusión, para que la Administración sea responsable por los daños causados, se exige relación de causalidad entre la acción/omisión de la Administración y los daños producidos; la ausencia de señalización específica en tramos con alta accidentalidad; o el incumplimiento o no reparación del vallado.

En relación con la responsabilidad del propietario del terreno, la **sentencia de la Audiencia Provincial de Pontevedra n.º 585/2022, de 29 de septiembre, ECLI:ES:APPO:2022:2264**, precisa cuándo ha de entenderse que el accidente es consecuencia de la acción de cazar:

> «- En segundo lugar, con arreglo a la referida disposición adicional séptima del texto refundido, no podrá considerarse que el accidente sea consecuencia de la acción de cazar cuando se produzca varias horas después de la finalización de la jornada de caza. La acción de cazar comprende, no solo del momento exacto de la llegada al lugar y comienzo de los preparativos sobre el terreno, y desde luego durante la práctica de la caza, sino también el tiempo posterior a su finalización durante el que persisten los efectos de dicha acción, tiempo que la norma prolonga a lo largo de toda la jornada de caza y hasta un margen de doce horas tras su finalización.

Es decir, la acción se cazar no finaliza con el término de la batida, la falta de luz solar o la presumible ausencia de cazadores, sino que se extiende durante el período que, en principio, cabe presumir que el temor o intranquilidad causados a los animales por el hostigamiento inherente al hecho de cazar continúa incentivando la huida u otras reacciones instintivas; período que el legislador delimita en los términos expuestos».

5.8. La responsabilidad patrimonial de por actividades urbanísticas

Responsabilidad de la Administración por alteración del planeamiento urbanístico

Es conveniente el análisis de la **sentencia del Tribunal Supremo, rec. 5342/2009, de 10 de mayo de 2012, ECLI:ES:TS:2012:3636**, en la que los afectados interponen recurso de casación contra la sentencia de 5 de junio de 2009, dictada por la Sala de lo Contencioso-Administrativo del Tribunal Superior de Justicia de Cataluña contra la desestimación por silencio administrativo de la reclamación de responsabilidad patrimonial por daños y perjuicios causados, tanto por la Generalitat de Cataluña como por el Ayuntamiento de Blanes (Gerona), por alteración del planeamiento urbanístico que se estaba ejecutando en ese término municipal.

La sala de casación entiende, en relación con los requisitos exigibles para que triunfe una pretensión de responsabilidad patrimonial, que se ha de analizar la concurrencia o no de la antijuridicidad, exponiendo que:

> «Nuestro sistema, pues, ha funcionado y funciona, bajo **la exigencia de la patrimonialización o consolidación de los derechos urbanísticos para que pueda generarse alguna pretensión indemnizatoria derivada de responsabilidad patrimonial de la administración**.
>
> Y justamente tal ausencia de consolidación es la consignada en la sentencia que analiza, conforme a nuestra doctrina que no se patrimonializó el aprovechamiento urbanístico que reconocía el Plan Parcial.
>
> (...)
>
> (...) De toda la doctrina queda claro que **la modificación del planeamiento solo genera responsabilidad patrimonial de la administración cuando se produce minoración del aprovechamiento urbanístico** patrimonializado en los términos previsto en el art. 41 de la Ley 6/1998, de 13 de abril, esto es que tenga lugar **la reducción antes de transcurrir los plazos para su ejecución o que no se hubiese llevado a cabo por causas imputables a la administración, supuestos aquí plenamente ausentes**.
>
> Por tanto, es **incontestable que no basta la materialización de un instrumento idóneo que permita conocer cuál es el aprovechamiento del**

> **propietario cual pretenden los recurrentes sino que este ha de cumplir los deberes impuestos por el propio planeamiento** ejecutando en los plazos establecidos lo que acontece con **la mera aprobación de las Bases y Estatutos de la Junta de Compensación**».

En base a las anteriores razones, la sala de casación rechaza los motivos referidos a la patrimonialización del aprovechamiento urbanístico, y continúa analizando lo alegado con respecto a la **devolución de las fincas en su momento cedidas anticipadamente** que se ejercita como petición subsidiaria, de manera que:

> «**Ninguna duda existe acerca de que el Ayuntamiento de Blanes aceptó (en sesión extraordinaria y urgente del Pleno municipal celebrado el 1 de octubre de 1987), la cesión anticipada de terrenos de D.(...), correspondientes al aprovechamiento medio y zona de equipamientos del Plan Parcial (...)** y a cuenta de las cesiones obligatorias que tendrán que efectuarse en su día en la ejecución del mencionado Plan Parcial y Proyecto de Urbanización.
>
> (...)
>
> (...) se produjo **una cesión anticipada respecto de un Plan que no se materializó a consecuencia de la entrada en vigor de la Ley 25/2003**. Por tanto, **la cesión gratuita del suelo devino inútil**.
>
> (...)
>
> **Al producirse la cesión ha derivado un perjuicio para los demandantes que es indemnizable**. Pero, es obvio que no cabe la retrocesión física de las fincas dada la situación edificatoria producida en ellas tal cual informan ambas administraciones.
>
> Procedería, por tanto, **su indemnización económica mas no con arreglo al valor del suelo en el momento de la cesión sino con arreglo al valor del suelo en su actual clasificación** de acuerdo con la Ley 25/2003 que sería el que correspondería de **haber podido ser devueltas físicamente por la no materialización del proceso urbanístico**.
>
> **Indemnización que incumbiría, en su caso, abonar a la administración autonómica como causante del daño**».

En consecuencia, **se estima** el recurso de casación interpuesto contra la sentencia de fecha 5 de junio de 2009 dictada por la Sala de lo Contencioso-Administrativo del Tribunal Superior de Justicia de Cataluña.

> A TENER EN CUENTA. De acuerdo con lo manifestado por nuestro **Tribunal Supremo en su sentencia, rec. 944/2005, de 17 de junio de 2009, ECLI:ES:TS:2009:4335**, en relación a la existencia de responsabilidad patrimonial por acto legislativo, «(...) no estamos ante un supuesto de inexistencia de daño real y efectivo, y sí de una **mera expectativa porque solo cabe estimar la responsabilidad patrimonial por acto legislativo cuando se produce un daño efectivo debido a actos de aplicación de las leyes, que origina un sacrificio patrimonial singular de derechos o intereses económicos legítimos afectados de manera concreta por las actuaciones administrativas anteriores y conexas con la aprobación de la Ley** (...)».

CUESTIONES

1. ¿Cuándo cabe apreciar responsabilidad patrimonial por acto legislativo?

De acuerdo con lo manifestado por nuestro **Tribunal Supremo en su sentencia, rec. 2918/2010, de 25 de julio de 2013, ECLI:ES:TS:2013:4289**, existe responsabilidad patrimonial por acto legislativo «(...) cuando se produce un **daño efectivo** debido a **actos de aplicación de las leyes**, que origina **un sacrificio patrimonial singular de derechos o intereses económicos legítimos afectados** de manera concreta por las actuaciones administrativas anteriores y conexas con la aprobación de la Ley (...)».

2. En el caso de un plan parcial aprobado y apenas ejecutado, ¿puede considerarse incorporado al patrimonio del propietario el derecho al valor urbanístico del terreno?

A tenor de la **STS, rec. 2733/2010, de 19 de marzo de 2013, ECLI:ES:TS:2013:1315**, «(...) **en modo alguno puede considerarse incorporado a su patrimonio el derecho al valor urbanístico del terreno**, como pretenden los recurridos, dado que, por una parte, los planes parciales no se encontraban en modo alguno en un **grado avanzado de ejecución** (...)».

Responsabilidad de la Administración sobre aprobación de un plan especial

La **sentencia del Tribunal Supremo, rec. 579/1983, de 12 de mayo de 1987, ECLI:ES:TS:1987:11136**, resuelve el recurso de apelación interpuesto por la Diputación de Barcelona y la Generalitat de Cataluña contra la sentencia dictada por la Sala de lo Contencioso-Administrativo de la Audiencia Territorial de Barcelona, de 29 de marzo de 1985, **en pleito sobre aprobación de un plan especial**.

La referida sentencia estima parcialmente el recurso contencioso-administrativo contra los acuerdos de:

> «(...) la Comisión Provincial de Urbanismo de Barcelona de 4 de octubre de 1982 y del Departamento de Política Territorial y Obras Públicas de la Generalidad de Cataluña de 26 de octubre de 1983, este de repulsa de la alzada formulada contra el primero, por los que se aprobó definitivamente la revisión del Plan Especial del Parque Natural de la Montaña de Sant Llorenç de Munt y Serra de l'Obach en el particular relativo a la revisión anticipada del Plan Parcial (...) en su total superficie sin reconocimiento del correlativo derecho de indemnización a favor de los afectados (...)».

Acuerdos que estima conforme a derecho salvo en el particular relativo «a la falta de reconocimiento en favor de los afectados por la revisión anticipada del Plan Parcial», y declara el derecho a percibir las pertinentes indemnizaciones por los perjuicios derivados de la citada revisión a cargo de la Diputación Provincial de Barcelona, excepto si:

> «(...) en la fase de ejecución del Plan Especial resulte viable un sistema de distribución equitativa de las cargas derivadas del nuevo planeamiento, y para cuyo establecimiento deberá atenderse a las modificaciones operadas en la normativa urbanística propia del Plan Parcial (...)».

Ahora bien, la cuestión principal de la apelación es determinar si resulta o no procedente indemnizar a los hoy apelados como consecuencia de «la alteración de la ordenación urbanística de sus terrenos que, sometidos al Plan Parcial, resultaron afectados por la revisión del Plan Especial del Parque Natural de la Montaña de Sant Llorenç de Munt y Serra de l'Obach, alteración esta que se produjo cuando todavía no habían transcurridos los plazos previstos para la ejecución de aquel Plan Parcial».

A este respecto, la sala enjuiciadora advierte:

- **El mayor valor que en el mercado alcanzan unos terrenos por virtud de la vigencia de un plan parcial no es obra exclusiva de este, sino consecuencia también de una clasificación anterior como suelo urbanizable programado.**
- Para que una específica indemnización del tipo de la que se reclama resultara procedente sería preciso que los terrenos hubieran sido adquiridos ya a los precios resultantes de sus posibilidades urbanísticas; así, en el caso de que una alteración anticipada de la ordenación hiciera inviable la urbanización, provocando un descenso de valor, se produciría la lesión indemnizable. **No es este el caso litigioso en el que ni siquiera se alega una adquisición de los terrenos en las condiciones mencionadas.**

Así, concluye que quien ya era propietario de unos terrenos antes de la aprobación del plan parcial, y lo sigue siendo después de su modificación, **no ha sufrido lesión patrimonial efectiva por el hecho de que sus fincas subieran de precio para después recuperar el más bajo valor de mercado anterior.**

Sin perjuicio de que las personas que hayan hecho gastos en relación con el plan parcial litigioso que hayan devenido inútiles por consecuencia de la nueva ordenación puedan reclamar la congruente indemnización, y sin perjuicio también de que la ordenación del plan parcial del Parque Natural de San Llorenç de Munt, en sí misma, pueda dar lugar a indemnizaciones.

Por consiguiente, se **estiman** los recursos de apelación interpuestos contra la sentencia de la sala de lo contencioso-administrativo de la Audiencia Territorial de Barcelona.

Responsabilidad de la Administración derivada de la inejecución de un plan parcial

En relación a la **sentencia del Tribunal Supremo, rec. 1470/2002, de 27 de junio de 2006, ECLI:ES:TS:2006:3974**, el letrado de la Generalidad Valenciana interpone recurso de casación contra la sentencia, de 2 de noviembre de 2001, dictada por la Sala de lo Contencioso-Administrativo del Tribunal Superior de Justicia de la Comunidad Valenciana en el recurso del mismo orden, en el que se impugnan las resoluciones del Teniente de Alcalde Delegado de Régimen Jurídico del Ayuntamiento de Cullera, desestimatorias de las solicitudes de responsabilidad patrimonial por la **inejecución del plan parcial**

del Polígono Residencial y Hotelero de la Zona del Mareny de Cullera, así como la denegación presunta por la Consellería de Medio Ambiente de las mismas solicitudes.

Se alega por la parte recurrente como primer motivo de casación la inexistencia de nexo causal:

> «(...) señalando que con bastante antelación a la alteración del Planeamiento, que lo fue el 27-12-91, se había dictado Auto de suspensión cautelar por parte del TSJ de la Comunidad Valenciana, y la incidencia del Acuerdo del Conseller de 28 de julio de 1988 no puede tener la significación que recoge la sentencia impugnada, pues **se circunscribía a la suspensión de licencias concedidas, supuesto en el que no se encontraban las parcelas de los recurrentes, no se impedía elaborar el Proyecto de Compensación y demás actuaciones conexas y tanto el suelo urbano como el urbanizable mantenían su clasificación**. Por lo que **no se aprecia el necesario nexo causal para entender que nos encontramos ante un supuesto de responsabilidad patrimonial por alteración del procedimiento**».

Sin embargo, la Sala de lo Contencioso de nuestro Alto Tribunal entiende que tal motivo no puede prosperar puesto que:

> «(...) **lo que se imputa a la Administración es el perjuicio causado por la imposibilidad de llevar a cabo la ejecución del Plan Parcial debido a la alteración y modificación de sus previsiones, lo que no puede atribuirse a una medida cautelar de suspensión** (acordada el 30-1-89 y alzada el 6-9-91) que puede demorar la ejecución pero no impedirla definitivamente y que no supone alteración ni modificación de las previsiones del planeamiento.
>
> Por otra parte, **esa imposibilidad de llevar a efecto las previsiones del Plan Parcial no se atribuyen en la sentencia de instancia de manera exclusiva a "una alteración del planeamiento urbanístico pormenorizado —al quedar sin efecto el Plan Parcial—, sino también a la implantación en los terrenos de un régimen específico de protección medioambiental a través de distintos instrumentos** (...)"».

No obstante, se estiman tanto el segundo como el tercer motivo de casación, y se declara que:

> «(...) nos encontramos ante un supuesto de indemnización por alteración del Planeamiento y que de los hechos que constan en la sentencia y el expediente **no cabe deducir tal perjuicio indemnizable**, señalando que **las facultades de urbanizar y edificar se añaden al dominio por el Planeamiento, de tal forma que en tanto no se ejerzan no generan contenido patrimonial propio e independiente ni derecho indemnizatorio.** La facultad de urbanizar si no es ejercitada constituye una mera expectativa no indemnizable. **Entiende que el error en que ha podido incurrir la sentencia de instancia es que ha reconocido derecho indemnizable a los demandantes que en ningún momento ejercitaron dicha facultad de urbanizar** (...)

(...) **no se ha producido patrimonialización de derecho alguno**, pues no se habían realizado actos de gestión —cesión de terrenos parcelación, etc.— ni obras materiales de urbanización. Se refiere a las sentencias de 22 de febrero de 1994, 3 de marzo de 1999 y 26 de enero de 1993 y reitera que en este caso no hay proyecto de reparcelación ni de compensación aprobado, no se han cumplido las cargas urbanísticas, **de tal forma que lo que para los propietarios podía haber sido una expectativa de aprovechamiento, no se ha convertido en derecho patrimonializado alguno**».

En consecuencia, se **estima** el recurso de casación interpuesto por el letrado de la Generalidad Valenciana contra la sentencia, de 2 de noviembre de 2001, dictada por la Sala de lo Contencioso-Administrativo del Tribunal Superior de Justicia de la Comunidad Valenciana.

CUESTIÓN

¿Cuáles son las lesiones y derechos indemnizables?

El Real Decreto Legislativo 7/2015, de 30 de octubre, por el que se aprueba el texto refundido de la Ley de Suelo y Rehabilitación Urbana establece, en su artículo 48, que dan lugar a **derecho de indemnización las lesiones en los bienes y derechos** que resulten de los siguientes casos:

- La alteración de las condiciones de ejercicio de la ejecución de la urbanización, o de las condiciones de participación de los propietarios en ella, por cambio de la ordenación territorial o urbanística o del acto o negocio de la adjudicación de dicha actividad, siempre que se produzca antes de transcurrir los plazos previstos para su desarrollo o, transcurridos estos, si la ejecución no se hubiere llevado a efecto por causas imputables a la Administración. Las situaciones de fuera de ordenación producidas por los cambios en la ordenación territorial o urbanística no serán indemnizables, sin perjuicio de que pueda serlo la imposibilidad de usar y disfrutar lícitamente de la construcción o edificación incursa en dicha situación durante su vida útil.

- Las vinculaciones y limitaciones singulares que excedan de los deberes legalmente establecidos respecto de construcciones y edificaciones, o lleven consigo una restricción de la edificabilidad o el uso que no sea susceptible de distribución equitativa.

- La modificación o extinción de la eficacia de los títulos administrativos habilitantes de obras y actividades, determinadas por el cambio sobrevenido de la ordenación territorial o urbanística.

- La anulación de los títulos administrativos habilitantes de obras y actividades, así como la demora injustificada en su otorgamiento y su denegación improcedente. En ningún caso habrá lugar a indemnización si existe dolo, culpa o negligencia graves imputables al perjudicado.

- La ocupación de terrenos destinados por la ordenación territorial y urbanística a dotaciones públicas, por el período de tiempo que medie desde la ocupación de los mismos hasta la aprobación definitiva del instrumento por el que se le adjudiquen al propietario otros de valor equivalente. El derecho a la indemnización se fijará en los términos establecidos en el **artículo 112 de la Ley de Expropiación Forzosa**.

Si bien, transcurridos cuatro años desde la ocupación sin que se hubiera producido la aprobación definitiva del mencionado instrumento, los interesados podrán efectuar la advertencia a la Administración competente de su propósito de iniciar el expediente de justiprecio, quedando facultados para iniciar el mismo, mediante el envío a aquella de la correspondiente hoja de aprecio, una vez transcurridos seis meses desde dicha advertencia.

ANEXO I.
CASOS PRÁCTICOS

Caso práctico | Responsabilidad patrimonial de la AP por suicidio de recluso en centro penitenciario

PLANTEAMIENTO

«A» ingresó en prisión preventiva por la comisión de una serie de delitos. En el auto de prisión preventiva y en la subsiguiente orden de ingreso en prisión, se hacía constar por el juzgado que «A» fuese incluido en el Programa de Prevención de Suicidios, ya que cuando fue detenido por los agentes de la autoridad habría mostrado intenciones de suicidio con actos autolíticos de menor entidad.

En cumplimiento de la referida orden judicial desde su ingreso en prisión, «A» fue sometido al mencionado Programa de Prevención de Suicidios y, conforme a las prescripciones del mismo, a un control continuado por los funcionarios del centro. Además, contaba con el apoyo de un interno y una permanente asistencia psicológica y de atención primaria.

Posteriormente, la dirección del centro penitenciario, basándose en los informes elaborados por los profesionales sanitarios encargados de la evolución de «A», decide darlo de baja del Programa de Prevención de Suicidios, pero manteniéndolo en el módulo de ingresos.

Un mes después, «A» se suicida en su celda.

Su mujer y sus tres hijos deciden reclamar a la Administración penitenciaria una indemnización por los daños y perjuicios por el suicidio de «A». ¿Tienen derecho a ser indemnizados?

RESPUESTA

Para responder a esta cuestión, nos basaremos en la **STS n.º 1217/2020, de 28 de septiembre, ECLI:ES:TS:2020:3105**.

Nuestro Alto Tribunal, en numerosas ocasiones, ha señalado que para que la Administración tenga este tipo de responsabilidad deben concurrir los siguientes requisitos:

1. Que se haya **ocasionado a un ciudadano una lesión**, entendida como daño antijurídico, en el sentido de que el ciudadano no tenga el deber de soportarlo.

2. **Exista una actividad administrativa**, entendida como la propia del giro o tráfico de las competencias que tiene atribuidas, que puede manifestarse por una acción o una omisión.

3. Una **relación causal** entre aquel daño y estas prestaciones de servicios.

4. Que la **reclamación se efectúe antes del año** en que haya ocasionado el daño.

En este tipo de supuestos, **las dudas para determinar la responsabilidad de la Administración surgen a la hora de establecer la relación de causalidad entre el funcionamiento del servicio, en este caso el del centro penitenciario, y el resultado lesivo.**

Así, la referida sentencia establece:

> «En la medida que el fallecimiento queda acreditado que aconteció por la voluntad del propio recluso, **es indudable que esa lesión para los recurrentes**

tuvo como causa directa esa libre voluntad del interno. Ahora bien, en esa relación causal tiene una incidencia relevante el hecho de que la Administración Penitenciaria asume la garantía de la integridad física de los internados en los Centro Penitenciarios, y en ese sentido se declara en el artículo 3.3° de la Ley Orgánica General Penitenciaria que "la Administración penitenciaria velará por la vida, integridad y salud de los internos"; **garantía que no solo se vincula a la acción del mismo personal que atiende estos centros penitenciarios o de otros internos, sino que abarca también a la propia acción del mismo recluso respecto de su propia vida**. Que ello es así lo pone de manifiesto el ya mencionado Programa Marco de Prevención de Suicidios, recogido en la Instrucción 5/2014, de 7 de marzo de 2014, aprobada por la Subdirección General de Tratamiento y Gestión Penitenciaria, de la Secretaria General de Instituciones Penitenciarias del Ministerio del Interior; sin que pueda desconocerse, en el valor que tiene, el informe de la Organización Mundial de la Salud sobre "Prevención del Suicidio en Cárceles y Prisiones" en el que se declara que "el suicidio es con frecuencia la causa individual más común de muerte en escenarios penitenciarios. Las cárceles, prisiones y penitenciarías son responsables por la protección de la salud y seguridad de sus poblaciones de reclusos, y el no hacerlo, puede ser objeto de impugnación legal."».

> A TENER EN CUENTA. En el anterior extracto cunado se hace referencia al artículo 3.3.° de la Ley Orgánica General Penitenciaria habrá de entenderse hecha al artículo 3.4.° de la misma Ley.

No cabe duda de que la muerte de «A» fue debida a su propia y exclusiva voluntad, pero a efectos de establecer la relación de causalidad que la institución indemnizatoria requiere, debe plantearse si tal suicidio fue posible porque personal penitenciario no adoptó las medidas de protección que eran exigibles en la prestación del servicio, es decir, si de alguna manera se omitieron las exigencias que impone el deber de garantía que asumía la Administración penitenciaria.

Señala el Tribunal Supremo:

«(...) Por tanto, la **antijuridicidad no se sitúa en el acto que ocasiona la muerte, sino en el abandono de esa posición de garante de la vida que le venía impuesta a la Administración Penitenciaria**, en suma, en una inactividad.

Construido el nexo causal en la forma expuesta **es evidente que a la Administración Penitenciaria le constaba la intención suicida del padre y esposo de los recurrentes**. Ya se ha dicho que estuvo incluido en el Programa de Prevención de Suicidios por evidencia de esa tendencia, inclusión que, debe destacarse, había sido ya propuesta en el mismo Auto de la Jurisdicción Penal decretando la prisión provisional del recluso y en base a manifiesta tendencia del preso al suicidio.

(...)

Ahora bien, sin dejar de reconocer la complejidad de constatar la realidad a posteriori una vez vista la evolución de los hechos, es lo cierto que de lo acontecido deberá extraerse una primera conclusión, la de que, sin perjuicio de esa motivación de la baja en el programa, es lo cierto que, cuando menos, los informes en los que se fundaba incurrían en un error de diagnóstico, porque en dichos informes se concluía en que el recluso no ofrecía riesgos de suicidio cuando la realidad mostró que la intención autolítica estaba patente en el mismo, como desgraciadamente vino a poner de manifiesto la realidad. Es más, aun suscitando dudas esa conclusión, esa desgraciada realidad pudo haberse evitado si, examinando los acontecimientos a que se vio sometido el interno por la evolución del proceso penal, de extremada actualidad mediática como se refleja en las actuaciones, debió llevar a la Administración Penitenciaria a extremar la vigilancia y tratamiento del recluso para evitar el suicidio que ya se había manifestado con anterioridad y que si se consideró que el riesgo había cesado, esos nuevos acontecimiento podrían hacerlo resurgir».

En definitiva, y atendiendo a lo sentenciado por nuestro Alto Tribunal, **la pretensión indemnizatoria de la mujer e hijos de «A» sería viable, ya que existe una relación directa, aunque no exclusiva, en el fallecimiento de este por suicidio y que tal circunstancia pudo y debió evitarse si se hubieran adoptado las medidas que le venían impuestas a la Administración**.

Caso práctico | Responsabilidad patrimonial de AAPP por la caída de una funcionaria en su horario de trabajo

PLANTEAMIENTO

«A», inspectora de sanidad, durante su jornada laboral visita distintos centros de salud para su inspección.

El 16 de abril de 2014, cuando se dirigía a la delegación provincial en Pontevedra de la Consellería de Sanidad para fichar y comenzar su jornada laboral, tropezó con la cadena que está situada en la entrada lateral de dicha delegación provincial (la cadena tiene como objeto evitar que los vehículos accedan al recinto). Aunque el edificio tiene otra entrada principal con escaleras para los peatones, el acceso más rápido para acceder al mismo es por la entrada lateral donde se encuentra situada la referida cadena. Como consecuencia de la caída, «A» tiene distintas lesiones visibles en la cara y en la boca.

La cadena fue sustituida el día que «A» presentó su escrito de reclamación debido a las innumerables quejas, pues esta estaba situada entre dos columnas y a muy pocos centímetros del suelo.

¿Tendrá viabilidad la reclamación de responsabilidad patrimonial de la Administración pública presentada por «A» solicitando la correspondiente indemnización?

RESPUESTA

En primer lugar, hay que partir de que la condición de empleada pública o particular no tiene relevancia desde la entrada en vigor de la Ley 39/2015, de 1 de octubre, de Procedimiento Administrativo Común de las Administraciones Públicas, ya que no se hace referencia a particulares para el inicio del procedimiento de responsabilidad patrimonial sino a interesados **(art. 67 de la Ley 39/2015, de 1 de octubre)** a diferencia de la Ley 30/1992, de 26 de noviembre, ahora derogada.

Para dar respuesta a la cuestión planteada, es interesante traer a colación la **sentencia del Tribunal Superior de Justicia de Galicia n.º 536/2006, de 31 de mayo, ECLI:ES:TSJGAL:2006:4299**. En el caso enjuiciado en la referida sentencia, tanto el letrado de la Xunta como la aseguradora se opusieron a las pretensiones de la actora en base a las siguientes alegaciones:

> «(...) inexistencia de nexo causal al haberse producido culpa exclusiva de la víctima, quien accedió a pie a su lugar de trabajo por sitio no habilitado, al hacerlo por el lateral del edificio y no por la zona de acceso principal de peatones, además de que el obstáculo estaba visible en cuanto señalizado con tramos de color rojo y blanco, para evitar el paso incluso de vehículos, no habiendo tenido autocontrol de su deambulación».

Tampoco se podría apreciar fuerza mayor en este caso, ya que la misma es definida por la jurisprudencia como aquellos hechos que, aun siendo previsibles, sean sin embargo inevitables, insuperables e irresistibles, siempre que la causa que los motiva sea independiente y extraña a la voluntad del sujeto obligado **(STS de 5 de diciembre de 1988, ECLI:ES:TS:1988:8506)**.

Entonces, **para que el daño concreto producido por el funcionamiento del servicio a uno o varios particulares sea antijurídico basta con que el riesgo inherente a su utilización haya rebasado los límites impuestos por los estándares de seguridad exigibles conforme a la conciencia social.** No existirá entonces deber alguno del perjudicado de soportar el menoscabo y, consiguientemente, la obligación de resarcir el daño o perjuicio causado por la actividad administrativa será a ella imputable.

Pues bien, en el caso de la referida sentencia, muy similar al aquí planteado, se desestima el recurso por los siguientes motivos:

> «(...) la caída se produjo, además de por el acceso al edificio por zona inadecuada para peatones, por el descuido y falta de atención de la propia víctima, la cual se constituye en factor causal esencial del daño producido y hace desaparecer la relevancia del funcionamiento del servicio, y con ello del nexo causal, lo que conduce a la desestimación de la reclamación de responsabilidad patrimonial de la Administración planteada».

En conclusión, el recurso de responsabilidad patrimonial interpuesto por «A» es posible que sea **desestimado**.

Caso práctico | Responsabilidad concurrente de la Administración docente y el alumno en caso de fallecimiento

PLANTEAMIENTO

En una clase de educación física con un total de 28 alumnos/as, se está llevando a cabo la realización de un ejercicio consistente en la práctica de una voltereta simple acorde con la edad de aquellos, 12 años.

Durante el transcurso del ejercicio y bajo supervisión del profesor en cuestión, uno de los alumnos realiza, sin autorización, una voltereta doble y con mayor riesgo que el ejercicio inicial, sufriendo como consecuencia una caída fatal que causa su fallecimiento.

¿Cabe exigir en este caso responsabilidad a la Administración docente?

¿Tiene algún tipo de responsabilidad el menor al haber realizado un ejercicio no permitido?

RESPUESTA

Caso idéntico al planteado se recoge en la **sentencia del Tribunal Superior de Justicia de Cataluña n.° 5266/2021, de 30 de diciembre, ECLI:ES:TSJCAT:2021:11837,** en la que se analiza la concurrencia de los requisitos exigidos para que la Administración pública de que se trate incurra en responsabilidad patrimonial.

La cuestión fundamental estriba en determinar la **existencia o no de nexo causal entre el fallecimiento y el funcionamiento del servicio público**, en tanto puede surgir el derecho a indemnización por haberse producido el accidente en un centro público, con el menor al cuidado de la comunidad escolar, en horas lectivas y bajo la tutela de profesorado y ha existido un daño efectivo, el fallecimiento del menor.

En este sentido, la referida sentencia señala:

> «El **carácter objetivo de la responsabilidad patrimonial de las Administraciones Públicas** no supone que éstas hayan de responder de todos los daños o lesiones que se produzcan, siendo preciso para ello que **la lesión pueda imputarse al funcionamiento del servicio y quedando exonerada la Administración cuando la intervención de tercero o del propio perjudicado reviste la suficiente intensidad para resultar determinante** del resultado lesivo.
>
> El reconocimiento de la responsabilidad patrimonial de la Administración, como venimos diciendo, precisa la **existencia de lesión que le sea imputable mediante una relación de causalidad.** Y esa lesión imputable a la Administración lo ha de ser por el funcionamiento 'normal o anormal de los servicios públicos', siendo exigible, además, que entre el hecho determinante y daño sufrido exista una relación de causalidad.
>
> La concurrencia de causas, el hecho de tercero o la acción de la víctima, no rompen el nexo causal, pero modulan, matizan y pueden dar lugar a una compensación en la indemnización en razón al resultado de la prueba practicada,

> pudiendo incluso llegar a la exoneración si las causas ajenas a la Administración son las que realmente hubiesen determinado el daño.
>
> La atribución a la Administración del deber de resarcir el daño producido requiere la existencia de una relación de causa a efecto entre el hecho que se imputa a aquella y dicho daño. **Todo acaecimiento lesivo es el resultado de un complejo de hechos y condiciones. Importa, pues, como antes ya decíamos, fijar el hecho o condición relevante para producir el resultado dañoso.**
>
> **Cuando la concurrencia del daño era de esperar en la esfera del curso normal de los acontecimientos, el resultado es adecuado a la actuación que lo originó, de modo que se encuentra en relación causal con ella y sirve como fundamento del deber de indemnizar.**'».

A la vista de todo lo hasta aquí expuesto, cabe responder a las cuestiones planteadas en los términos siguientes.

Por un lado, **sí cabe exigir responsabilidad a la Administración docente** en tanto «(...) aun teniendo presente que la Administración no tiene el deber de responder, sin más, de todos y cada uno de los daños que puedan sufrir los alumnos, y más cuando se producen de manera fortuita, entendemos sin embargo que sí cabe apreciar la **responsabilidad patrimonial de la administración cuando durante el desarrollo de una actividad organizada por el centro los alumnos sufren daños, no por hechos totalmente fortuitos, sino cuando concurren en parte otras circunstancias como falta de una vigilancia suprema** produciéndose un resultado que no debe de asumir en su integridad, en este supuesto la familia del menor fallecido». Esto es así, aun cuando la falta de vigilancia del profesor, en este caso, se debe a la imposibilidad de ejercer un control o atención absolutos sobre 28 alumnos, lo cual es evidente en estas circunstancias.

Por otro lado, en este caso, también cabe apreciar una **cierta responsabilidad del menor fallecido** en tanto decide realizar un ejercicio de mayor riesgo del planteado. Entonces, no es posible responsabilizar de forma absoluta a la Administración docente, pero tampoco puede obligarse a la familia del menor fallecido a asumir en su integridad el resultado producido.

Se trata, por tanto, de un **supuesto de concurrencia de culpas** puesto que se han descrito dos conductas que no son suficientemente diligentes, en uno y otro caso, por parte de la Administración y del menor fallecido. En relación con esto, concluye la referida sentencia que:

> «(...) el resultado que se produjo no debe de ser asumido solo por la familia del menor, ya que a esta no se le puede exigir que asuma de forma íntegra un resultado como es, dejar un niño de doce años en la Escuela, y que se produzca un accidente en la clase de gimnasia que acabe con su vida.
>
> Por ello si bien no puede ser indemnizado todo el daño moral sufrido por la familia, al aparecer esta concurrencia de culpas, **la Administración y la aseguradora deben de asumir un cincuenta por ciento de la misma y la acción del menor se valora en otro cincuenta por ciento de las indemnizaciones básicas a percibir por los recurrentes,** (...)».

Caso práctico | ¿Cuál es el «dies a quo» del plazo de un año para el ejercicio de la acción de responsabilidad patrimonial por fallecimiento en acto de servicio?

PLANTEAMIENTO

Cuando un militar fallece en acto de servicio ¿en qué momento comienza el cómputo del plazo de un año previsto para el ejercicio de la acción de reclamación de responsabilidad patrimonial de la Administración? ¿El dies a quo será el día del fallecimiento o el día de la resolución que reconoce que el fallecimiento se produjo en acto de servicio?

RESPUESTA

El *dies a quo* del plazo de un año será la fecha del fallecimiento. Para dar respuesta a esta cuestión resultan especialmente interesantes la **STS n.° 931/2021, de 28 de junio, ECLI:ES:TS:2021:2806**, y, en el mismo sentido, la **STS n.° 1493/2021, de 15 de diciembre, ECLI:ES:TS:2021:4936**. La duda surge a la hora de determinar el dies a quo del citado plazo de un año, esto es, si se inicia el cómputo el día del fallecimiento o el día de la resolución que reconoce el fallecimiento en acto de servicio:

> «Se trata, por tanto, de determinar si en este caso la acción de responsabilidad patrimonial, conforme a la citada doctrina, **sólo pudo ejercitarse**, como sostienen los recurrentes, **a partir del momento en el que se declaró que el fallecimiento se produjo en acto de servicio, pues entienden que sólo a partir de ese momento pudo conocerse la vinculación causal del daño**».

Pues bien, el **art. 67.1 de la LPACAP** señala en su primer apartado:

> «Los interesados sólo podrán solicitar el inicio de un procedimiento de responsabilidad patrimonial, cuando no haya prescrito su derecho a reclamar. El **derecho a reclamar prescribirá al año de producido el hecho o el acto que motive la indemnización o se manifieste su efecto lesivo**. En caso de daños de carácter físico o psíquico a las personas, el plazo empezará a computarse desde la curación o la determinación del alcance de las secuelas.
>
> En los casos en que proceda reconocer derecho a indemnización por anulación en vía administrativa o contencioso-administrativa de un acto o disposición de carácter general, el derecho a reclamar prescribirá al año de haberse notificado la resolución administrativa o la sentencia definitiva.
>
> En los casos de responsabilidad patrimonial a que se refiere el artículo 32, apartados 4 y 5, de la Ley de Régimen Jurídico del Sector Público, el derecho a reclamar prescribirá al año de la publicación en el «Boletín Oficial del Estado» o en el «Diario Oficial de la Unión Europea», según el caso, de la sentencia que declare la inconstitucionalidad de la norma o su carácter contrario al Derecho de la Unión Europea».

Establecen las referidas sentencias que:

> «La **reparación del daño sufrido en acto de servicio mediante las prestaciones que proporciona el régimen jurídico específico de la relación de**

servicios es compatible con la acción de responsabilidad patrimonial de la Administración, pero aquélla no es presupuesto o requisito previo necesario para poder ejercitar ésta porque ambas, aunque tienen un sustrato fáctico común, tienen consecuencias distintas y, sobre todo, se sustentan en títulos de imputación diferentes, debiendo ejercitarse cada una de ellas conforme a su respectivo régimen jurídico entre el que se encuentra, por lo que a la acción de responsabilidad patrimonial se refiere, su ejercicio en el plazo de un año desde que el daño o el suceso al que se imputan los efectos lesivos se produjo.

En el caso de la responsabilidad patrimonial, el título de imputación por el que se reclama no es el acto de servicio en sí mismo considerado, es necesario que concurra una circunstancia diferente de la producción del daño en acto de servicio, es decir, un título de imputación específico del que poder deducir la antijuridicidad del daño, la inexistencia del deber jurídico de soportarlo, elemento que es consustancial a la responsabilidad patrimonial pretendida y al que se alude en los arts. 32.1 y 34.1 de la Ley 40/2015.

(...)

Ningún obstáculo había, por tanto, para que los recurrentes pudieran conocer, desde el momento mismo del fallecimiento, la vinculación causal entre éste y la exposición al amianto durante la vida profesional del causante, sin que fuera un requisito necesario para que pudiera apreciarse esa vinculación causal y, en definitiva, para que la acción de responsabilidad patrimonial pudiera ser ejercitada, que se dictara una resolución reconociendo el fallecimiento en acto de servicio, y, por esta razón, no puede considerarse dicha resolución como momento inicial para el cómputo del plazo de prescripción».

En relación con lo anterior, señala el Alto Tribunal que debe «(...) desvincularse el reconocimiento del fallecimiento en acto de servicio del momento a tener en cuenta para iniciar el plazo de prescripción de la acción de responsabilidad patrimonial por dicho fallecimiento, momento que vendrá determinado por la producción del hecho dañoso, en este caso, el fallecimiento (art. 67.1 de la Ley 39/2015) ya que desde ese momento se disponía de todos los elementos fácticos y jurídicos necesarios para el ejercicio de la acción. Todo ello, sin perjuicio de la aptitud para interrumpir la prescripción del expediente de declaración de fallecimiento en acto de servicio, siempre que sea iniciado dentro del plazo anual de prescripción de la acción de responsabilidad patrimonial».

Por lo tanto, cabe concluir que, en las reclamaciones formuladas en concepto de responsabilidad patrimonial derivadas de un fallecimiento en acto de servicio, **el *dies a quo* del plazo de un año se sitúa en la fecha del fallecimiento y no en la fecha de la resolución que reconoce que el fallecimiento se produjo en acto de servicio**.

Caso práctico | Requisitos de la responsabilidad de la Administración por una lesión consecuencia de la aplicación de una norma con rango de ley declarada inconstitucional

PLANTEAMIENTO

Ante un caso de una lesión que es consecuencia de la aplicación de una norma con rango de ley declarada inconstitucional (art. 32.4 de la LRJSP).

1.- ¿Se cumplen los requisitos del citado artículo a través de un recurso judicial interpuesto contra la resolución administrativa desestimatoria de un procedimiento de revisión por nulidad de pleno derecho, promovido contra la actuación que ocasionó el daño?

2.- Y, en estos casos, ¿qué sucede con el requisito temporal previsto en el artículo 34.1 de la LRJSP?

RESPUESTA

1.- Para responder a esta cuestión cabe traer a colación, además del tenor literal del **artículo 32.4 de la LRJSP**, la jurisprudencia existente al respecto, entre otras, a título de ejemplo, la **STS n.° 1158/2020, de 14 de septiembre, ECLI:ES:TS:2020:2922,** o la **STS n.° 1384/2020, de 22 de octubre, ECLI:ES:TS:2020:3384**.

Así señala el citado precepto que:

> «**Si la lesión es consecuencia de la aplicación de una norma con rango de ley declarada inconstitucional, procederá su indemnización cuando el particular haya obtenido**, en cualquier instancia, **sentencia firme desestimatoria de un recurso contra la actuación administrativa que ocasionó el daño, siempre que se hubiera alegado la inconstitucionalidad posteriormente declarada**».

Pues bien, **la jurisprudencia ha venido distinguiendo dos títulos de imputación de responsabilidad patrimonial** al Estado legislador: «(...) **el primero** de carácter general, **derivado de actos legislativos no expropiatorios y, el segundo, derivado de la aplicación de una norma con rango de ley declarada inconstitucional**». Añade la **STS n.° 1158/2020, de 14 de septiembre, ECLI:ES:TS:2020:2922**, que: «En ambos casos, se trata de garantizar la indemnidad patrimonial, mediante la reparación de las lesiones producidas a los particulares en sus bienes y derechos, por la actividad de la Administración, en este caso la aplicación de actos legislativos, causándole una lesión que no tiene el deber de soportar (...)».

En relación con el requisito exigido en el **artículo 32.4 de la LRJSP** respecto **de haber obtenido el particular sentencia desestimatoria de un recurso contra la actuación administrativa que ocasionó el daño**, habiendo alegado la inconstitucionalidad declarada, señala el Tribunal Supremo que:

> «(...) **no puede considerarse una carga exigible al particular con el fin de eximirse de soportar los efectos de la inconstitucionalidad de una ley la de**

recurrir un acto adecuado a la misma fundado en que ésta es inconstitucional. La Ley, en efecto, goza de una presunción de constitucionalidad y, por consiguiente, dota de presunción de legitimidad a la actuación administrativa realizada a su amparo. Por otra parte, los particulares no son titulares de la acción de inconstitucionalidad de la ley, sino que únicamente pueden solicitar del Tribunal que plantee la cuestión de inconstitucionalidad con ocasión, entre otros supuestos, de la impugnación de una actuación administrativa. Es sólo el tribunal el que tiene facultades para plantear "de oficio o a instancia de parte" al Tribunal Constitucional las dudas sobre la constitucionalidad de la ley relevante para el fallo (artículo 35 de la Ley Orgánica del Tribunal Constitucional).

La interpretación contraria supondría imponer a los particulares que pueden verse afectados por una ley que reputen inconstitucional la carga de impugnar, primero en vía administrativa (en la que no es posible plantear la cuestión de inconstitucionalidad) y luego ante la jurisdicción contencioso-administrativa, agotando todas las instancias y grados si fuera menester, todos los actos dictados en aplicación de dicha ley, para agotar las posibilidades de que el tribunal plantease la cuestión de inconstitucionalidad. Basta este enunciado para advertir lo absurdo de las consecuencias que resultarían de dicha interpretación, cuyo mantenimiento equivale a sostener la necesidad jurídica de una situación de litigiosidad desproporcionada y por ello inaceptable».

A la vista de lo anterior, lo procedente sería efectuar una **interpretación amplia** de la exigencia del **artículo 32.4 de la LRJSP**, por ello:

> «(...) los mecanismos que permiten dar por cumplido el requisito previsto en el artículo 32.4 de la Ley 40/15, de 1 de octubre, de Régimen Jurídico del Sector Público, a efectos de instar válidamente la acción de responsabilidad patrimonial prevista en dicho precepto, **comprende todas aquellas formas de impugnación que, de una parte, pongan de manifiesto la disconformidad del interesado con el acto administrativo cuestionando la constitucionalidad de la norma aplicada y, de otra, den lugar al control jurisdiccional plasmado en una sentencia firme en la que se valore la constitucionalidad de la norma que después es objeto de pronunciamiento por el Tribunal Constitucional. Y, entre estas formas de impugnación, se encuentra la solicitud de revisión de oficio de los actos nulos de pleno derecho por responder a la aplicación de una norma que resulta inconstitucional y el correspondiente recurso jurisdiccional**, interpuesto contra la resolución administrativa que desestimó un procedimiento de revisión por nulidad de pleno derecho, promovido contra la actuación que ocasionó el daño, que colma el requisito que fija el artículo 32.4 de la Ley 40/15».

2.- Finalmente, en relación con lo anterior, cabe examinar la **naturaleza y alcance del plazo de 5 años** previsto en el **artículo 34.1 de la LRJSP** relativo al supuesto de responsabilidad patrimonial que se está analizando. Concluye, en este sentido, el Tribunal Supremo que no se trata del plazo de prescripción de la acción de reclamación que se prevé en el **artículo 67 de la LPACAP**, si no que aquel plazo «(...) se refiere a la prescripción del daño en cuanto integra el derecho indemnizable, constituyendo la delimitación por el legislador del alcance de la responsabilidad patrimonial a través de dicho criterio temporal, e imponiendo el deber general de soportar los daños producidos más allá de dicho plazo de cinco años, afectando, por lo tanto, al elemento de la antijuridicidad, como existencia de un deber legal de soportar el daño de acuerdo con la Ley (art. 32.1 LRJSP)».

Caso práctico | Si existe responsabilidad concurrente de distintas AA. PP., ¿pueden presentarse dos reclamaciones previas distintas?

PLANTEAMIENTO

Cuando un ciudadano sufre un daño y entiende que las responsables son varias AA. PP. de manera concurrente, ¿puede demandar a las dos?, ¿es necesario presentar reclamación previa ante todas ellas?

RESPUESTA

Para dar respuesta a este caso práctico podemos citar la **sentencia del Tribunal Superior de Justicia de Galicia n.º 357/2024, de 15 de mayo, ECLI:ES:TSJGAL:2024:3663**, en la que se pronuncia sobre la concurrencia de responsabilidades diferenciando aquellos supuestos en los que existen dudas sobre la atribución de responsabilidad de aquellos en los que la responsabilidad está perfectamente delimitada:

> «Así, el citado art. 33 dispone que, en supuestos de concurrencia de varias Administraciones en la producción del daño distintos de la gestión dimanante de fórmulas conjuntas de actuación entre varias Administraciones públicas, la responsabilidad se fijará para cada Administración atendiendo a los criterios de competencia, interés público tutelado e intensidad de la intervención. La responsabilidad será solidaria cuando no sea posible dicha determinación; y que cuando se trate de procedimiento en materia de responsabilidad patrimonial, la Administración Pública competente para incoar, instruir y resolverlo, deberá consultar a las restantes Administraciones implicadas para que, en el plazo de quince días, éstas puedan exponer cuanto consideren procedente.
>
> La redacción este precepto legal vino precedida de una larga doctrina jurisprudencial (STS de 15.12.1993, 23.11.2000, 12.12.2001) conforme a la cual el principio de solidaridad entre las Administraciones Públicas concurrentes a la producción del daño viene impuesta la efectividad del **principio de indemnidad**, que constituye el fundamento de la responsabilidad patrimonial. Así ocurre **cuando la participación concurrente desde el punto de vista causal de varias Administraciones o las dudas acerca de la atribución competencial de la actividad cuestionada imponen soluciones favorables a posibilitar el ejercicio de la acción por el particular perjudicado, sin perjuicio de las relaciones económicas internas entre ellas.**
>
> Sin embargo, **tales soluciones carecen de sentido cuando la titularidad de la responsabilidad es susceptible de ser definida con claridad**, bien desde el punto de vista formal, atendiendo al criterio de ejercicio de la competencia, bien desde el punto de vista sustantivo acudiendo al criterio del beneficio, revelado por la intensidad de la actuación o por la presencia predominante del interés del tutelado por una de las Administraciones intervinientes. En estos casos, se impone atribuir la legitimación a la Administración a la que corresponde el protagonismo en la actividad dañosa y excluir a las que han colaborado mediante actividades complementarias o accesorias, pero no significativas desde

el punto de vista del desempeño de la actividad o servicio causante del servicio y su relevancia como causa eficiente».

Recordando también la postura del Tribunal Supremo al respecto: «(...) "como en cualquier supuesto de responsabilidad extracontractual, esta tiene la naturaleza de solidaria, de manera que frente al perjudicado cada obligado responde de la totalidad de la deuda, si son declarados responsables. La solución de la responsabilidad solidaria, (en este caso entre dos Administraciones), es plenamente conforme a una jurisprudencia ya consolidada del Tribunal Supremo (STS Sala 3ª de 11 diciembre 2002, STS Sala 3ª de 27 diciembre 1999, STS Sala 3ª de 23 febrero 1995): **La aceptación de un vínculo de solidaridad entre los distintos responsables del perjuicio causado, como único medio para dar satisfacción a las exigencias propias del principio**, básico en la materia, de la garantía de la víctima, **que, de otro modo, correría el riesgo de quedar burlado**. Todo ello, sin perjuicio de las relaciones internas entre ambas Administraciones Públicas»

Concluye el TSXG que:

> «**El expresado vínculo de solidaridad no excluye, claro está, que deban proseguirse los trámites procedimentales correspondientes cuando se entiende concurrente la responsabilidad de varias Administraciones Públicas o entidades de derecho público con personalidad jurídica propia**, pues la exigencia de responsabilidad patrimonial de la Administración, ya sea en vías de derecho público o privado, se encuentra sometida al cumplimiento de los trámites especificados en una vía administrativa previa, que no es posible obviar, y contra cuya decisión final -sea expresa o tácita- es cuando procederá el recurso judicial.
>
> Por ello, **los demandantes actuaron correctamente cuando dirigieron sendas reclamaciones de responsabilidad patrimonial frente a las dos Administraciones implicadas** (...)».

Caso práctico | Responsabilidad patrimonial de la Administración sanitaria por falta de consentimiento informado

PLANTEAMIENTO

El paciente «A» es sometido a una cirugía de dos hernias lumbares. En el consentimiento informado no se incluye entre los riesgos y complicaciones la posible infección por estafilococo. Tras la intervención quirúrgica y una vez dado de alta, el paciente acude a realizar el seguimiento de la herida al centro de salud en el que se le detecta la existencia de seroma en la herida, pidiendo valoración por el cirujano encargado de la operación.

Con el fin de resolver el seroma es sometido a dos cirugías reparadoras de la herida quirúrgica. Con anterioridad a la segunda cirugía se realiza analítica en la que se detecta la presencia de un proceso infeccioso para el cual se le dio un tratamiento que no era específico para ella y no se estableció ningún seguimiento de la infección. En las dos intervenciones quirúrgicas no consta consentimiento informado.

El problema no se resuelve debiendo acudir el paciente en varias ocasiones al servicio de urgencia. En uno de ellos, distinto de su hospital de referencia, se le deriva al servicio hematología de su centro hospitalario para la valoración de un posible síndrome linfoproliferativo secuela de la cirugía. En dicho centro le dan el alta con petición de analítica ordinaria.

Finalmente, el paciente fallece siendo la causa principal de la muerta la sepsis diseminada por estafilococo.

La familia del fallecido reclama responsabilidad patrimonial de la Administración por falta de consentimiento por no haber informado de la posible infección por estafilococo y falta de consentimiento en relación con las otras dos intervenciones posteriores que se le realizaron.

¿Es posible declarar la responsabilidad patrimonial de la Administración al incumplir la *lex artis* por no existir consentimiento informado?

RESPUESTA

En primer lugar, debemos delimitar el **contenido que debe tener el consentimiento informado**, con relación a esto el Tribunal Supremo en la **sentencia n.° 140/2021, de 4 de febrero, ECLI:ES:TS:2021:550** ha señalado:

> «La exigencia de una información al paciente, verdadera, comprensible y adecuada a sus necesidades, que **comprenda 'toda la información disponible' sobre la actuación** en el ámbito de la salud de que se trate, a salvo los supuestos excepcionados por la Ley, constituye el presupuesto necesario para que el consentimiento del paciente, necesario en toda actuación en el ámbito de la salud, pueda considerarse libre, voluntario y responda a una valoración fundada de las opciones propias del caso. Consentimiento que será verbal por

regla general y se prestará por escrito en los casos de intervención quirúrgica, procedimientos diagnósticos y terapéuticos invasores y, en general, aplicación de procedimientos que suponen riesgos o inconvenientes de notoria y previsible repercusión negativa sobre la salud del paciente (arts. 4 y 8)».

En congruencia con ello el **art. 10 de la Ley 41/2002, de 14 de noviembre**, especifica las condiciones de la información y el consentimiento por escrito:

> «1. El facultativo proporcionará al paciente, antes de recabar su consentimiento escrito, la información básica siguiente:
> a) Las consecuencias relevantes o de importancia que la intervención origina con seguridad.
> b) Los riesgos relacionados con las circunstancias personales o profesionales del paciente.
> c) Los riesgos probables en condiciones normales, conforme a la experiencia y al estado de la ciencia o directamente relacionados con el tipo de intervención.
> d) Las contraindicaciones.
> 2. El médico responsable deberá ponderar en cada caso que cuanto más dudoso sea el resultado de una intervención más necesario resulta el previo consentimiento por escrito del paciente».

En el caso concreto, con relación al alcance de la infección hospitalaria, diversas sentencias han señalado:

> «(...) con fundamento en los informes técnicos correspondientes, que se trata de una **complicación previsible y evitable**, que, no obstante, se viene produciendo con ocasión de distintas actuaciones sanitarias y, entre ellas, intervenciones quirúrgicas. Así en la sentencia de 13 de julio de 2000 (rec. 2464/1996), relativa al mismo tipo de infección de este recurso, se declara que: la infección por el estafilococo Aureus en una intervención quirúrgica si bien puede resultar en algunos casos inevitable es un evento previsible y por tanto deben extremarse medias precautorias; declaración que se reitera en la sentencia de 23 de diciembre de 2009 (rec. 175/2007).
> En consecuencia y tratándose de un riesgo o complicación previsible y de considerable relevancia para el resultado de la intervención, **no puede privarse al paciente de la adecuada información al respecto**, que le permita decidir fundadamente sobre la prestación de su consentimiento, en el ejercicio del derecho a la autonomía del paciente».

Para determinar la responsabilidad patrimonial de la Administración es preciso determinar si la ausencia de esta información supone una **infracción de la** ***lex artis***. La sentencia referencia al inicio recoge:

> «Tal cuestión ha sido examinada y resuelta por esta Sala en numerosas sentencias en sentido afirmativo, tal es el caso de la sentencia de 29 de junio de 2010 (rec. 4637/2008), según la cual, 'una constante jurisprudencia (sentencias de 16 de enero de 2007, recurso de casación 5060/2002, 1 de febrero de 2008, recurso de casación 2033/2003, de 22 de octubre de 2009, recurso de casación 710/2008, sentencia de 25 de marzo de 2010, recurso de casación 3944/2008) insiste en que **el deber de obtener el consentimiento informado del paciente constituye una infracción de la 'lex artis' y revela una manifestación anormal del servicio sanitario.**'
> Añade dicha sentencia que: 'No solo puede constituir infracción la omisión completa del consentimiento informado sino también descuidos parciales

> como aquí se invoca respecto a la primera intervención. Se incluye, por tanto, la ausencia de la obligación de informar adecuadamente al enfermo de todos los riesgos que entrañaba una intervención quirúrgica y de las consecuencias que de la misma podían derivar.'».

Es por todo ello que la falta de consentimiento informado ya sea en su total o parcial, supone un incumplimiento de la *lex artis* y por tanto **es posible que determine la responsabilidad patrimonial de la Administración**.

ANEXO II.
FORMULARIOS

Escrito de reclamación de responsabilidad patrimonial de Administración pública

AL [ÓRGANO]

Don/Doña [NOMBRE], mayor de edad, con DNI n.º [NÚMERO] y domicilio a efectos de notificaciones en C/[CALLE], n.º [NÚMERO] de [LUGAR], actuando en mi propio nombre y derecho,

EXPONGO

En ejercicio del derecho de reclamación por los daños y perjuicios sufridos a consecuencia del funcionamiento de los servicios públicos, vengo a formular **RECLAMACIÓN POR RESPONSABILIDAD PATRIMONIAL**, al amparo de lo dispuesto en los **artículos 32 y siguientes de la Ley de Régimen Jurídico del Sector Público**, reclamación que fundamento en los siguientes,

HECHOS

PRIMERO.- Con fecha [FECHA], por causa imputable a la actuación de esta Administración a la que me dirijo, se me produjeron los siguientes daños y perjuicios lesivos que no tengo el deber jurídico de soportar de acuerdo con la ley [DESCRIPCIÓN].

SEGUNDO.- De los anteriores hechos resulta evidente la inequívoca relación de causalidad entre los daños producidos y el funcionamiento de los servicios públicos de esa Administración.

TERCERO.- La cantidad a satisfacer por esa Administración se cifra en la cantidad total de [CANTIDAD] €, en concepto de indemnización por los daños y perjuicios producidos.

CUARTO.- Para la comprobación de los hechos alegados se acompañan los documentos pertinentes que acreditan su veracidad.

A los hechos anteriores resultan de aplicación los siguientes,

FUNDAMENTOS DE DERECHO

El **art. 106.2 de la Constitución** reconoce el derecho de los particulares a ser indemnizados de toda lesión que sufran en cualquiera de sus bienes o derechos, siempre que sea consecuencia del funcionamiento normal o anormal de un servicio público. Este derecho constitucionalmente reconocido se regula actualmente en el **art. 32 de la Ley 40/2015, de 1 de octubre, de Régimen Jurídico del Sector Público** y exige, para su efectividad, la concurrencia de los siguientes requisitos:

- a) La existencia de un daño efectivo, evaluable económicamente e individualizado en relación a una persona o grupo de personas.

- b) El daño ha de ser antijurídico, en el sentido de que la persona que lo sufre no tenga el deber jurídico de soportarlo de acuerdo con la ley.

- c) La relación de causalidad entre la actividad administrativa y el resultado dañoso. En definitiva, el daño debe ser consecuencia del funcionamiento normal o anormal de un servicio público o actividad administrativa.

- d) Ausencia de fuerza mayor, como causa extraña a la organización y distinta del caso fortuito, supuesto éste que sí impone la obligación de indemnizar.

Es decir, la viabilidad de la acción de responsabilidad patrimonial de la Administración requiere, tal y como dispone el Tribunal Supremo en su **sentencia, rec. 120/2007, de 03 de mayo de 2011, ECLI:ES:TS:2011:2587**, reproducida por distintas sentencias posteriores como la **sentencia del Tribunal Supremo n.º 903/2021, de 23 de junio, ECLI:ES:TS:2021:2624, o la STS n.º 786/2023, de 13 de junio, ECLI:ES:TS:2023:2842**:

- a) La efectiva realidad del daño o perjuicio, evaluable económicamente e individualizado en relación a una persona o grupo de personas.

- b) El daño o lesión patrimonial sufrida por el reclamante sea consecuencia del funcionamiento normal o anormal —es indiferente la calificación— de los servicios públicos en una relación directa e inmediata y exclusiva de causa a efecto, sin intervención de elementos extraños que pudieran influir, alterando, el nexo causal.

- c) Ausencia de fuerza mayor.

- d) Que el reclamante no tenga el deber jurídico de soportar el daño cabalmente causado por su propia conducta.

En este sentido cabe citar la **sentencia de la Audiencia Nacional, rec. 127/2023, de 19 de junio de 2024, ECLI:ES:AN:2024:3530**, en la que se recoge que:

> «Lo resarcible por la vía de la responsabilidad patrimonial es la lesión, pero ésta solo puede ser apreciada si el daño que le sirve de presupuesto reúne los requisitos que declara la jurisprudencia en interpretación de estas normas.
>
> Así, el Tribunal Supremo ha estimado que, para exigir responsabilidad patrimonial por el funcionamiento de los servicios públicos, es necesario que concurran los siguientes requisitos o presupuestos: 1. hecho imputable a la Administración, 2. lesión o perjuicio antijurídico efectivo, económicamente evaluable e individualizado en relación a una persona o grupo de personas, 3. relación de causalidad entre hecho y perjuicio, y 4. que no concurra fuerza mayor u otra causa de exclusión de la responsabilidad. 5 que el reclamante no tenga el deber jurídico de soportar el daño.
>
> Junto a los presupuestos de la responsabilidad patrimonial, hay también unos requisitos para ejercitarla acción de reclamación que son:
>
> 1. la previa reclamación en vía administrativa a la Administración Pública correspondiente.
>
> 2. que la acción de responsabilidad indemnizatoria no haya prescrito, esto es, que sea ejercitada dentro del plazo de un año contado a partir del hecho que motivo la indemnización o se manifieste su efecto lesivo.
>
> 3. que no derive de hechos o circunstancias que no se hubiesen podido prever o evitar según el estado de los conocimientos de la ciencia o de la técnica existentes en el momento de producción.
>
> 4. su compatibilidad con las prestaciones asistenciales o económicas que las leyes puedan establecer».

Con respecto a la **relación de causalidad el Tribunal Supremo en su sentencia, rec. 1985/1994, de 19 de junio de 1998, ECLI:ES:TS:1998:4087**, se ha pronunciado del siguiente modo:

- Que entre las diversas concepciones con arreglo a las cuales la causalidad puede concebirse, se imponen aquellas que explican el daño por la concurrencia objetiva de factores cuya inexistencia, en hipótesis, hubiera evitado aquél.

- No son admisibles, en consecuencia, otras perspectivas tendentes a asociar el nexo de causalidad con el factor eficiente, preponderante, socialmente adecuado o exclusivo para producir el resultado dañoso, puesto que, válidas como son en otros terrenos, irían en éste en contra del carácter objetivo de la responsabilidad patrimonial de las Administraciones públicas.

- La consideración de hechos que puedan determinar la ruptura del nexo de causalidad, a su vez, debe reservarse para aquéllos que comportan fuerza mayor, única circunstancia admitida por la ley con efecto excluyente, a los cuales importa añadir la intencionalidad de la víctima en la producción o el padecimiento del daño, o la gravísima negligencia de esta, siempre que estas circunstancias hayan sido determinantes de la existencia de la lesión y de la consiguiente obligación de soportarla.

- El carácter objetivo de la responsabilidad impone la prueba de la concurrencia de acontecimientos de fuerza mayor o circunstancias demostrativas de la existencia de dolo o negligencia de la víctima, suficiente para considerar roto el nexo de causalidad, pues no sería objetiva aquella responsabilidad que exigiese demostrar que la Administración que causó el daño procedió con negligencia, ni aquella cuyo reconocimiento estuviera condicionado a probar que quien padeció el perjuicio actuó con prudencia.

Asimismo, debe ser una causalidad adecuada, y así lo recoge la **sentencia del Tribunal Supremo, rec. 100/1993, de 5 de diciembre de 1995, ECLI:ES:TS:1995:6155**, esto es,

> «Esta **causa adecuada o causa eficiente** exige un presupuesto, una "conditio sine qua non" esto es, un acto o un hecho sin el cual es inconcebible que otro hecho o evento se considere consecuencia o efecto del primero. Ahora bien, esta condición, por sí sola, no basta para definir la causalidad adecuada. Es necesario además que resulte normalmente idónea para determinar aquel evento, o resultado teniendo en consideración todas las circunstancias del caso; esto es, que exista una adecuación objetiva entre acto y evento, lo que se ha llamado la verosimilitud del nexo; solo cuando sea así, dicha condición alcanza la categoría de causa adecuada, causa eficiente o causa próxima y verdadera del daño (in iure non remota causa, sed proxima spectatur). De esta forma quedan excluidos tanto los actos indiferentes como los inadecuados o inidóneos y los absolutamente extraordinarios».

Resulta de interés citar la siguiente jurisprudencia:

Sentencia del Tribunal Supremo n.º 469/2018, de 21 de marzo, ECLI:ES:TS:2018:1082

> «(...) La jurisprudencia de esta Sala (por todas las STS de 1 de julio de 2009, RC 1515/2005 y las allí recogidas) insiste en que 'no todo daño causado por la Administración ha de ser reparado, sino que tendrá la consideración de auténtica lesión resarcible, exclusivamente, aquella que reúna la calificación de antijurídica, en el sentido de que el particular no tenga el deber jurídico de soportar los daños derivados de la actuación administrativa'».

Sentencia del Tribunal Supremo, rec. 2052/2003, de 25 de septiembre de 2007, ECLI:ES:TS:2007:6042

> «(...) como hemos declarado igualmente en reiteradísimas ocasiones es imprescindible que exista nexo causal entre el funcionamiento normal o anormal del servicio público y el resultado lesivo o dañoso producido, cuya concurrencia la Sala de instancia niega en el caso de autos. Es además jurisprudencia

reiteradísima que la apreciación del nexo causal entre la actuación de la Administración y el resultado dañoso producido, o la ruptura del mismo, es una cuestión jurídica revisable en casación, si bien tal apreciación ha de basarse siempre en los hechos declarados probados por la Sala de instancia, salvo que éstos hayan sido correctamente combatidos por haberse infringido normas, jurisprudencia o principios generales del derecho al valorarse las pruebas, o por haberse procedido, al hacer la indicada valoración, de manera ilógica, irracional o arbitraria».

Sentencia del Tribunal Supremo n.º 1704/2023, de 5 de diciembre, ECLI:ES:TS:2023:5477

«Insiste la Sentencia de 19 de junio de 2007, rec. casación 10231/2003 con cita de otras muchas que "es doctrina jurisprudencial consolidada la que sostiene la exoneración de responsabilidad para la Administración, a pesar del carácter objetivo de la misma, cuando es la conducta del propio perjudicado o la de un tercero la única determinante del daño producido aunque hubiese sido incorrecto el funcionamiento del servicio público"».

Sentencia del Tribunal Supremo, rec. 6998/1995, de 27 de diciembre de 1999, ECLI:ES:TS:1999:8467

«(...) como en cualquier supuestos de responsabilidad extracontractual, ésta tiene la naturaleza de solidaria, de manera que frente al perjudicado cada obligado responde de la totalidad de la deuda, razón por la que el Ayuntamiento demandado habrá de indemnizar íntegramente al demandante en la cantidad que estimemos adecuada para su plena indemnidad».

En virtud lo expuesto, **SOLICITO**:

- Que se admita el presente escrito de RECLAMACIÓN DE RESPONSABILIDAD PATRIMONIAL de esta Administración por el funcionamiento de los servicios públicos, junto con la documentación que se acompaña, y previa a la tramitación del correspondiente procedimiento, acuerde indemnizar al reclamante con la cantidad de [CANTIDAD]€, por los daños y perjuicios sufridos que están plenamente justificados en el cuerpo de este escrito.

- Que de conformidad con lo dispuesto en la Ley 39/20145, de 1 de octubre, del Procedimiento Administrativo Común de las Administraciones Públicas, se tengan como pruebas las siguientes:

- 1.º- [ESPECIFICAR].
- 2.º- [ESPECIFICAR].

Que, de conformidad con lo dispuesto en el **artículo 14.1 de la Ley 39/2015, de 1 de octubre, del Procedimiento Administrativo Común de las Administraciones Públicas**, manifiesto que, dada mi condición de persona física, no estoy obligado a relacionarme a través de medios electrónicos con las Administraciones públicas y que ejerzo mi derecho a elegir que las posteriores notificaciones relativas a la presente reclamación no sean practicadas a través de medios electrónicos y me sean dirigidas por escrito a la dirección que encabeza la misma.

En [LOCALIDAD], a [DÍA] de [MES] de [AÑO].

Firma: [NOMBRE Y DNI]

Demanda de responsabilidad patrimonial de la Administración por funcionamiento de servicios sanitarios

AL JUZGADO CONTENCIOSO-ADMINISTRATIVO DE [LOCALIDAD]/A LA SALA DE LO CONTENCIOSO-ADMINISTRATIVO DEL TRIBUNAL SUPERIOR DE JUSTICIA DE [COMUNIDAD_AUTÓNOMA]

Don/Doña [NOMBRE_PROCURADOR_CLIENTE], procurador/a de los tribunales de [LOCALIDAD], con n.º de colegiado/a [NÚMERO_COLEGIADO_PROCURADOR_CLIENTE] actuando en nombre y representación de **don/doña** [NOMBRE_CLIENTE], con DNI [NÚMERO], representación que consta acreditada en autos de referencia, bajo la dirección técnica de **don/doña** [NOMBRE_ABOGADO_CLIENTE], abogado/a con número de colegiado/a [NÚMERO_COLEGIADO_ABOGADO_CLIENTE] del Iltre. Colegio de Abogados de [LOCALIDAD], ante el juzgado comparezco y como mejor proceda en derecho,

DIGO

Con fecha [FECHA] se me ha notificado la diligencia de ordenación de [FECHA], por la que se me hace entrega del expediente administrativo [ESPECIFICAR], y dentro del indicado plazo y mediante el presente escrito vengo a formalizar la **DEMANDA de RESPONSABILIDAD PATRIMONIAL**, y ello de conformidad con lo dispuesto en el **apartado primero del artículo 52 de la Ley 29/1998, de 13 de julio, reguladora de la Jurisdicción Contencioso-Administrativa (1)** frente a [ESPECIFICAR], y todo ello en base a los siguientes,

HECHOS

PRIMERO.- Mi mandante ingresó el día [FECHA] en el centro sanitario público de [NOMBRE] con los siguientes síntomas [ESPECIFICAR].

El médico de urgencia, don/doña [NOMBRE Y APELLIDOS], le diagnosticó en aquel momento: [ESPECIFICAR].

Como consecuencia de aquel diagnóstico ordenó la intervención de urgencia a las [HORAS].

A efectos acreditativos de las manifestaciones anteriores, se adjunta como documento n.º [NÚMERO], parte médico de [FECHA] emitido por [NOMBRE_DEL_CENTRO_HOSPITALARIO].

SEGUNDO.- Como consecuencia de la operación efectuada de forma negligente se produjeron los siguientes daños a mi mandante:

- [EXPOSICIÓN_DEL_RELATO_DE_HECHOS_Y_LAS_LESIONES_PRODUCIDAS]

- Se adjunta como **documento n.º** [NÚMERO] informe médico [DESCRIPCIÓN].

TERCERO.- Se dan los requisitos necesarios para que prospere la responsabilidad patrimonial de la Administración: la actuación en el marco de la sanidad pública (hecho primero); las lesiones (hecho segundo) y la relación de causalidad entre ambas.

La relación de causalidad entre ambas es manifiesta por cuanto la práctica realizada en la intervención quirúrgica no fue adecuada a la *lex artis*, como dispone el dictamen pericial médico [DESCRIPCIÓN] que adjuntamos como documento n.º [NÚMERO].

CUARTO.- Las secuelas se determinaron en la revisión médica realizada el día [FECHA], por lo que el que suscribe se encuentra dentro del plazo de un año para reclamar legalmente previsto.

A tales efectos se adjunta como **documento n.º** [NÚMERO], informe [DESCRIPCIÓN].

FUNDAMENTOS

I.- JURISDICCIÓN Y COMPETENCIA

El apdo. 1 del art. 1 de la Ley 29/1998, de 13 de julio, reguladora de la Jurisdicción Contencioso-Administrativa indica que los juzgados y tribunales del orden contencioso-administrativo conocerán de las pretensiones que se deduzcan en relación con la actuación de las Administraciones públicas sujetas a derecho administrativo. Por su parte, corresponde el conocimiento de la presente pretensión al órgano al que me dirijo de conformidad con el **artículo 8 de la LJCA. (2)**

II.- CAPACIDAD PROCESAL Y LEGITIMACIÓN

El artículo 19 de la Ley 29/1998, de 13 de julio, reguladora de la Jurisdicción Contencioso-Administrativa **(3)** legitima activamente ante esa jurisdicción a las personas que ostenten un interés legítimo y el **artículo 21 de la Ley 29/1998, de 13 de julio, reguladora de la Jurisdicción Contencioso-Administrativa**, atribuye legitimación pasiva a la Administración demandada.

III.- POSTULACIÓN

Por lo que respecta a la postulación, esta parte se encuentra representada por procurador y asistida técnicamente por letrado de conformidad con lo establecido en el **artículo 23 de la Ley 29/1998, de 13 de julio (4) reguladora de la Jurisdicción Contencioso-Administrativa**.

IV.- AGOTAMIENTO DE LA VÍA ADMINISTRATIVA

El acto que se recurre ha puesto fin a la vía administrativa en virtud de lo dispuesto en el **artículo 114 de la Ley 39/2015, de 1 de octubre, del Procedimiento Administrativo Común de las Administraciones Públicas**.

V.- PROCEDIMIENTO

La demanda se tramitará por los cauces del procedimiento **(5)** [ORDINARIO/ABREVIADO], de conformidad con el artículo 78 de la LJCA.

VI.- FONDO DE ASUNTO

El **apartado 2 del artículo 106 de la CE** proclama la responsabilidad patrimonial de la Administración:

> «Los particulares, en los términos establecidos por la ley, tendrán derecho a ser indemnizados por toda lesión que sufran en cualquiera de sus bienes o derechos, salvo en los casos de fuerza mayor, siempre que la lesión sea consecuencia del funcionamiento de los servicios públicos».

En el mismo sentido, el **apartado 1 del artículo 32 de la Ley 40/2015, de 1 de octubre**, señala:

> «Los particulares tendrán derecho a ser indemnizados por las Administraciones públicas correspondientes de toda lesión que sufran en cualquiera de sus bienes y derechos, siempre que la lesión sea consecuencia del funciona-

miento normal o anormal de los servicios públicos salvo en los casos de fuerza mayor o de daños que el particular no tenga el deber jurídico de soportar de acuerdo con la Ley (...)».

Así, cabe citar la **sentencia del Tribunal Supremo n.º 272/2022, de 3 de marzo, ECLI:ES:TS:2022:765**, que reza el tenor literal siguiente:

> «Si la **Administración sanitaria que realiza correcta y adecuadamente un acto sanitario debe responder de las lesiones causadas a un paciente** como consecuencia de la utilización de un producto sanitario defectuoso —previamente autorizado por la Agencia Española de Medicamentos y Productos Sanitarios—, cuya toxicidad se descubre y alerta con posterioridad, o, sí por el contrario, la responsabilidad deber recaer en el productor o, en su caso, en la Administración con competencias para autorizar y vigilar los medicamentos y productos sanitarios».

Se dan en el presente caso los **elementos para poder hablar de responsabilidad patrimonial regulados en el artículo 32 de la Ley 40/2015, de 1 de octubre**, y objeto de interpretación por la jurisprudencia en el ámbito de la responsabilidad sanitaria exigiendo los siguientes requisitos:

- Acción u omisión producida en el desarrollo de una actividad cuya titularidad corresponde a un ente público.

- Lesión o daño que el perjudicado no tenga el deber de soportar.

- Nexo de causalidad entre la conducta y el resultado lesivo.

Es decir, **la viabilidad de la acción de responsabilidad patrimonial de la Administración requiere**, tal y como dispone el Tribunal Supremo en, entre otras, **sentencia del Tribunal Supremo, rec. 120/2007, de 03 de mayo de 2011, ECLI:ES:TS:2011:2587, y sentencia del Tribunal Supremo n.º 1177/2016, de 25 de mayo, ECLI:ES:TS:2016:2289**:

- La efectiva realidad del daño o perjuicio, evaluable económicamente e individualizado en relación a una persona o grupo de personas.

- Que el daño o lesión patrimonial sufrida por el reclamante sea consecuencia del funcionamiento normal o anormal (es indiferente la calificación) de los servicios públicos en una relación directa e inmediata y exclusiva de causa a efecto, sin intervención de elementos extraños que pudieran influir, alterando, el nexo causal.

- Ausencia de fuerza mayor.

- Que el reclamante no tenga el deber jurídico de soportar el daño cabalmente causado por su propia conducta.

Establece la **Sala del Tribunal Supremo en la sentencia, rec. 4294/2010, de 13 de marzo de 2012, ECLI:ES:TS:2012:1452**, que:

> «Conforme a reiterada jurisprudencia (STS de 25 de septiembre de 2007, rec. casación 2052/2003 con cita de otras anteriores) para que prospere la acción de responsabilidad patrimonial de la administración se exige la antijuridicidad del resultado o lesión siempre que exista nexo causal entre el funcionamiento normal o anormal del servicio público y el resultado lesivo o dañoso producido».

La **STS rec. 6794/2009, de 16 de enero de 2012, ECLI:ES:TS:2012:61** se pronuncia al **respecto de la carga de la prueba de la relación de causalidad** señalando en este sentido que ella corresponde a quien la reclama. Existiendo ciertamente dicha relación de causa efecto entre la actividad administrativa y el resultado dañoso, puesto que, de lo expuesto en los documentos adjuntos a la presente, [ESPECIFICAR].

Sobre la **cuantificación del daño**, indica la Sala del Tribunal Supremo **(STS, rec. 3724/2012, de 17 de julio de 2014, ECLI:ES:TS:2014:3283)**:

> «(...) venimos declarando, entre otras muchas, en sentencia de 9 de junio de 2009 (recurso de casación nº 1822/2005) que "que la utilización de algún baremo objetivo puede ser admisible, pero siempre y cuando se utilice con carácter orientativo y no vinculante, ya que debe precisarse y modularse al caso concreto en el que surge la responsabilidad patrimonial, sin perjuicio, claro está, de la incidencia que debe tener la existencia de precedentes jurisprudenciales aplicables al caso que nos ocupe.'(...) **para la realización de tal cuantificación puede acudirse al baremo establecido para el Seguro Obligatorio del Automóvil, pero ello con carácter orientativo**, como señala la sentencia de instancia y la jurisprudencia que acabamos de citar, por lo que no puede acogerse la alegación de la parte que exige que la indemnización se acomode a dicho baremo y considera contraria a derecho la sentencia de instancia en cuando no se ha ajustado al mismo y por la misma razón no puede imponerse una valoración fundada en dicha exigencia"».

Por lo anteriormente expuesto,

SUPLICO:

Que tenga por presentado este escrito y por formalizada la **DEMANDA DE RESPONSABILIDAD PATRIMONIAL**, con los documentos que se acompañan, se sirva a admitirlos y con estimación del mismo, acuerde la procedencia de la responsabilidad patrimonial de la Administración y la condene al pago de [CANTIDAD] € en concepto de reparación de los daños y perjuicios causados.

Es justicia que pido en [LUGAR], a [DÍA] de [MES] de [AÑO].

Letrado/a Don/Doña	Procurador/a Don/Doña
[NOMBRE Y FIRMA LETRADO/A]	[NOMBRE Y FIRMA PROCURADOR/A]

Por lo expuesto,

PRIMER OTROSÍ DIGO: de conformidad con lo previsto en los artículos 40 y ss. de la Ley 29/1998, de 13 de julio, reguladora de la Jurisdicción Contencioso-Administrativa, esta parte estima que la cuantía del proceso es de [CANTIDAD] €.

En su virtud,

SUPLICO:

Que tenga por hecha la anterior manifestación y acuerde de conformidad a la misma.

Es justicia que reitero en el lugar y fecha ut supra.

Letrado/a Don/Doña | Procurador/a Don/Doña

[NOMBRE Y FIRMA LETRADO/A] | [NOMBRE Y FIRMA PROCURADOR/A]

SEGUNDO OTROSÍ DIGO: de acuerdo con lo previsto en el artículo 60 de la Ley 29/1998, de 13 de julio, reguladora de la Jurisdicción Contencioso-Administrativa **(6)** solicito el recibimiento del proceso a prueba, que habrá de versar sobre los siguientes extremos de hecho:

- 1. [DESCRIPCIÓN].
- 2. [DESCRIPCIÓN].

Por lo expuesto,

SUPLICO:

Que tenga por hecha la anterior manifestación y acuerde de conformidad a la misma.

Es justicia que reitero en el lugar y fecha *ut supra*.

Letrado/a Don/Doña	Procurador/a Don/Doña
[NOMBRE Y FIRMA LETRADO/A]	[NOMBRE Y FIRMA PROCURADOR/A]

(1) El RD-Ley 6/2023, de 19 de diciembre, modifica el apartado 1 del art. 52 de la LJCA en vigor desde el 20/03/2024.

(2) La competencia corresponderá al juzgado de lo contencioso-administrativo si la cuantía no excede de 30.050 €.

(3) La ley 4/2023 de 28 de febrero, modifica el artículo 19 de la LJCA en vigor desde el 20/03/2024.

(4) El RD-ley 6/2023, de 19 de diciembre, modifica el artículo 23 de la LJCA en vigor desde el 20/03/2024.

(5) Dependerá de la cuantía reclamada. Si esta supera los 30.000 euros, el procedimiento será ordinario (artículo 78 de la Ley 29/1998, de 13 de julio, reguladora de la Jurisdicción Contencioso-administrativa).

(6) El RD-ley 6/2023, de 19 de diciembre, modifica el artículo 60 de la LJCA añadiendo un nuevo apartado 8, en vigor desde el 20/03/2024.

Reclamación de responsabilidad patrimonial para reintegro de gastos médicos

A LA CONSEJERÍA DE [NOMBRE] **DE** [COMUNIDAD AUTÓNOMA] **(1)**

Don/Doña [NOMBRE_APELLIDOS], mayor de edad, con DNI n.º [NÚMERO], y domicilio a efectos de notificaciones en la C/ [CALLE], n.º [NÚMERO], de [LOCALIDAD],

EXPONGO:

A través de este escrito interpongo **RECLAMACIÓN DE RESPONSABILIDAD PATRIMONIAL DE LA ADMINISTRACIÓN, al objeto de solicitar el REINTEGRO DE LOS GASTOS MÉDICOS** que me ha generado el hecho de verme obligado a acudir a un centro médico privado, por haberme sido denegado tratamiento en los hospitales del sistema sanitario público. La referida reclamación se basa en los siguientes,

HECHOS

PRIMERO.- Con fecha [FECHA] ingresé en el Hospital Público [NOMBRE] por [DESCRIPCIÓN].

SEGUNDO.- A pesar de mis síntomas, no recibí tratamiento alguno a pesar de solicitarlo con insistencia al personal del mencionado centro sanitario.

TERCERO.- Después de haber pasado la noche en el mismo hospital, sin haber recibido medicación ni tratamiento alguno adecuado a mi dolencia, el día siguiente [DIA] me trasladé, de manera voluntaria, al Hospital Privado [NOMBRE] debido a mi gradual empeoramiento.

CUARTO.- Debido a mi internamiento en ese Hospital, los gastos médicos ascendieron a la cantidad de [CANTIDAD] euros. Para acreditar dicha cuantía, aporto como documento n.º [NÚMERO], las facturas del mismo.

QUINTO.- En apoyo de la reclamación que realizo aporto los informes médicos que verifican que era necesario la recepción de la medicación y del tratamiento.

Documentos n.º [NÚMERO] y [NÚMERO].

Todo ello con base en las siguientes,

ALEGACIONES

PRIMERA.- El art. 106 de la Constitución reconoce el derecho de los particulares a ser indemnizados de toda lesión que sufran en cualquiera de sus bienes o derechos, siempre que sea consecuencia del funcionamiento normal o anormal de un servicio público. Este derecho constitucionalmente reconocido se regula actualmente en el **art. 32 de la Ley 40/2015, de 1 de octubre, de Régimen Jurídico del Sector Público** y exige, para su efectividad, la concurrencia de los siguientes requisitos:

- La existencia de un daño efectivo, evaluable económicamente e individualizado en relación a una persona o grupo de personas.

- El daño ha de ser antijurídico, en el sentido de que la persona que lo sufre no tenga el deber jurídico de soportarlo de acuerdo con la ley.

- La relación de causalidad entre la actividad administrativa y el resultado dañoso. En definitiva, el daño debe ser consecuencia del funcionamiento normal o anormal de un servicio público o actividad administrativa.

- Ausencia de fuerza mayor, como causa extraña a la organización y distinta del caso fortuito, supuesto éste que sí impone la obligación de indemnizar.

Es decir, la viabilidad de la acción de responsabilidad patrimonial de la Administración requiere, tal y como dispone el Tribunal Supremo en su **sentencia n.º 786/2023, de 13 de junio, ECLI:ES:TS:2023:2842**.

- La efectiva realidad del daño o perjuicio, evaluable económicamente e individualizado en relación a una persona o grupo de personas.

- Que el daño o lesión patrimonial sufrida por el reclamante sea consecuencia del funcionamiento normal o anormal -es indiferente la calificación- de los servicios públicos en una relación directa e inmediata y exclusiva de causa a efecto, sin intervención de elementos extraños que pudieran influir, alterando, el nexo causal.

- Ausencia de fuerza mayor.

- Que el reclamante no tenga el deber jurídico de soportar el daño cabalmente causado por su propia conducta.

Asimismo, entiende esta parte que el empeoramiento de salud así como mi decisión de traslado a un hospital privado debido a la desatención de los facultativos que me atendieron el [ESPECIFICAR HOSPITAL PÚBLICO] en este sentido, cabe traer a colación la **sentencia del Juzgado de lo Contencioso-Administrativo de Vigo n.º 6/2023, de 19 de enero, ECLI:ES:JCA:2023:320**, que reza como sigue:

> «En definitiva, tenemos un funcionamiento normal del servicio público de salud, que ha sido la actuación desarrollada por POVISA, que en modo alguno puede ser calificado como "prematuro", como la tachó la demandada en su contestación, y un funcionamiento anómalo, injustificable e inexcusable, que ha sido el roceder de la demandada, porque las cosas podían, debían haberse hecho de otro modo, y no porque la actora abandonase o huyese del sistema público de salud. El desarrollo de los acontecimientos ha tenido lugar finalmente de un modo normal, satisfactorio, con la asistencia prestada por POVISA, **por la desatención, o la atención indebida o perezosa de la demandada, porque ha sido la demandada la que ha desamparado a la recurrente**.
>
> (...)
>
> No es verdad, como se sostiene en la resolución combatida, que el SERGAS hubiese actuado siempre según la situación y diagnóstico de la reclamante, se ha actuó por la demandada a remolque del diagnóstico de otros, difiriendo la solución al problema de salud de la actora que se conocía tanto en cuanto a su origen, como a su remedio. **De ahí que el gasto en que se ha acreditado que ha incurrido la demandante por esa omisión del tratamiento, deba reputarse un daño antijurídico que merezca ser indemnizado** en los términos expuestos, más en la cantidad adicional que hemos referido por el perjuicio causado a consecuencia del retraso terapéutico».

SEGUNDA.- En relación con la relación de causalidad el Tribunal Supremo en su sentencia, rec. 3905/1996, de 3 de octubre del 2000, ECLI:ES:TS:2000:7033 se ha pronunciado del siguiente modo:

- Que entre las diversas concepciones con arreglo a las cuales la causalidad puede concebirse, se imponen aquellas que explican el daño por la concurrencia objetiva de factores cuya inexistencia, en hipótesis, hubiera evitado aquél.

- No son admisibles, en consecuencia, otras perspectivas tendentes a asociar el nexo de causalidad con el factor eficiente, preponderante, socialmente adecuado o exclusivo para producir el resultado dañoso, puesto que, válidas como son en otros terrenos, irían en éste en contra del carácter objetivo de la responsabilidad patrimonial de las Administraciones públicas.

- La consideración de hechos que puedan determinar la ruptura del nexo de causalidad, a su vez, debe reservarse para aquéllos que comportan fuerza mayor, única circunstancia admitida por la ley con efecto excluyente, a los cuales importa añadir la intencionalidad de la víctima en la producción o el padecimiento del daño, o la gravísima negligencia de esta, siempre que estas circunstancias hayan sido determinantes de la existencia de la lesión y de la consiguiente obligación de soportarla.

- El carácter objetivo de la responsabilidad impone la prueba de la concurrencia de acontecimientos de fuerza mayor o circunstancias demostrativas de la existencia de dolo o negligencia de la víctima, suficiente para considerar roto el nexo de causalidad, pues no sería objetiva aquella responsabilidad que exigiese demostrar que la Administración que causó el daño procedió con negligencia, ni aquella cuyo reconocimiento estuviera condicionado a probar que quien padeció el perjuicio actuó con prudencia.

Asimismo, debe ser una causalidad adecuada la **sentencia del Tribunal Supremo, rec. 2658/2014, de 8 de marzo de 2016, ECLI:ES:2016:1006**, esto es,

> «(...) Esta causa adecuada o causa eficiente exige un presupuesto, una conditio sine qua non, esto es, un acto o un hecho sin el cual es inconcebible que otro hecho o evento se considere consecuencia o efecto del primero. Ahora bien, esta condición por sí sola no basta para definir la causalidad adecuada sino que es necesario, además, que resulte normalmente idónea para determinar aquel evento, o resultado, tomando en consideración todas las circunstancias del caso; esto es, que exista una adecuación objetiva entre acto y evento, lo que se ha llamado la verosimilitud del nexo y sólo cuando sea así, dicha condición alcanza la categoría de causa adecuada, causa eficiente o causa próxima y verdadera del daño"».

Además, a todo lo antedicho, resulta de mi interés traer a colación lo dispuesto en las siguientes sentencias:

Sentencia del Tribunal Supremo, rec. 1515/2005, de 01 de julio de 2009, ECLI:ES:TS:2009:5042

> «(...) la necesaria concurrencia, para apreciar en sentido positivo la responsabilidad administrativa, de la antijuricidad del daño, puesto que, en definitiva, y como esta jurisprudencia ha declarado, no todo daño causado por la Administración ha de ser reparado, sino que tendrá la consideración de auténtica lesión resarcible, exclusivamente, aquella que reúna la calificación de antijurídica, en el sentido de que el particular no tenga el deber jurídico de soportar los daños derivados de la actuación administrativa».

Sentencia del Tribunal Supremo, rec. 2052/2003, de 25 de septiembre de 2007, ECLI:ES:TS:2007:6042

> «(...) como hemos declarado igualmente en reiteradísimas ocasiones es imprescindible que exista nexo causal entre el funcionamiento normal o anormal del servicio público y el resultado lesivo o dañoso producido, cuya concurrencia la Sala de instancia niega en el caso de autos. Es además jurisprudencia reiteradísima que la apreciación del nexo causal entre la actuación de la Ad-

ministración y el resultado dañoso producido, o la ruptura del mismo, es una cuestión jurídica revisable en casación, si bien tal apreciación ha de basarse siempre en los hechos declarados probados por la Sala de instancia, salvo que éstos hayan sido correctamente combatidos por haberse infringido normas, jurisprudencia o principios generales del derecho al valorarse las pruebas, o por haberse procedido, al hacer la indicada valoración, de manera ilógica, irracional o arbitraria».

Sentencia Administrativo Tribunal Supremo, rec. 10231/2003, de 19 de junio de 2007, ECLI:ES:TS:2007:4200

«(...) es doctrina jurisprudencial consolidada la que sostiene la exoneración de responsabilidad para la Administración, a pesar del carácter objetivo de la misma, cuando es la conducta del propio perjudicado o la de un tercero la única determinante del daño producido aunque hubiese sido incorrecto el funcionamiento del servicio público».

Sentencia del Tribunal Supremo, rec. 6998/1995, de 27 de diciembre de 1999, ECLI:ES:TS:1999:8467

«(...) como en cualquier supuestos de responsabilidad extracontractual, ésta tiene la naturaleza de solidaria, de manera que frente al perjudicado cada obligado responde de la totalidad de la deuda, razón por la que el Ayuntamiento demandado habrá de indemnizar íntegramente al demandante en la cantidad que estimemos adecuada para su plena indemnidad».

Por lo expuesto,

SOLICITO:

Que se tenga por presentado este escrito y los documentos que se acompañan con el mismo, y tenga por formulada la RECLAMACIÓN ADMINISTRATIVA DE RESPONSABILIDAD PATRIMONIAL como consecuencia del funcionamiento de los servicios sanitarios, y se dicte resolución declarando haber lugar a la responsabilidad patrimonial de la administración y se acuerde se me indemnice con la cantidad de [CANTIDAD] euros.

En [LOCALIDAD] a [DÍA] de [MES] de [AÑO].

FIRMADO.

Don/Doña: [FIRMA]

(1) De conformidad con el artículo 92 de la Ley 39/2015, de 1 de octubre en el ámbito autonómico y local, los procedimientos de responsabilidad patrimonial se resolverán por los órganos correspondientes de las Comunidades Autónomas o de las entidades que integran la Administración Local.

Escrito de iniciación de procedimiento administrativo por negligencia médica

A [ESPECIFICAR ÓRGANO COMPETENTE]

Yo, **don/doña** [NOMBRE_APELLIDOS], mayor de edad, con DNI [NÚMERO], y domicilio a efectos de notificaciones en la C/[CALLE], n.º [NÚMERO], de [LOCALIDAD],

EXPONGO

En virtud de lo previsto en los artículos 32 y siguientes de la Ley 40/2015, de 1 de octubre, de Régimen Jurídico del Sector Público, presento **ESCRITO DE INICIACIÓN DE PROCEDIMIENTO ADMINISTRATIVO POR RESPONSABILIDAD PATRIMONIAL DE LAS ADMINISTRACIONES PÚBLICAS**, en base a los siguientes,

HECHOS

PRIMERO.- El día [FECHA] se ha acordado mi ingreso en el centro sanitario público [NOMBRE] con los siguientes síntomas [ESPECIFICAR].

Por el/la médico/a de urgencia, don/doña [NOMBRE] me fue diagnosticado en aquel momento: [ESPECIFICAR].

A efectos acreditativos de las manifestaciones anteriores, se adjunta como **documento n.º** [NÚMERO], parte médico de [FECHA] emitido por [NOMBRE_DEL_CENTRO_HOSPITALARIO].

Como consecuencia de aquel diagnóstico, se ordenó la intervención de urgencia a las [HORAS].

SEGUNDO.- A partir de la intervención efectuada de forma negligente, se me produjeron los siguientes daños: [EXPOSICIÓN_DEL_RELATO_DE_HECHOS_Y_LAS_LESIONES_PRODUCIDAS].

TERCERO.- Se dan los requisitos necesarios para que prospere la responsabilidad patrimonial de la Administración: la actuación en el marco de la sanidad pública (hecho primero); las lesiones (hecho segundo) y la relación de causalidad entre ambas.

La relación de causalidad entre ambas es manifiesta por cuanto la práctica realizada en la intervención quirúrgica no fue adecuada a la *lex artis*, como dispone el dictamen pericial médico que adjuntamos como **documento n.º** [NÚMERO].

CUARTO.- Las secuelas se determinaron en la revisión médica realizada el día [FECHA], por lo que me encuentro dentro del plazo de un año para reclamar legalmente previsto.

FUNDAMENTOS DE DERECHO

PRIMERO.- COMPETENCIA

La competencia para resolver la presente **reclamación de responsabilidad de la Administración**, le corresponde a [ESPECIFICAR] **(1)** en virtud de lo dispuesto en el artículo 92 de la Ley 39/2015, de 1 de octubre, del Procedimiento Administrativo Común de las Administraciones Públicas.

SEGUNDO.- PROCEDIMIENTO

El presente procedimiento deberá sustanciarse por el trámite previsto en el artículo 67 de la Ley 39/2015, de 1 de octubre, del Procedimiento Administrativo Común de las Administraciones.

TERCERO.- RESPONSABILIDAD PATRIMONIAL

El artículo 106 de la Constitución reconoce el derecho de los particulares a ser indemnizados de toda lesión que sufran en cualquiera de sus bienes o derechos, siempre que sea consecuencia del funcionamiento normal o anormal de un servicio público. Este derecho constitucionalmente reconocido se regula actualmente en el **artículo 32 de la Ley 40/2015, de 1 de octubre, de Régimen Jurídico del Sector Público** y exige, para su efectividad, la concurrencia de los siguientes requisitos:

- a) La existencia de un daño efectivo, evaluable económicamente e individualizado en relación a una persona o grupo de personas.

- b) El daño ha de ser antijurídico, en el sentido de que la persona que lo sufre no tenga el deber jurídico de soportarlo de acuerdo con la ley.

- c) La relación de causalidad entre la actividad administrativa y el resultado dañoso. En definitiva, el daño debe ser consecuencia del funcionamiento normal o anormal de un servicio público o actividad administrativa.

- d) Ausencia de fuerza mayor, como causa extraña a la organización y distinta del caso fortuito, supuesto este que sí impone la obligación de indemnizar.

Es decir, la viabilidad de la acción de responsabilidad patrimonial de la Administración requiere, tal y como dispone el Tribunal Supremo en su **sentencia del Tribunal Supremo, rec. 120/2007, de 3 de mayo de 2011, ECLI:ES:TS:2011:2587, sentencia del Tribunal Supremo n.º 1177/2016, de 25 de mayo, ECLI:ES:TS:2016:2289**:

- a) La efectiva realidad del daño o perjuicio, evaluable económicamente e individualizado en relación a una persona o grupo de personas.

- b) Que el daño o lesión patrimonial sufrida por el reclamante sea consecuencia del funcionamiento normal o anormal —es indiferente la calificación— de los servicios públicos en una relación directa e inmediata y exclusiva de causa a efecto, sin intervención de elementos extraños que pudieran influir, alterando, el nexo causal.

- c) Ausencia de fuerza mayor.

- d) Que el reclamante no tenga el deber jurídico de soportar el daño cabalmente causado por su propia conducta.

Hay que tener en cuenta que tal y como se recoge en la **STS n.º 204/2024, de 19 de febrero, ECLI:ES:TS:2024:822**:

> «La responsabilidad civil de los sanitarios proviene de la infracción de la lex artis ad hoc, que constituye el título de imputación jurídica del daño; es decir, el criterio valorativo para calibrar la diligencia exigible en esa obligación de medios de la que son deudores los profesionales de la medicina (sentencias 1342/2006, de 18 de diciembre; 284/2014, de 6 de junio y 680/2023, de 8 de mayo, entre otras).
>
> Este estándar de comportamiento debido (estándar of care), propio de las obligaciones de máximo esfuerzo, se utiliza igualmente por la jurisprudencia contencioso administrativa como pauta de determinación de la corrección en la actuación médica, independientemente del resultado que se produzca en la salud o en la vida del enfermo, ya que no es posible, ni a la ciencia ni a la Administración, garantizar, en cualquier caso, la curación de los enfermos que requieren los servicios sanitarios (sentencias de la Sala 3.ª de 25 de abril, 3 y 13

de julio y 30 de octubre de 2007, 9 de diciembre de 2008, 29 de junio de 2010, o, más recientemente, 232/2022, de 23 de febrero); por lo tanto, sin abandonar el fundamento de la imputación de la responsabilidad patrimonial propia de la legislación administrativa, se introducen elementos subjetivos o de culpa, rechazando que la mera titularidad del servicio determine la automática responsabilidad de la Administración respecto de cualquier consecuencia lesiva que se pueda producir, convirtiéndola, de esta forma, en aseguradora universal».

También resulta relevante lo dispuesto en **la STS n.° 680/2023, de 8 de mayo, ECLI:ES:TS:2023:2050**, que recuerda que:

> «En el caso de la asistencia médica, la lex artis abarca la utilización de los medios y técnicas necesarias, que el estado actual de conocimientos de la medicina, posibilita para el diagnóstico de las enfermedades, de manera proporcional al cuadro clínico que presenta el enfermo; seguir las prevenciones aceptadas por la comunidad científica para el tratamiento de la patología padecida; la práctica diligente de las técnicas empleadas en el proceso curativo, comprendiendo las quirúrgicas; la prestación de la información precisa, con antelación temporal suficiente, de manera comprensible, sobre el diagnóstico, pronóstico, tratamiento, riesgos típicos y prevenciones a seguir en el proceso de curación de la enfermedad; abstenerse de actuar en contra o al margen del consentimiento informado del paciente, que habrá de obtenerse, con mayor rigor, en el caso de la medicina voluntaria o satisfactiva; cumplimentar los deberes de la documentación clínica, sin incurrir en omisiones relevantes e injustificadas; y actuar siempre, de forma diligente, mediante el control de las incidencias del curso de la patología, sin incurrir en descuidos inasumibles, hasta el alta del paciente, con las indicaciones correspondientes de seguimiento, si fueran procedentes (prevenciones pautadas y revisiones periódicas en su caso)».

CUARTO.- EVALUACIÓN ECONÓMICA DE LA RESPONSABILIDAD PATRIMONIAL DERIVADA DE LOS PERJUICIOS SUFRIDOS POR EL SUSCRIBIENTE

En relación con los daños y perjuicios alegados, estos resultan efectivos, evaluables económicamente e individualizados con relación a mi persona de acuerdo con dictamen médico de valoración del daño corporal adjunto a la presente en el hecho tercero como **documento n.°** [NÚMERO], por lo que el alcance económico de la responsabilidad patrimonial del [ESPECIFICAR_ÓRGANO] se fija en la suma de [CUANTÍA] euros de indemnización según los siguientes conceptos: [ESPECIFICAR].

Por todo lo anterior,

SOLICITO:

PRIMERO.- Que habiendo presentado este escrito de **SOLICITUD DE INICIO DE PROCEDIMIENTO ADMINISTRATIVO POR RESPONSABILIDAD PATRIMONIAL DE LAS ADMINISTRACIONES PÚBLICAS**, con los documentos que se acompañan, proceda a admitirlo y, tras los trámites legales oportunos, se dicte resolución por la que se reconozca la responsabilidad en la que ha incurrido la sanidad pública por los daños producidos a don/doña [SOLICITANTE], y que han quedado expuestos en el presente escrito, indemnizando a esta parte con la suma de [IMPORTE] euros, incrementado en los intereses legales devengados desde la presente reclamación hasta su completo pago.

SEGUNDO.- A efectos de resolver la presente reclamación, que se practiquen las siguientes pruebas: [ESPECIFICAR].

En [LUGAR], a [DÍA] de [MES] de [AÑO].

Firmado:

(1) Para la determinación del órgano competente, de conformidad con lo dispuesto en el artículo 92 de la Ley 39/2015, de 1 de octubre, debe distinguirse el ámbito territorial:
«En el ámbito de la Administración General del Estado, los procedimientos de responsabilidad patrimonial se resolverán por el Ministro respectivo o por el Consejo de Ministros en los casos del artículo 32.3 de la Ley de Régimen Jurídico del Sector Público o cuando una ley así lo disponga.
En el ámbito autonómico y local, los procedimientos de responsabilidad patrimonial se resolverán por los órganos correspondientes de las Comunidades Autónomas o de las Entidades que integran la Administración Local.
En el caso de las Entidades de Derecho Público, las normas que determinen su régimen jurídico podrán establecer los órganos a quien corresponde la resolución de los procedimientos de responsabilidad patrimonial. En su defecto, se aplicarán las normas previstas en este artículo».

Demanda de recurso contencioso por responsabilidad patrimonial por lesión de un alumno en el colegio

AL JUZGADO CONTENCIOSO-ADMINISTRATIVO DE [LUGAR]/ A LA SALA DE LO CONTENCIOSO-ADMINISTRATIVO DEL TRIBUNAL SUPERIOR DE JUSTICIA DE [COMUNIDAD AUTÓNOMA]

Don/Doña [NOMBRE_PROCURADOR_CLIENTE], procurador/a de los tribunales, en nombre y representación de **don/doña** [NOMBRE_CLIENTE], representación que consta acreditada en virtud del poder que acompaño, y con la asistencia letrada de **don/doña** [NOMBRE_ABOGADO_CLIENTE], ante el juzgado comparezco y como mejor proceda en derecho,

DIGO

Por medio del presente escrito, y en la representación que ostento, formulo **DEMANDA DE RECURSO CONTENCIOSO-ADMINISTRATIVO** al amparo de lo establecido en el **artículo 46 de la Ley de la Jurisdicción Contencioso-Administrativa**, contra la resolución dictada en [FECHA] por la Consejería de Educación por la que se desestima la reclamación de responsabilidad patrimonial de la Administración por las lesiones producidas a un alumno durante el recreo, todo ello con fundamento en los siguientes,

HECHOS

PRIMERO.- En fecha [DÍA_MES_AÑO] interpusimos reclamación por vía administrativa con la Consejería de Educación de [LUGAR], por responsabilidad patrimonial debido a unas lesiones producidas a un alumno cuando se encontraba en el recreo, reclamación que adjuntamos como **documento n.º** [NÚMERO].

SEGUNDO.- En fecha [DÍA_MES_AÑO], recibimos resolución por parte de la Consejería por la cual se desestimaba nuestra solicitud de reclamación patrimonial.

TERCERO.- La Administración fundamentó la desestimación en base a los siguientes fundamentos [ESPECIFICAR].

En vista de los hechos mencionados en la reclamación previa y cumpliendo con lo establecido en el artículo 46 de la Ley de la Jurisdicción Contencioso-Administrativa, formulamos el siguiente **RECURSO CONTENCIOSO-ADMINISTRATIVO**, en base a los siguientes,

FUNDAMENTOS DE DERECHO

I.- JURISDICCIÓN Y COMPETENCIA

El artículo 1.1 de la Ley 29/1998, de 13 de julio, reguladora de la Jurisdicción Contencioso-Administrativa indica que los juzgados y tribunales del orden contencioso-administrativo conocerán de las pretensiones que se deduzcan en relación con la actuación de las Administraciones públicas sujetas a derecho administrativo. Por su parte, corresponde el conocimiento de la presente pretensión al órgano al que me dirijo de conformidad con el artículo 8 de la LJCA.

II.- PROCEDIMIENTO

La demanda se tramitará por los cauces del procedimiento [ORDINARIO/ABREVIADO], de conformidad con el artículo [ARTÍCULO] de la LJCA **(1)**.

III.- POSTULACIÓN

Por lo que respecta a la postulación, esta parte se encuentra representada por procurador y asistida técnicamente por letrado de conformidad con lo establecido en el **artículo 23 de la Ley 29/1998, de 13 de julio, reguladora de la Jurisdicción Contencioso-Administrativa**.

IV.- CUANTÍA

En base al **artículo 42 de la Ley de la Jurisdicción Contencioso-Administrativa**, la cuantía del mismo se fija en [ESPECIFICAR_CUANTÍA] €.

V.- FONDO DEL ASUNTO

El **artículo 106 apartado 2 de la CE** proclama la responsabilidad patrimonial de la Administración:

> «Los particulares, en los términos establecidos por la ley, tendrán derecho a ser indemnizados por toda lesión que sufran en cualquiera de sus bienes o derechos, salvo en los casos de fuerza mayor, siempre que la lesión sea consecuencia del funcionamiento de los servicios públicos».

En el mismo sentido el **artículo 32 apartado 1 de la Ley 40/2015**:

> «Los particulares tendrán derecho a ser indemnizados por las Administraciones públicas correspondientes de toda lesión que sufran en cualquiera de sus bienes y derechos, siempre que la lesión sea consecuencia del funcionamiento normal o anormal de los servicios públicos salvo en los casos de fuerza mayor o de daños que el particular no tenga el deber jurídico de soportar de acuerdo con la Ley».

Se dan en el presente caso los elementos para poder hablar de responsabilidad patrimonial regulados en el artículo 32 de la LRJS y objeto de interpretación por la jurisprudencia en el ámbito de la responsabilidad sanitaria exigiendo los siguientes requisitos:

1. Acción u omisión producida en el desarrollo de una actividad cuya titularidad corresponde a un ente público.
2. Lesión o daño que el perjudicado no tenga el deber de soportar.
3. Nexo de causalidad entre la conducta y el resultado lesivo.

Es decir, la viabilidad de la acción de responsabilidad patrimonial de la Administración requiere, tal y como dispone el Tribunal Supremo en su **sentencia, rec. 120/2007, de 3 de mayo de 2011, ECLI:ES:TS:2011:2587**:

- La efectiva realidad del daño o perjuicio, evaluable económicamente e individualizado en relación a una persona o grupo de personas.

- Que el daño o lesión patrimonial sufrida por el reclamante sea consecuencia del funcionamiento normal o anormal, es indiferente la calificación, de los servicios públicos en una relación directa e inmediata y exclusiva de causa a efecto, sin intervención de elementos extraños que pudieran influir, alterando, el nexo causal.

- Ausencia de fuerza mayor.

- Que el reclamante no tenga el deber jurídico de soportar el daño cabalmente causado por su propia conducta.

Partiendo de lo anteriormente expuesto, ciertamente existe una relación de causa efecto entre la actividad administrativa y el resultado dañoso, puesto que [ESPECIFICAR].

En relación con la **relación de causalidad, el Tribunal Supremo en su sentencia, rec. 271/2002, de 29 de marzo de 2006, ECLI:ES:TS:2006:1786**, se ha pronunciado del siguiente modo:

- Que entre las diversas concepciones con arreglo a las cuales la causalidad puede concebirse, se imponen aquellas que explican el daño por la concurrencia objetiva de factores cuya inexistencia, en hipótesis, hubiera evitado aquel.

- No son admisibles, en consecuencia, otras perspectivas tendentes a asociar el nexo de causalidad con el factor eficiente, preponderante, socialmente adecuado o exclusivo para producir el resultado dañoso, puesto que, válidas como son en otros terrenos, irían en éste en contra del carácter objetivo de la responsabilidad patrimonial de las Administraciones públicas.

- La consideración de hechos que puedan determinar la ruptura del nexo de causalidad, a su vez, debe reservarse para aquellos que comportan fuerza mayor, única circunstancia admitida por la ley con efecto excluyente, a los cuales importa añadir la intencionalidad de la víctima en la producción o el padecimiento del daño, o la gravísima negligencia de esta, siempre que estas circunstancias hayan sido determinantes de la existencia de la lesión y de la consiguiente obligación de soportarla.

- El carácter objetivo de la responsabilidad impone la prueba de la concurrencia de acontecimientos de fuerza mayor o circunstancias demostrativas de la existencia de dolo o negligencia de la víctima, suficiente para considerar roto el nexo de causalidad, pues no sería objetiva aquella responsabilidad que exigiese demostrar que la Administración que causó el daño procedió con negligencia, ni aquella cuyo reconocimiento estuviera condicionado a probar que quien padeció el perjuicio actuó con prudencia.

Asimismo, debe ser una causalidad adecuada la **sentencia del Tribunal Supremo, rec. 100/1993, de 5 de diciembre de 1995, ECLI:ES:TS:1995:6155**, esto es:

> «(...) Esta **causa adecuada o causa eficiente** exige un presupuesto, una conditio sine qua non esto es, un acto o un hecho sin el cual es inconcebible que otro hecho o evento se considere consecuencia o efecto del primero. Ahora bien, esta condición, por sí sola, no basta para definir la causalidad adecuada. Es necesario además que resulte normalmente idónea para determinar aquel evento, o resultado teniendo en consideración todas las circunstancias del caso; esto es, que exista una adecuación objetiva entre acto y evento, lo que se ha llamado la verosimilitud del nexo; solo cuando sea así, dicha condición alcanza la categoría de causa adecuada, causa eficiente o causa próxima y verdadera del daño (in iure non remota causa, sed proxima spectatur). De esta forma quedan excluidos tanto los actos indiferentes como los inadecuados o inidóneos y los absolutamente extraordinarios».

Así la **sentencia del Tribunal Supremo, rec. 3999/2001, de 20 de diciembre de 2004, ECLI:ES:TS:2004:8239** señala:

> «OCTAVO.- De lo hasta aquí expuesto, integrados en los términos relatados los hechos probados, según lo permitido por el art. 88.3.° de la ley jurisdiccional, debe concluirse frente a lo argumentado por la Sala de instancia que la primera caída ocurrida en el Centro Escolar el 1 de octubre de 1992, **al tratar de huir el menor de unos compañeros que pretendían hacerle una novatada, es imputable a la Administración educativa por no haber prestado los profe-**

> **sores la debida atención, vigilancia y cuidado para evitar la persecución de la que el joven fue objeto por parte de otros alumnos cuando se encontraban en el propio Instituto.**
>
> Como consecuencia de esa primera caída a que nos venimos refiriendo, el menor (...) resultó con unas lesiones de las que no quedó debidamente curado que fueron las que determinaron la segunda caída que sufrió, al haberle fallado la pierna no restablecida cuando subía por las escaleras del Centro.
>
> En definitiva pues, las lesiones y secuelas ocasionadas al menor a las que luego nos referiremos tienen su origen en la primera caída al ser perseguido por sus compañeros de Instituto que no fue evitada por los responsables del Centro y que le generó unas lesiones y fallos en la pierna derecha que fueron los que determinaron la segunda caída que le agudizó las lesiones padecidas. **Debe pues considerase la existencia de un nexo causal que comporta la responsabilidad de la Administración** (...)».

Además, es interés de esta parte traer a colación lo dispuesto en las siguientes sentencias:

Sentencia del Tribunal Supremo, Sala de lo Contencioso, rec. 1515/2005, de 1 de julio de 2009, ECLI:ES:TS:2009:5042:

> «(...) la necesaria concurrencia, para apreciar en sentido positivo la responsabilidad administrativa, de la **antijuricidad del daño**, puesto que, en definitiva, y como esta jurisprudencia ha declarado, no todo daño causado por la Administración ha de ser reparado, sino que tendrá la consideración de auténtica lesión resarcible, exclusivamente, aquella que reúna la calificación de antijurídica, en el sentido de que el particular no tenga el deber jurídico de soportar los daños derivados de la actuación administrativa».

Sentencia del Tribunal Supremo, Sala de lo Contencioso, rec. 2052/2003, de 25 de septiembre de 2007, ECLI:ES:TS:2007:6042:

> «(...) como hemos declarado igualmente en reiteradísimas ocasiones es imprescindible que exista **nexo causal entre el funcionamiento normal o anormal del servicio público y el resultado lesivo o dañoso producido**, cuya concurrencia la Sala de instancia niega en el caso de autos. Es además jurisprudencia reiteradísima que la apreciación del nexo causal entre la actuación de la Administración y el resultado dañoso producido, o la ruptura del mismo, es una cuestión jurídica revisable en casación, si bien tal apreciación ha de basarse siempre en los hechos declarados probados por la Sala de instancia, salvo que éstos hayan sido correctamente combatidos por haberse infringido normas, jurisprudencia o principios generales del derecho al valorarse las pruebas, o por haberse procedido, al hacer la indicada valoración, de manera ilógica, irracional o arbitraria».

Sentencia Administrativo Tribunal Supremo, Sala de lo Contencioso, rec. 10231/2003, de 19 de junio de 2007, ECLI:ES:TS:2007:4200:

> «(...) es doctrina jurisprudencial consolidada la que sostiene la exoneración de responsabilidad para la Administración, a pesar del carácter objetivo de la misma, cuando es la conducta del propio perjudicado o la de un tercero la única determinante del daño producido aunque hubiese sido incorrecto el funcionamiento del servicio público».

Sentencia del Tribunal Supremo, rec. 6998/1995, de 27 de diciembre de 1999, ECLI:ES:TS:1999:8467

> «(...) como en cualquier supuestos de **responsabilidad extracontractual**, ésta tiene la naturaleza de solidaria, de manera que frente al perjudicado cada

obligado responde de la totalidad de la deuda, razón por la que el Ayuntamiento demandado habrá de indemnizar íntegramente al demandante en la cantidad que estimemos adecuada para su plena indemnidad».

Sentencia del Tribunal Supremo, rec. 4294/2010, de 13 de marzo de 2012, ECLI:ES:TS:2012:1452:

> «Conforme a reiterada jurisprudencia (STS de 25 de septiembre de 2007, rec. casación 2052/2003 con cita de otras anteriores) para que prospere **la acción de responsabilidad patrimonial de la administración se exige la antijuridicidad del resultado o lesión** siempre que exista nexo causal entre el funcionamiento normal o anormal del servicio público y el resultado lesivo o dañoso producido.
>
> Y también reitera la jurisprudencia (por todas STS de 11 de mayo de 2010, recurso de casación 5933/2005) que la **apreciación del nexo causal entre la actuación de la Administración y el resultado dañoso**, o la ruptura del mismo, es una cuestión jurídica revisable en casación, si bien tal apreciación ha de basarse siempre en los hechos declarados probados por la Sala de instancia, salvo que éstos hayan sido correctamente combatidos por haberse infringido normas, jurisprudencia o principios generales del derecho al haberse valorado las pruebas, o por haber procedido, al hacer la indicada valoración de manera ilógica, irracional o arbitraria».

Por lo expuesto,

SUPLICO AL JUZGADO:

Que teniendo por presentado este escrito con los documentos que acompaño e igualmente sea aportado de contrario el expediente administrativo obrante en su poder, dándose traslado a esta parte de su contenido con antelación a la celebración de la vista, y copia de todo ello, admita a trámite la presente demanda y tenga por interpuesto **RECURSO CONTENCIOSO-ADMINISTRATIVO** contra la resolución dictada en [FECHA] por la Consejería de Educación de [LUGAR] por la que se desestima la reclamación de responsabilidad patrimonial de la Administración que se formuló en [FECHA] y, previos los trámites legales oportunos, dicte en su día sentencia por la que estimando la presente demandada se anule la resolución recurrida, reconociéndose el derecho del demandante a ser indemnizado en la cantidad de [ESPECIFICAR], todo ello con expresa imposición de costas a la Administración demandada.

Es justicia que pido en [LOCALIDAD], a [DÍA_MES_AÑO].

Letrado/a don/doña [NOMBRE]	Procurador/a don/doña [NOMBRE]
[FIRMA]	[FIRMA]

(1) Conforme al art. 78 de la LJCA se tramitarán por el procedimiento abreviados los procesos cuya cuantía sea inferior a 30.000€.

Demanda de responsabilidad patrimonial contra ayuntamiento por caída en vía pública

AL JUZGADO CONTENCIOSO-ADMINISTRATIVO DE [LOCALIDAD]/ A LA SALA DE LO CONTENCIOSO-ADMINISTRATIVO DEL TRIBUNAL SUPERIOR DE JUSTICIA DE [COMUNIDAD_AUTÓNOMA] (1)

Don/Doña [NOMBRE_PROCURADOR_CLIENTE], procurador/a de los tribunales de [LOCALIDAD], con n.º de colegiado/a [NÚMERO] actuando en nombre y representación de **don/doña** [NOMBRE_CLIENTE], con DNI n.º [NÚMERO], representación que consta acreditada en autos de referencia, bajo la dirección técnica de **don/doña** [NOMBRE_ABOGADO_CLIENTE], abogado/a con número de colegiado/a n.º [NÚMERO] del Iltre. Colegio de Abogados de [LOCALIDAD], comparezco y como mejor proceda en derecho,

DIGO

Con fecha [FECHA] se interpuso por esta parte escrito de reclamación patrimonial contra el Ayuntamiento de [ESPECIFICAR] por caída en vía pública de mi mandante y tras su desestimación por silencio administrativo, vengo a interponer **DEMANDA DE RECLAMACIÓN PATRIMONIAL** contra dicho Ayuntamiento, de acuerdo con el artículo 52 de la Ley de la Jurisdicción Contenciosa Administrativa **(2)**, reclamando la cantidad de [ESPECIFICAR] por los daños ocasionados como consecuencia de la caída sufrida el [FECHA] en la calle [ESPECIFICAR], debido a [ESPECIFICAR], de acuerdo con los siguientes,

HECHOS

PRIMERO.- [ESPECIFICAR CÓMO SE PRODUJO LA CAÍDA EN LA VÍA PÚBLICA, DEBIDO A QUE SE PRODUJO ESA CAÍDA, SI TUVO QUE ACUDIR LA AMBULANCIA, ETC.]

SEGUNDO.- Con fecha [FECHA] se presenta por esta parte la oportuna reclamación de responsabilidad patrimonial, ante el Ayuntamiento de [LUGAR], solicitando una indemnización de los daños sufridos por mi mandante, adjuntado los informes médicos correspondientes, partes de baja laboral, y los siguientes informes acreditativos de cómo se produjeron los hechos [ESPECIFICAR] que adjuntamos como **documentos** n.º [NÚMERO] y [NÚMERO].

La indemnización reclamada estima la valoración de los daños sufridos por mi mandante en la cantidad de [CANTIDAD] euros, tras haber estado de baja laboral [ESPECIFICAR] y sufrir las siguientes secuelas [ESPECIFICAR].

Se acompaña como **documento n.º** [NÚMERO] informe pericial de valoración del daño realizado por [ESPECIFICAR].

TERCERO.- Tras ser desestimada nuestra reclamación por silencio administrativo del Ayuntamiento, de acuerdo con el artículo 24 de la Ley 39/2015, de 1 de octubre, venimos a interponer la presente **DEMANDA DE RESPONSABILIDAD PATRIMONIAL** de acuerdo con el artículo 52 y siguientes de **la Ley de la Jurisdicción Contenciosa Administrativa**, en base a los siguientes,

FUNDAMENTOS DE DERECHO

I.- JURISDICCIÓN Y COMPETENCIA

El **artículo 1 de la Ley 29/1998, de 13 de julio, reguladora de la Jurisdicción Contencioso-Administrativa** indica que los juzgados y tribunales del orden contencioso-administrativo conocerán de las pretensiones que se deduzcan en relación con la actuación de las Administraciones públicas sujetas a Derecho Administrativo. Por su parte, corresponde el conocimiento de la presente pretensión al órgano al que me dirijo de conformidad con el **artículo 8 de la LJCA**.

II.- CAPACIDAD PROCESAL Y LEGITIMACIÓN

El **artículo 19 de la Ley 29/1998, de 13 de julio, reguladora de la Jurisdicción Contencioso-Administrativa (3)** legitima activamente ante esa jurisdicción a las personas que ostenten un interés legítimo y el **artículo 21.1.a), también de la Ley 29/1998, de 13 de julio, reguladora de la Jurisdicción Contencioso-Administrativa,** atribuye legitimación pasiva a la Administración demandada.

III.- POSTULACIÓN

Por lo que respecta a la postulación, esta parte se encuentra representada por procurador/a y asistida técnicamente por letrado/a de conformidad con lo establecido en el **artículo 23 de la Ley 29/1998, de 13 de julio, reguladora de la Jurisdicción Contencioso-Administrativa** (4).

IV.- PROCEDIMIENTO

La demanda se tramitará por los cauces del procedimiento [ORDINARIO/ABREVIADO] de conformidad con el **artículo 78 de la LJCA (5)**.

V. FONDO DEL ASUNTO

El **artículo 106 apartado 2 de la CE** proclama la responsabilidad patrimonial de la Administración:

> «Los particulares, en los términos establecidos por la ley, tendrán derecho a ser indemnizados por toda lesión que sufran en cualquiera de sus bienes o derechos, salvo en los casos de fuerza mayor, siempre que la lesión sea consecuencia del funcionamiento de los servicios públicos».

En el mismo sentido el **artículo 32 apartado 1 de la Ley 40/2015, de 1 de octubre,** que en su párrafo primero dispone que:

> «Los particulares tendrán derecho a ser indemnizados por las Administraciones públicas correspondientes de toda lesión que sufran en cualquiera de sus bienes y derechos, siempre que la lesión sea consecuencia del funcionamiento normal o anormal de los servicios públicos salvo en los casos de fuerza mayor o de daños que el particular no tenga el deber jurídico de soportar de acuerdo con la Ley».

Se dan en el presente caso los elementos para poder hablar de responsabilidad patrimonial regulados en el **artículo 32 de la Ley 40/2015, de 1 de octubre** y objeto de interpretación por la jurisprudencia exigiendo los siguientes requisitos:

1. Acción u omisión producida en el desarrollo de una actividad cuya titularidad corresponde a un ente público.
2. Lesión o daño que el perjudicado no tenga el deber de soportar.
3. Nexo de causalidad entre la conducta y el resultado lesivo.

Es decir, la viabilidad de la acción de responsabilidad patrimonial de la Administración requiere, tal y como dispone la **STS, rec. 120/2007, de 03 de mayo de 2011, ECLI:ES:TS:2011:2587**, reproducida posteriormente en numerosas ocasiones, como por ejemplo en la **STS n.º 786/2023, de 13 de junio, ECLI:ES:TS:2023:2842**:

- a) La efectiva realidad del daño o perjuicio, evaluable económicamente e individualizado en relación a una persona o grupo de personas.

- b) Que el daño o lesión patrimonial sufrida por el reclamante sea consecuencia del funcionamiento normal o anormal —es indiferente la calificación— de los servicios públicos en una relación directa e inmediata y exclusiva de causa a efecto, sin intervención de elementos extraños que pudieran influir, alterando, el nexo causal.

- c) Ausencia de fuerza mayor.

- d) Que el reclamante no tenga el deber jurídico de soportar el daño cabalmente causado por su propia conducta.

Partiendo de lo anteriormente expuesto, ciertamente existe una relación de causa efecto entre la actividad administrativa y el resultado dañoso, puesto que [ESPECIFICAR].

En relación con la **relación de causalidad el Tribunal Supremo en su sentencia, rec. 1985/1994, de 19 de junio de 1998, ECLI:ES:TS:1998:4087** se ha pronunciado del siguiente modo:

- Que entre las diversas concepciones con arreglo a las cuales la causalidad puede concebirse, se imponen aquellas que explican el daño por la concurrencia objetiva de factores cuya inexistencia, en hipótesis, hubiera evitado aquél.

- No son admisibles, en consecuencia, otras perspectivas tendentes a asociar el nexo de causalidad con el factor eficiente, preponderante, socialmente adecuado o exclusivo para producir el resultado dañoso, puesto que, válidas como son en otros terrenos, irían en éste en contra del carácter objetivo de la responsabilidad patrimonial de las Administraciones públicas.

- La consideración de hechos que puedan determinar la ruptura del nexo de causalidad, a su vez, debe reservarse para aquéllos que comportan fuerza mayor, única circunstancia admitida por la ley con efecto excluyente, a los cuales importa añadir la intencionalidad de la víctima en la producción o el padecimiento del daño, o la gravísima negligencia de esta, siempre que estas circunstancias hayan sido determinantes de la existencia de la lesión y de la consiguiente obligación de soportarla.

- El carácter objetivo de la responsabilidad impone la prueba de la concurrencia de acontecimientos de fuerza mayor o circunstancias demostrativas de la existencia de dolo o negligencia de la víctima, suficiente para considerar roto el nexo de causalidad, pues no sería objetiva aquella responsabilidad que exigiese demostrar que la Administración que causó el daño procedió con negligencia, ni aquella cuyo reconocimiento estuviera condicionado a probar que quien padeció el perjuicio actuó con prudencia.

Asimismo, debe ser una causalidad adecuada la **sentencia del Tribunal Supremo, rec. 100/1993, de 5 de diciembre de 1995, ECLI:ES:TS:1995:6155**, esto es,

> «Esta **causa adecuada o causa eficiente** exige un presupuesto, una "conditio sine qua non" esto es, un acto o un hecho sin el cual es inconcebible que otro hecho o evento se considere consecuencia o efecto del primero. Ahora bien, esta condición, por sí sola, no basta para definir la causalidad adecuada. Es necesario además que resulte normalmente idónea para determinar aquel evento, o resultado teniendo en consideración todas las circunstancias del caso; esto es, que exista una adecuación objetiva entre acto y evento, lo que

> se ha llamado la verosimilitud del nexo; solo cuando sea así, dicha condición alcanza la categoría de causa adecuada, causa eficiente o causa próxima y verdadera del daño (in iure non remota causa, sed proxima spectatur). De esta forma quedan excluidos tanto los actos indiferentes como los inadecuados o inidóneos y los absolutamente extraordinarios».

El **Tribunal Superior de Justicia de Murcia, en su sentencia n.º 58/2024, de 9 de febrero, ECLI:ES:TSJMU:2024:245**, reconoce que: «(...) no debe analizarse la zona en la que se produjo la caída de forma aislada, esto es, en situación normal de uso, sino que, en el ámbito de la responsabilidad patrimonial de la Administración por caída, deben ser analizadas todas y cada una de las circunstancias concurrentes en el momento exacto de la caída. Sólo así puede ser calificado un desnivel como obstáculo imprevisible e insalvable, incluso para un peatón que deambule con cuidado y diligencia y sólo así puede calificarse un daño como antijurídico (que no existe el deber de soportar). En este caso, aún cuando la vía pública cumplía con la normativa constructiva e incluso aún cuando el estado de conservación de la explanada superaba los estándares medios, no puede obviarse que no se adoptaron las medidas de seguridad necesarias para que los asistentes pudieran deambular por el lugar sin riesgo de caída (...)».

Es interés de esta parte traer a colación las siguientes sentencias:

Sentencia del Tribunal Supremo n.º 469/2018, de 21 de marzo, ECLI:ES:TS:2018:1082

> «(...) La jurisprudencia de esta Sala (por todas las STS de 1 de julio de 2009, RC 1515/2005 y las allí recogidas) insiste en que 'no todo daño causado por la Administración ha de ser reparado, sino que tendrá la consideración de auténtica lesión resarcible, exclusivamente, aquella que reúna la calificación de antijurídica, en el sentido de que el particular no tenga el deber jurídico de soportar los daños derivados de la actuación administrativa'».

Sentencia del Tribunal Supremo, rec. 2052/2003, de 25 de septiembre de 2007, ECLI:ES:TS:2007:6042

> «(...) como hemos declarado igualmente en reiteradísimas ocasiones es imprescindible que exista **nexo causal entre el funcionamiento normal o anormal del servicio público y el resultado lesivo o dañoso producido**, cuya concurrencia la Sala de instancia niega en el caso de autos. Es además jurisprudencia reiteradísima que la apreciación del nexo causal entre la actuación de la Administración y el resultado dañoso producido, o la ruptura del mismo, es una cuestión jurídica revisable en casación, si bien tal apreciación ha de basarse siempre en los hechos declarados probados por la Sala de instancia, salvo que éstos hayan sido correctamente combatidos por haberse infringido normas, jurisprudencia o principios generales del derecho al valorarse las pruebas, o por haberse procedido, al hacer la indicada valoración, de manera ilógica, irracional o arbitraria».

Sentencia del Tribunal Supremo n.º 1704/2023, de 5 de diciembre, ECLI:ES:TS:2023:5477

> «Insiste la Sentencia de 19 de junio de 2007, rec. casación 10231/2003 con cita de otras muchas que "es doctrina jurisprudencial consolidada la que sostiene la exoneración de responsabilidad para la Administración, a pesar del carácter objetivo de la misma, cuando es la conducta del propio perjudicado o la de un tercero la única determinante del daño producido aunque hubiese sido incorrecto el funcionamiento del servicio público"».

Sentencia del Tribunal Supremo, rec. 6998/1995, de 27 de diciembre de 1999, ECLI: ES:TS:1999:8467

«(...) como en cualquier supuestos de **responsabilidad extracontractual**, ésta tiene la naturaleza de solidaria, de manera que frente al perjudicado cada obligado responde de la totalidad de la deuda, razón por la que el Ayuntamiento demandado habrá de indemnizar íntegramente al demandante en la cantidad que estimemos adecuada para su plena indemnidad».

Sentencia del Tribunal Supremo, rec. 4294/2010, de 13 de marzo de 2012, ECLI:ES:TS:2012:1452

«Conforme a reiterada jurisprudencia (STS de 25 de septiembre de 2007, rec. casación 2052/2003 con cita de otras anteriores) para que prospere **la acción de responsabilidad patrimonial de la administración se exige la antijuridicidad del resultado o lesión** siempre que exista nexo causal entre el funcionamiento normal o anormal del servicio público y el resultado lesivo o dañoso producido.

Y también reitera la jurisprudencia (por todas STS de 11 de mayo de 2010, recurso de casación 5933/2005) que la **apreciación del nexo causal entre la actuación de la Administración y el resultado dañoso**, o la ruptura del mismo, es una cuestión jurídica revisable en casación, si bien tal apreciación ha de basarse siempre en los hechos declarados probados por la Sala de instancia, salvo que éstos hayan sido correctamente combatidos por haberse infringido normas, jurisprudencia o principios generales del derecho al haberse valorado las pruebas, o por haber procedido, al hacer la indicada valoración de manera ilógica, irracional o arbitraria».

En último lugar, también resulta de interés la **sentencia del Tribunal Superior de Justicia de Madrid n.º 280/2024, de 4 de abril, ECLI:ES:TSJM:2024:3992**, en la que se dice que:

«También en ella expusimos con detalle la doctrina jurisprudencial en materia de responsabilidad patrimonial de la Administración por omisión de una actuación debida en relación a la conservación de vías públicas, que consideramos de interés para el caso. En su fundamento jurídico undécimo dijimos:

"Sobre esta cuestión son numerosas las sentencias del Tribunal Supremo, las cuales han abordado temas de interés para el presente proceso como son la imputabilidad del resultado y la carga de la prueba.

Así, por ejemplo, cabe citar la sentencia de la Sala Tercera de 3 de diciembre de 2002 (Sec. 6ª, recurso nº 38/2000, Roj STS 8101/2002, FJ 3), en la que se afirma la siguiente doctrina:

"la doctrina correcta ha de estimarse necesariamente a favor de las sentencias invocadas como contradictorias puesto que, por aplicación de los principios de la carga de la prueba contenidos en el artículo 1.214 del Código Civil (LEG 1889, 27), es claro que **corresponde a la Administración titular del servicio la prueba sobre la incidencia**, como causa eficiente, **de la acción de terceros**, y salvo en el supuesto de hecho notorio le corresponde también a la Administración acreditar aquellas circunstancias de hecho que definen el standard de rendimiento ofrecido por el servicio público para evitar las situaciones de riesgo de lesión patrimonial a los usuarios del servicio derivadas de la acción de terceros y para reparar los efectos dañosos producidos por los mismos, sin que conste siquiera que la función de mantenimiento de la carretera se haya realizado, en la zona en que se produjo el accidente, en la forma habitual y correcta, prueba cuya carga no puede trasladarse al recurrente, siendo así que en el presente caso ha de aplicarse el principio de facilidad probatoria y, en definitiva, **a la Administración le correspondía acreditar que, con los medios que disponía resultaba imposible evitar hechos como el producido** y, en definitiva, proceder a la limpieza de la vía pública o a la colocación de señales que indicarán la peligrosidad del pavimento"».

VI.- COSTAS

De acuerdo con el artículo 139 de la LJCA **(6)** las costas deben imponerse a la Administración demandada.

Por lo anteriormente expuesto,

SUPLICO AL JUZGADO:

Que tenga por presentado este escrito y por formalizada **DEMANDA DE RESPONSABILIDAD PATRIMONIAL**, con los documentos que se acompañan, se sirva a admitirlos y con estimación del mismo, acuerde la procedencia de la **responsabilidad patrimonial de la Administración** y la condene al pago de [CANTIDAD] € en concepto de los daños y perjuicios causados, más los intereses legales desde la fecha en que se produjeron los hechos.

Por ser justicia que se pide en [LOCALIDAD], a [FECHA].

Fdo. Abogado/a Fdo. Procurador/a

OTROSÍ DIGO: que para el supuesto de disconformidad con los hechos relatados en la demanda se solicita el **RECIBIMIENTO DEL PLEITO A PRUEBA**, dejando interesadas las pruebas de las que esta parte intenta valerse, y que aquí se proponen, y que versará sobre los siguientes extremos:

[ESPECIFICAR]

Por lo que,

SUPLICO AL JUZGADO:

Que tenga por hechas las anteriores manifestaciones, las admita, y tenga por propuesta la prueba de la que esta parte intenta hacerse valer y ordene lo necesario para su práctica para el momento procesal oportuno.

Por ser justicia que se pide en fecha y lugar *ut supra*.

Fdo. Abogado/a Fdo. Procurador/a

(1) El art. 8.2 de la LJCA establece la competencia de los juzgados de lo contencioso-administrativo en las reclamaciones por responsabilidad patrimonial cuya cuantía no exceda de 30.500 euros. Por su parte el art. 10 de la LJCA dispone que las salas de lo contencioso-administrativo de los TSJ conocerán de los actos de las entidades locales y administraciones de las CC. AA., cuyo conocimiento no esté atribuido a los juzgados de los contencioso-administrativo.

(2) El RD-ley 6/2023, de 19 de diciembre, modifica el artículo 52 de la LJCA con entrada en vigor el 20/03/2024.

(3) La Ley 4/2023 de 28 de febrero, modifica el artículo 19 de la LJCA, en vigor desde el 2 de marzo del 2023.

(4) El RD-ley 6/2023, de 19 de diciembre, modifica el artículo 23 de la LJCA con entrada en vigor el 20/03/2024.

(5) El artículo 78.1 de la LJCA establece que: «Los Juzgados de lo Contencioso-Administrativo y, en su caso, los Juzgados Centrales de lo Contencioso-Administrativo de este Orden Jurisdiccional conocen, por el procedimiento abreviado, de los asuntos de su competencia que

se susciten sobre cuestiones de personal al servicio de las Administraciones Públicas, sobre extranjería y sobre inadmisión de peticiones de asilo político, asuntos de disciplina deportiva en materia de dopaje, así como todas aquellas cuya cuantía no supere los 30.000 euros».

(6) El RD-ley 6/2023, de 19 de diciembre, modifica el artículo 119 de la LJCA con entrada en vigor el 20/03/2024.

Escrito de reclamación patrimonial de la Administración por funcionamiento de los servicios públicos: caída en vía pública

AL ALCALDE DE [AYUNTAMIENTO] (1)

Yo, **don/doña** [NOMBRE_APELLIDOS], mayor de edad, con DNI [NÚMERO], y domicilio a efectos de notificaciones en la C/[CALLE], n.º [NÚMERO], de [LOCALIDAD],

EXPONGO

En virtud de lo previsto en los **artículos 32 y siguientes de la Ley 40/2015, de 1 de octubre, de Régimen Jurídico del Sector Público, presento RECLAMACIÓN ADMINISTRATIVA POR RESPONSABILIDAD PATRIMONIAL DE LAS ADMINISTRACIONES PÚBLICAS**, en base a los siguientes:

ANTECEDENTES DE HECHO

PRIMERO.- El motivo de mi reclamación se encuentra en el hecho de que el [FECHA], mientras paseaba por [NOMBRE_CALLE], sufrí una caída debido a [DESCRIPCIÓN_MOTIVO] **(2)**.

A modo de prueba se adjuntan como documento n.º [NÚMERO], fotografías de la calle **(3)**.

SEGUNDO.- Del hecho anterior, esto es, de mi caída, fue testigo presencial don/doña [NOMBRE_APELLIDOS], con DNI [NÚMERO], y domicilio en la C/[CALLE], n.º [NÚMERO], de [LOCALIDAD], que en ese momento se encontraba en la zona **(4)**.

TERCERO.- Después de llamar a una ambulancia, fui asistido por el Servicio de Urgencia del Hospital [NOMBRE], presentando las siguientes lesiones:

- -[DESCRIPCIÓN]
- -[DESCRIPCIÓN]
- -[DESCRIPCIÓN]

Se acompaña como documento n.º [NÚMERO], copia del informe de alta de urgencias **(5)**.

Desde el día [FECHA], hizo seguimiento de las lesiones antes señaladas el/la doctor/a [NOMBRE], emitiendo informe de alta definitiva en [FECHA], tal y como se puede comprobar en los **documentos n.º** [NÚMERO] y n.º [NÚMERO] que se adjuntan.

CUARTO.- De todo lo anterior resulta que, a consecuencia de la caída, sufrí unos daños consistentes en [DESCRIPCIÓN], de los que tardé en curar [NÚMERO] días. De acuerdo con el baremo de valoración de lesiones y secuelas en accidentes de circulación vigente a la fecha, entiendo que la indemnización ascendería a un total de [CANTIDAD] euros.

QUINTO.- En cuanto a la relación de causalidad entre las lesiones producidas y el funcionamiento del servicio público, cabe decir que, siendo el [ESPECIFICAR ÓRGANO COMPETENTE] el titular de la vía donde se produjo el accidente es a este a quien corresponde, en atención a la legislación sobre [ESPECIFICAR], su mantenimiento y cuidado, así como la eventual señalización del peligro que tal infraestructura pudiese producir por su mal estado de conservación.

SEXTO.- Tomando como base lo señalado en el punto cuarto, la valoración del daño causado a mi persona es la siguiente: [NÚMERO] EUROS.

A los hechos anteriores resultan de aplicación los siguientes,

FUNDAMENTOS DE DERECHO

El **artículo 106.2 de la CE** proclama la responsabilidad patrimonial de la Administración: «Los particulares, en los términos establecidos por la ley, tendrán derecho a ser indemnizados por toda lesión que sufran en cualquiera de sus bienes o derechos, salvo en los casos de fuerza mayor, siempre que la lesión sea consecuencia del funcionamiento de los servicios públicos».

Este derecho constitucionalmente reconocido se regula actualmente en el **art. 32 de la Ley 40/2015, de 1 de octubre, de Régimen Jurídico del Sector Público**, de manera que: «**Los particulares tendrán derecho a ser indemnizados por las Administraciones públicas** correspondientes de toda **lesión** que sufran en cualquiera de sus bienes y derechos, siempre que la **lesión sea consecuencia del funcionamiento normal o anormal de los servicios públicos** salvo en los casos de fuerza mayor o de daños que el particular no tenga el deber jurídico de soportar de acuerdo con la Ley»; y exige, para su efectividad, la concurrencia de los siguientes requisitos:

- A) La existencia de un daño efectivo, evaluable económicamente e individualizado en relación a una persona o grupo de personas.

- B) El daño ha de ser antijurídico, en el sentido de que la persona que lo sufre no tenga el deber jurídico de soportarlo de acuerdo con la ley.

- C) La relación de causalidad entre la actividad administrativa y el resultado dañoso. En definitiva, el daño debe ser consecuencia del funcionamiento normal o anormal de un servicio público o actividad administrativa.

- D) Ausencia de fuerza mayor, como causa extraña a la organización y distinta del caso fortuito, supuesto éste que sí impone la obligación de indemnizar.

Es decir, la **viabilidad de la acción de responsabilidad patrimonial de la Administración** requiere, tal y como dispone el Tribunal Supremo en su **sentencia, rec. 120/2007, de 3 de mayo de 2011, ECLI: ES:TS:2011:2587 o sentencia del Tribunal Supremo n.º 1177/2016, de 25 de mayo, ECLI:ES:TS:2016:2289**:

- a) La efectiva realidad del daño o perjuicio, evaluable económicamente e individualizado en relación a una persona o grupo de personas.

- b) Que el daño o lesión patrimonial sufrida por el reclamante sea consecuencia del funcionamiento normal o anormal –es indiferente la calificación– de los servicios públicos en una relación directa e inmediata y exclusiva de causa a efecto, sin intervención de elementos extraños que pudieran influir, alterando, el nexo causal.

- c) Ausencia de fuerza mayor.

- d) Que el reclamante no tenga el deber jurídico de soportar el daño cabalmente causado por su propia conducta.

En lo referente a la **relación de causalidad, el Tribunal Supremo en su sentencia, rec. 271/2002, de 29 de marzo de 2006, ECLI:ES:TS:2006:1786**, se ha pronunciado del siguiente modo:

> «a) Entre las diversas concepciones con arreglo a las cuales la causalidad puede concebirse, se imponen aquellas que explican el daño por la concurrencia objetiva de factores cuya inexistencia, en hipótesis, hubiera evitado aquél.

b) No son admisibles, en consecuencia, otras perspectivas tendentes a asociar el nexo de causalidad con el factor eficiente, preponderante, socialmente adecuado o exclusivo para producir el resultado dañoso, puesto que -válidas como son en otros terrenos- irían en éste en contra del carácter objetivo de la responsabilidad patrimonial de las Administraciones Públicas.

c) La consideración de hechos que puedan determinar la ruptura del nexo de causalidad, a su vez, debe reservarse para aquellos que comportan fuerza mayor -única circunstancia admitida por la ley con efecto excluyente-, a los cuales importa añadir la intencionalidad de la víctima en la producción o el padecimiento del daño, o la gravísima negligencia de ésta, siempre que estas circunstancias hayan sido determinantes de la existencia de la lesión y de la consiguiente obligación de soportarla.

d) Finalmente, el carácter objetivo de la responsabilidad impone que la prueba de la concurrencia de acontecimientos de fuerza mayor o circunstancias demostrativas de la existencia de dolo o negligencia de la víctima suficiente para considerar roto el nexo de causalidad corresponda a la Administración, pues no sería objetiva aquella responsabilidad que exigiese demostrar que la Administración que causó el daño procedió con negligencia, ni aquella cuyo reconocimiento estuviera condicionado a probar que quien padeció el perjuicio actuó con prudencia».

Asimismo, debe ser una causalidad adecuada. En este sentido, traemos a colación, la **sentencia del Tribunal Supremo, rec. 100/1993, de 5 de diciembre de 1995, ECLI:ES:TS:1995:6155** dispone lo siguiente:

«(...) Esta **causa adecuada o causa eficiente** exige un presupuesto, una "conditio sine qua non" esto es, un acto o un hecho sin el cual es inconcebible que otro hecho o evento se considere consecuencia o efecto del primero. Ahora bien, esta condición, por sí sola, no basta para definir la causalidad adecuada. Es necesario además que resulte normalmente idónea para determinar aquel evento, o resultado teniendo en consideración todas las circunstancias del caso; esto es, que exista una adecuación objetiva entre acto y evento, lo que se ha llamado la verosimilitud del nexo; solo cuando sea así, dicha condición alcanza la categoría de causa adecuada, causa eficiente o causa próxima y verdadera del daño (in iure non remota causa, sed proxima spectatur). De esta forma quedan excluidos tanto los actos indiferentes como los inadecuados o inidóneos y los absolutamente extraordinarios».

Partiendo de lo anteriormente expuesto, no hay duda alguna de que existe una **relación de causa-efecto entre la actividad administrativa y el resultado dañoso**, puesto que la calle donde se produjo mi **caída es una vía pública que obliga al ayuntamiento, como titular de ese dominio público, a repararla o a impedir el paso por la misma**. A este respecto cabe recordar que es obligación de la Administración el mantener en buen estado de conservación todos los elementos que integran el sistema viario, según el artículo 25 apartado 2 de la Ley 7/1985, de 2 de abril, Reguladora de las Bases del Régimen Local **(6)**.

En cuanto a la responsabilidad de la Administración conviene también las siguientes sentencias de nuestro Alto Tribunal:

1. Sentencia del Tribunal Supremo, rec. 1515/2005, de 1 de julio de 2009, ECLI:ES:TS:2009:5042:

«(...) la necesaria concurrencia, para apreciar en sentido positivo la responsabilidad administrativa de la antijuricidad del daño, puesto que, en definitiva, y como esta jurisprudencia ha declarado, no todo daño causado por la Administración ha de ser reparado, sino que tendrá la consideración de auténtica lesión resarcible, exclusivamente, aquella que reúna la calificación de antijurídica, en el sentido de que el particular no tenga el deber jurídico de soportar los daños derivados de la actuación administrativa».

2. Sentencia del Tribunal Supremo, rec. 2052/2003, de 25 de septiembre de 2007, ECLI:ES:TS:2007:6042:

> «(...) como hemos declarado igualmente en reiteradísimas ocasiones es imprescindible que exista **nexo causal entre el funcionamiento normal o anormal del servicio público y el resultado lesivo o dañoso producido**, cuya concurrencia la Sala de instancia niega en el caso de autos.
>
> Es además jurisprudencia reiteradísima que la apreciación del nexo causal entre la actuación de la Administración y el resultado dañoso producido, o la ruptura del mismo, es una cuestión jurídica revisable en casación, si bien tal apreciación ha de basarse siempre en los hechos declarados probados por la Sala de instancia, salvo que éstos hayan sido correctamente combatidos por haberse infringido normas, jurisprudencia o principios generales del derecho al valorarse las pruebas, o por haberse procedido, al hacer la indicada valoración, de manera ilógica, irracional o arbitraria (...)».

3. Sentencia del Tribunal Supremo, rec. 6998/1995, de 27 de diciembre de 1999, ECLI:ES:TS:1999:8467:

> «(...) como en cualquier supuesto de **responsabilidad extracontractual**, ésta tiene la naturaleza de solidaria, de manera que frente al perjudicado cada obligado responde de la totalidad de la deuda, razón por la que el Ayuntamiento demandado habrá de indemnizar íntegramente al demandante en la cantidad que estimemos adecuada para su plena indemnidad».

En virtud de todo lo expuesto,

SOLICITO:

I.- Que se tenga por presentado este escrito de **RECLAMACIÓN ADMINISTRATIVA**, con los documentos que se señalan y, previos los trámites pertinentes, se dicte resolución por la que se acuerde el reconocimiento de una indemnización de [NÚMERO] euros, por las lesiones causadas a consecuencia de mi caída por la falta de conservación adecuada de la calle.

II.- A efectos de resolver la presente reclamación, que se practiquen las siguientes pruebas:

- - TESTIFICAL de: don/doña [NOMBRE], con domicilio en [DOMICILIO] **(4)**.
- - DOCUMENTAL, aportada con el presente escrito, consistente en los informes médicos y pruebas médicas acreditativos de la lesión padecida, las imágenes fotográficas aportadas, la declaración de la testigo de la caída.
- - DOCUMENTAL, consistente en el informe del servicio municipal correspondiente al que se viene obligado por lo dispuesto en el artículo 81 del Ley 39/2015, de 1 de octubre, del Procedimiento Administrativo Común de las Administraciones Públicas.

III.- [ESPECIFICAR].

En [LOCALIDAD], a [DÍA] de [MES] de [AÑO].

[FIRMA_INTERESADO]

(1) En materia e infraestructura viaria de la ciudad o población correspondiente, los ayuntamientos tienen competencias propias y responsabilidad en su mantenimiento [art. 25.2.d) de la LBRL]. Al respecto, el artículo 26.1.a) de la LBRL impone a los ayuntamientos la obligación de pavimentar las vías públicas.
Estas mismas competencias y obligaciones son asumidas por las correspondientes consejerías de las ciudades autónomas de Ceuta y Melilla, con arreglo a sus estatutos de autonomía. En estos últimos casos la reclamación se dirigiría a la consejería correspondiente.
(2) Descripción de cómo estaba la calle. Por ejemplo, «por el mal estado de la acera de la calle [CALLE] a la altura de [ESPECIFICAR], que, en ese momento, presentaba una serie de baches y desniveles (...)».
(3) Se adjuntará prueba documental en el formato que disponga para acreditar que el daño sufrido fue originado por (determinar).
(4) En el caso de haber testigos.
(5) Prueba pericial, informe médico...
(6) De ser competente un Ayuntamiento.

Solicitud de inicio de procedimiento administrativo por lesión en actividad escolar

A LA CONSEJERÍA DE EDUCACIÓN DE [COMUNIDAD AUTÓNOMA] (1)

Don/Doña [NOMBRE], con DNI/NIE/NIF n.º [NÚMERO] y domicilio en C/ [CALLE], n º [NÚMERO], CP [CODIGO_POSTAL], [LOCALIDAD], [PROVINCIA] y correo electrónico a efectos de notificaciones [INDICAR CORREO].

EXPONGO

En virtud de lo previsto en el artículo 32 y siguientes Ley 40/2015, de 1 de octubre, de Régimen Jurídico del Sector Público, presento **ESCRITO DE INICIACIÓN DE PROCEDIMIENTO ADMINISTRATIVO POR RESPONSABILIDAD PATRIMONIAL DE LAS ADMINISTRACIONES PÚBLICAS**, en base a los siguientes,

HECHOS

PRIMERO. - El suscribiente realizó el día [FECHA] una actividad en el IES [ESPECIFICAR] organizada por el claustro de profesores y debiendo supervisar la misma. (2)

A efectos acreditativos de las manifestaciones anteriores, se adjunta como documento n.º [NÚMERO], el itinerario de la actividad que se entregó a los alumnos con el objeto de informarles de la referida actividad.

SEGUNDO.- En dicha actividad el que suscribe sufrió las siguientes lesiones como consecuencia de [ESPECIFICAR]:

- - [ESPECIFICAR LESIONES]

Como consecuencia de dichas lesiones, ingresó el día [FECHA] en el centro sanitario [NOMBRE] donde se ordenó la intervención de urgencia a las [HORAS].

Como prueba de todo ello, se adjunta parte médico al presente escrito como **documento n.º** [NÚMERO].

TERCERO.- Se dan los requisitos necesarios para que prospere la responsabilidad patrimonial de la Administración: la actuación en el marco de un centro escolar público (hecho primero); las lesiones (hecho segundo) y la relación de causalidad entre ambas.

La relación de causalidad entre ambas es manifiesta por cuanto la supervisión por parte de los profesores de la actividad no fue la adecuada para el tipo de actividad que se estaba realizando, así como para los riesgos que la misma suponía en caso de ausencia de una adecuada supervisión.

CUARTO.- Las lesiones se determinaron en la revisión médica realizada el día [FECHA], por lo que el suscribiente se encuentra dentro del plazo de un año para reclamar legalmente previsto en el artículo 67 de la Ley 39/2015, de 1 de octubre.

A los anteriores hechos le son de aplicación los siguientes,

FUNDAMENTOS DE DERECHO

PRIMERO.- COMPETENCIA

La competencia para resolver la presente reclamación de responsabilidad de la Administración, le corresponde a [ESPECIFICAR] **(1)** en virtud de lo dispuesto en el **artículo 92 de la Ley 39/2015, de 1 de octubre, del Procedimiento Administrativo Común de las Administraciones Públicas**.

SEGUNDO.- PROCEDIMIENTO

El presente procedimiento deberá sustanciarse por el trámite previsto en el **artículo 67 de la Ley 39/2015, de 1 de octubre, del Procedimiento Administrativo Común de las Administraciones**.

TERCERO.- RESPONSABILIDAD PATRIMONIAL

El **artículo 106 de la Constitución Española** reconoce el derecho de los particulares a **ser indemnizados de toda lesión que sufran en cualquiera de sus bienes o derechos, siempre que sea consecuencia del funcionamiento normal o anormal de un servicio público**. Este derecho constitucionalmente reconocido se regula actualmente en el artículo 32 de la Ley 40/2015, de 1 de octubre, de Régimen Jurídico del Sector Público y exige, para su efectividad, la concurrencia de los siguientes requisitos:

- a) La existencia de un **daño efectivo**, evaluable económicamente e individualizado en relación a una persona o grupo de personas.

- b) El daño ha de ser **antijurídico**, en el sentido de que la persona que lo sufre no tenga el deber jurídico de soportarlo de acuerdo con la ley.

- c) La relación de **causalidad entre la actividad administrativa y el resultado dañoso**. En definitiva, el daño debe ser consecuencia del funcionamiento normal o anormal de un servicio público o actividad administrativa.

- d) **Ausencia de fuerza mayor**, como causa extraña a la organización y distinta del caso fortuito, supuesto éste que sí impone la obligación de indemnizar.

Es decir, la viabilidad de la acción de responsabilidad patrimonial de la Administración requiere, tal y como dispone la **STS, rec. 120/2007, de 3 de mayo de 2011, ECLI:ES:TS:2011:2587 o la STS n.º 1177/2016, de 25 de mayo, ECLI:ES:TS:2016:2289**:

- a) La efectiva realidad del daño o perjuicio, evaluable económicamente e individualizado en relación a una persona o grupo de personas.

- b) Que el daño o lesión patrimonial sufrida por el reclamante sea consecuencia del funcionamiento normal o anormal —es indiferente la calificación— de los servicios públicos en una relación directa e inmediata y exclusiva de causa a efecto, sin intervención de elementos extraños que pudieran influir, alterando, el nexo causal.

- c) Ausencia de fuerza mayor.

- d) Que el reclamante no tenga el deber jurídico de soportar el daño cabalmente causado por su propia conducta.

CUARTO.- EVALUACIÓN ECONÓMICA DE LA RESPONSABILIDAD PATRIMONIAL DERIVADA DE LOS PERJUICIOS SUFRIDOS POR EL SUSCRIBIENTE

En relación con los daños y perjuicios alegados, estos resultan efectivos, evaluables económicamente e individualizados con relación a mi persona de acuerdo con dictamen médico de valoración del daño corporal adjunto a la presente en el hecho tercero como **documento n.º** [NÚMERO], por lo que el alcance económico de la responsabilidad patrimonial del [ESPECIFICAR_ÓRGANO] se fija en la suma de [CUANTÍA] euros de indemnización según los siguientes conceptos: [ESPECIFICAR].

Por todo lo anterior,

SOLICITO:

Que habiendo presentado este escrito de **SOLICITUD DE INICIO DE PROCEDIMIENTO ADMINISTRATIVO POR RESPONSABILIDAD PATRIMONIAL DE LAS ADMINISTRACIONES PÚBLICAS**, con los documentos que se acompañan, proceda a admitirlo y, tras los trámites legales oportunos, se dicte resolución por la que se reconozca la responsabilidad en la que ha incurrido el Centro de Enseñanza Pública [ESPECIFICAR] por los daños producidos a don/doña [SOLICITANTE], y que han quedado expuestos en el presente escrito, indemnizando a esta parte con la suma de [IMPORTE] €, incrementado en los intereses legales devengados desde la presente reclamación hasta su completo pago.

En [LUGAR], a [DÍA] de [MES] de [AÑO].

Firmado:

(1) De conformidad con el artículo 92 Ley 39/2015, de 1 de octubre.

«En el ámbito de la Administración General del Estado, los procedimientos de responsabilidad patrimonial se resolverán por el Ministro respectivo o por el Consejo de ministros en los casos del artículo 32.3 de la Ley de Régimen Jurídico del Sector Público o cuando una ley así lo disponga.

En el ámbito autonómico y local, los procedimientos de responsabilidad patrimonial se resolverán por los órganos correspondientes de las CC. AA. o de las Entidades que integran la Administración Local.

En el caso de las Entidades de Derecho Público, las normas que determinen su régimen jurídico podrán establecer los órganos a quien corresponde la resolución de los procedimientos de responsabilidad patrimonial. En su defecto, se aplicarán las normas previstas en este artículo».

(2) O extraescolar autorizada por el Claustro y Consejo Escolar.

Made in United States
North Haven, CT
05 November 2026

21771724R10117